SOCIOLOGY OF BRITISH ASIAN MUSIC

NEGOTIATING ETHNICITIES AND CULTURAL PRACTICES

KURITA TOMOHIRO

ブリティッシュ・エイジアン音楽の社会学

交渉するエスニシティと文化実践

栗田知宏

青土社

ブリティッシュ・エイジアン音楽の社会学　目次

第Ⅱ部　データ分析と考察

ブリティッシュ・エイジアン音楽の社会学　交渉するエスニシティと文化実践

はじめに

1　本書の出発点

グローバリゼーションの進展によって人やモノの世界規模での移動がさらに活発化するなか、ますます注目を集める「移民」や「エスニック・マイノリティ」という存在。ここ日本においても、少子高齢化などの社会状況を受けて他国からの労働者の受け入れ拡大をめぐる議論がなされ、「移民時代」といった言葉が使われるようになってきている。日本社会は、もとより韓国・朝鮮系（在日コリアン）や中国系（華僑・華人）、アイヌの人々などを含むエスニックな多様性を有しているが、さらに「ハーフ」や「クォーター」と呼ばれる人々、外国にルーツを持つ子どもたち、（留学生や技能実習生を含む）様々な背景を持った外国人の増加により、社会の多様化が日常生活のレベルでいっそう実感されるようになった。在日外国人のトランスナショナルなネットワーク形成や、「ハーフ」の人々のアイデンティティなどについての学術研究も蓄積をみせ、これらのテーマはジャーナリズムにおいても数多く論じられている。

その一方で、移民や外国人が被る差別や周縁化の問題もまた、世界中でより顕在化している。近年では一部のムスリムの若者によるテロ行為を背景に、ムスリム一般に対する偏見や社会的排除（イスラモフォビア）の風潮がみられ、またアメリカにおける移民排斥の動きや白人至上主義の高まりと社会の分断も大きく報じられている。

昨今の日本社会でも、「多文化共生」や「ダイヴァーシティ」の重要性が唱えられる反面、エスニック・マイノリティや外国人に対する偏見は依然として根強い。一方、流動化する労働市場のなかで、海外で就労する日本人も増えている。かれらもまた、広い意味での「移民」であり、居住先の社会ではマイノリティとなる。東アジア地域を出れば、日本人と韓国人や中国人は区別なく認識されることも少なくないが、かれらは同じ「アジア系」としての背景や文化を持つ者どうし、より近しい存在として親しみを持ったり、また時にはホスト社会から受ける偏見や差別の痛みを共有したりすることもあるだろう。また、別の局面では互いを差異化したり、自らを主流社会に同一化することで差別し合ったりするかもしれない。しかし、こうしたミクロな文脈におけるアイデンティティ交渉や流動的なマジョリティ－マイノリティ関係は、「アジア系」あるいは「東洋系」を一括りにしてステレオタイプな眼差しを向けがちなホスト社会からは、往々にして矮小化されたり等閑視されたりする。二〇二〇年に世界を襲った新型コロナウイルスの感染拡大のなかで、一部の国々――特にアメリカ――において現地の中国系をはじめとする「東洋系」あるいは「東アジア系」の外見を持つ人々に対して差別や暴力が生じているのは、その分かりやすい例だろう。

本書は、ホスト社会から一枚岩に捉えられがちなエスニック・マイノリティの集団内における多様性と、その包括的なエスニック・カテゴリーを能動的に意味づけ直す人々のダイナミズムを、イギリスの南アジア系移民の表現文化――南アジア系ポピュラー音楽の諸実践――の事例から描き出す。インドの著しい経済発展とグローバルな人材の輩出に代表されるように、南アジア地域からの世界規模の人やモノの移動は近年大きな注目を集めているが、インド系やパキスタン系の人々のイギリスへの大規模な移住は一九五〇年代に始まった。「ブリティッシュ・エイジアン」（以下、エイジアンとも表記する）と呼ばれる南アジア系の人々は、移民大国イギリスにおける最大のエスニック・マイノリティ集団であると同時に、その内部に多様な差異をはらんでいる。本書では、かれらの文化実践においてこの「エイジアン」というカテゴリーがいかなる意味を持つ概念として用いられているかを社会学的に考察することで、移民やエスニック・マイノリティといった存在を、かれらのコミュニティ内部の差異と多様性に着目しながら動態的に理解するための視座を提示することを試みたい。

2　ブリティッシュ・エイジアンという「一体性《アイデンティティ》」とその多様性

実際のところ、ブリティッシュ・エイジアンとは日本では聞き慣れない言葉だろう。「エイジアン（Asian）」、つまりアジア系という語を見ると、日本（人）もこのカテゴリーに含まれると思われるかもしれない。しかし、「アジア」という概念には多義的かつ文脈依存的な側面がある。例えば、アメリカやオーストラリアでは、エイジアンとは主に（日本や韓国、中国を含む）東アジアや東南アジアにルーツを持つ人を意味する（Sayyid 2006: 6）。一方イギリスでは、エイジアンとは一般的に、かつて植民地（英領インド）であったインドやパキスタンを含む南アジア諸国*1からの移民、ならびにその子孫を指す。[*2] ゆえに、ブリティッシュ・エイジアン音楽と言った場合は南アジア系の音楽を意味し、例えばマレーシアやフィリピン、タイなどにルーツを持つ音楽はここには含まれない（Huq 2006: 69）。

イギリスは、第二次世界大戦後の労働力不足を背景に一九五〇年代から南アジア出身者を出稼ぎ労働者として受け入れ始め、一九六二年英連邦移民法の施行前後にその数がピークに達した。現在ではイギリス生まれの第三世代、第四世代の時代にまでなってきており、二〇一一年のセンサスではイングランドならびにウェールズの「インド系」「パキスタン系」「バングラデシュ系」の人口は約二九八・五万人で、全人口の五・三パーセントを占めている（GOV.UK 2018）。エイジアンのなかでも多いのが、北インドとパキスタンにまたがるパンジャーブ地方[*3]にルーツを持つパンジャービーや、西インドのグジャラート州にルーツを持つグジャラーティー、バングラデシュ北東部のシレットにルーツを持つシレティの人々だが（Ballard 1994a: 19）、パキスタンのアーザード・カシミール地域のミールプルにルーツを持つミールプリー、スリランカ系（主にスリランカ内戦から逃れてきた少数派のタミルの人々）、ネパール系の人々などもいる。また、英領インドから東アフリカ（現在のウガンダ、タンザニア、ケニアといった国々）に労働者や商人、職人などとして渡り、一九七〇年代にイギリスに再移住した人々やその子孫も多い。同様に、かつて年季契約労働者としてカリブ海地域（ガイアナ、スリナム、トリニダード・トバゴなど）に渡ったインド人の子孫で、一九五〇年代後半から六〇年代前半にかけてイギリスに移住した、インド・カリビアンと呼ばれる人々もいる。こうした地域的な違いに加えて、宗教やカーストによる帰属意識の違いもあり、一口にエイジアンと言ってもその内実は非常に複雑である。[*4]

本書がブリティッシュ・エイジアンという存在に着目する理由は、この「エイジアン」という枠組が持つ包括性と、その内部の多様性にある。エイジアンとは、イギリスというホスト社会からの（ポスト）コロニアルな名づけとしての性格を持っており、かれらの多様な背景を捨象することにも作用しうる。その一方で、在英南アジア系メディアで頻繁にみられるエイジアンという語の使用からは、南アジア系の人々や文化を総称する、集合的アイデンティティとしての意味づけの様子もうかがうことができる。自己言及的な呼称としてのエイジアンは、かれらが「独自の越境と移住の経験を通して、自律的に出身国／ホスト国家への帰属を相対化し、それぞれと交渉するエージェンシー」（南川 2001: 184）によって生成したカテゴリーだと言えよう。[*5]

しかし、そこには同時に、エイジアン・コミュニティの内部における文化的な力関係も存在している。パンジャービーは在英南アジア系の約三分の二を占めるとも指摘され（Ballard 1994a: 19）、その存在感はきわめて大きく、パンジャーブ地方の文化であるバングラー（Bhangra）というダンスならびに音楽――パンジャービー語の歌詞や、パンジャーブでよく用いられるドール（両面太鼓）といった要素によって特徴づけられる――はエイジアンを代表する文化実践として前面に押し出されることが多い。[*6] しかし、パンジャービーではないエイジアンの人々にとっては、パンジャービー文化としてのバングラーは必ずしも親近感を持って受容できるものではない。

このような状況は、ブリティッシュ・エイジアンに限ったことではない。個人を成り立たせている複数のカテゴリーは、状況に応じて同時に作用したり、部分的に重なり合ったりすることで、社会における複雑な帰属意識をもたらす。内集団（「われわれ」）と外集団（「かれら」）の関係の境界は文脈によって変化したり揺らいだりし、自身が属している内集団のなかでも時に序列化が起こり、一部の人々が周縁的な位置づけを与えられたり疎外されたりすることもあるだろう。社会のなかで周縁化された人々が、より弱い立場に属する人々を周縁化することもある。[*7] こうした事態が、「マジョリティ」と「マイノリティ」の錯綜した関係を生み出している。[*8]

では、そうしたミクロな力学はいかなる形で、かれらの日常生活に埋め込まれた文化実践に見出せるだろうか。そして、その力学はホスト社会というマクロな社会構造とどのように相互作用し、かれらのアイデンティティにも影響を与えているのか。イギリスの主流社会という「マジョリティ」によって自らの存在を「エイジアン」として枠づけられ、分類されてきたかれらの文化に目を向けると、自らの社会的位置や「伝統」を解釈したり、そのカテゴリーを積極的に選び取ったりするかれらのエイジェンシー（第1章2・4で詳述）が立ち現れてくる。本書では、若い世代のエイジアンによる様々なポピュラー音楽の実践を包括する「ブリティッシュ・エイジアン音楽」（以下、エイジアン音楽とも表記する）という枠組にフォーカスし、イギリスのポピュラー音楽という文脈における「エイジアン」カテゴリーの「意味世界」（盛山 2011）を検討することを通して、「マイノリティ」集団のなかの立ち位置をめぐって交渉するかれらのエスニシティの動態を浮かび上がらせたい。

3　ブリティッシュ・エイジアンのポピュラー音楽を取り上げることの意義

では、なぜポピュラー音楽に着目するのか。ポピュラー音楽とは、主に二〇世紀以降の、「録音や放送に代表される大量複製技術によって音楽が商品化されて以降に、もっぱら商品としての成功をねらって開発され、成立した音楽ジャンルの総称」（山田 2003: 12）といった性格を有している。それは、様々な媒体を通して「作品」として親しまれたり、あるいはBGMとして聞き手に何らかの効果を生じさせたりと、私たちの日常生活に意識的・無意識的に深く浸透している文化である。さらに、それはある特定の表現方法――用いられる楽器やリズム、演奏法、歌詞の言語など――を用いることによって、ある集団への帰属感覚を聴く人々に喚起するための強力なツールともなりえよう。社会学者のS・フリスの言葉を借りれば、「音楽はアイデンティティを解く鍵であるように思われる。なぜなら、音楽は自己と他者双方の感覚、集団内での個人の感覚をひじょうに強くもたらしてくれるからである」（Frith 1996=2001: 191）。

ここで重要となるのが、エスニシティと結びついた音楽のジャンル性である。「黒人音楽」や「ラテン音楽」といった包括的な呼称は「特定の人々と特定の種類の音楽のあいだの繋がりを意味するもの」（Negus 1996=2004: 155）として機能し、実際には実に多様な音楽実践が行われているにもかかわらず、そうした実践をある特定のエスニシティと強固に結びつけることで、あたかもそれが単一のエスニック集団に属する人々によって演じられる単一の音楽ジャンルであるかのごときイメージを生じさせうる。また、J・トインビーは、「音楽の中に共通のアイデンティティを見出したいという欲望を商業的に搾取＝利用することにより、音楽産業は音楽的共同体の構築を促進してきたのではないか」(Toynbee 2000=2004: 283) として、アフリカ系アメリカ人コミュニティをターゲットとした音楽の「人種化されたマーケティング」の歴史的展開などを例に挙げ、音楽産業によってもたらされうるエスニックな集合体意識の創出に国民国家という「想像の共同体」(Anderson 1983=1987) との類似点を見出している。

これは、自らのルーツを持つ国や地域から離れたホスト社会で生まれ育った移民二世以降の世代という文脈にも当てはまり、エイジアン音楽もまた、こうした音楽的カテゴリーとエスニックな共同体との関係性という問題を提起している。ブリティッシュ・エイジアン音楽とは大まかに定義すれば、広範な南アジア各地にルーツを持つ[*9]あらゆる形のポピュラー音楽的な表現の実践を含みうる、非常に広い包括的な音楽カテゴリーであるはずである。だが実際には、ある特定の地域の言語や楽器のサウンドを用いた音楽がエイジアン音楽を常に「代表」するものとして前景化される傾向がある。具体的には、それは一九八〇年代からパンジャービーのアーティストたちによって演奏され、商業化されていったバングラー (前述) を含む、パンジャービー語を用いたポピュラー音楽 (パンジャービー音楽、第3章2・2で詳述) である。一方、それ以外の言語や楽器のサウンドを用いた音楽は、主にヒンディー語で歌われるボリウッド映画音楽 (以下、ボリウッド音楽) を除けば少なく、音楽の演じ手もパンジャービーが圧倒的に多いという状況が長年にわたって続いてきた。二〇〇〇年代以降、非パンジャービーの歌手やラッパー、DJも目立つようになってきたが、かれらがグジャラーティー語やベンガル語、タミル語などの南アジア系言語を楽曲に用いる例はここ数年少しずつみられるようになってきたものの、英語を用いたり、時には自身のエスニックな背景とは異なるパンジャービー語を用いたりする例も目立つ。

エスニック・マイノリティの音楽実践は、かれらがいわゆる主流のポピュラー音楽産業に参入でもしない限り、ホスト社会においては見過ごされたり、多文化主義政策のなかで形式的に――「コスメティック・マルチカルチュラリズム（うわべの多文化主義）」（モーリス＝スズキ 2002: 154）程度に――取り上げられたりする程度になりがちである。あるいは、その「エキゾティック」なサウンドがオリエンタリズム的な形で他者化され、表面的に持てはやされることも少なくない。しかしかれらの音楽は、ホスト社会、多様な背景を持つエイジアンの業界関係者たち、国境を越えた南アジア系「同胞」アーティストなどとの協働や、西洋のポップカルチャーからの影響など、多様なアクターとの絶え間ない交渉から生み出され、そして変容する。「イギリスにおけるポピュラー音楽は、移民コミュニティ内や他のコミュニティとの連帯を築くのと同時に、集団間の交渉や争いの現場となることにおいても重要な役割を果たしている」（Lipsitz 1994: 126）というG・リプシッツの指摘から考えると、エイジアン音楽というカテゴリーは、南アジア系と他のエスニック集団との差異を強調し、境界を設定する――エイジアンという集団内の同質性を担保し、多様性を捨象する――ことに作用すると同時に、その境界はエイジアン内部におけるサブグループ間の交渉の結果としても維持されているとみなせよう。イギリス社会のなかで広く共有されている「エイジアン音楽」なる音楽の観念やイメージは、こうしたプロセスによって産み出されていると考えられる。

「ブリティッシュ・エイジアン音楽は、複合するアイデンティティの諸観念が現われる、激しい争いの現場」(Bakrania 2013: 5)であり、こうした問題はエイジアン音楽におけるいわば「代表性」の問題と密接に関係してくる。[*10] それはある意味においてはアイデンティティの問題でもあるが、アイデンティティに還元し尽されない、文化生産という文脈における音楽産業内のメカニズムの分析も重要となる。様々な南アジア的な音楽実践は、どのようにエイジアン音楽という枠組に包摂され、「代表性」を付与され、また周縁化されているのか。本書の関心は、エイジアン音楽という多様な音楽実践を含みうるカテゴリーの内部で、どのように音楽業界の人々の慣習や論理、かれらを取り巻く制度が相互作用し、戦略や駆け引きが繰り広げられ、それらによってエイジアン音楽という(見かけ上の)「一体性」が作られ維持されているか、そしてそこで共有されている論理はどのような実践を契機として揺らぎうるかという、音楽産業内部における力学を解明することにある。そうした文化を成り立たせている仕組みを、イギリス社会というよりマクロな文脈を視野に入れながら描き出すことを試みたい。

4　本書の構成

本書は二部構成を取り、全七章から成っている。第1章から第3章までは第Ⅰ部として、主に理論枠組やアプローチの方法を提示し、先行研究の検討を行う。続いて第3章から第6章までは第Ⅱ

部として、インタビューデータの分析ならびに考察がメインとなる。ブリティッシュ・エイジアンの文化的なダイナミズムや、調査結果から得られた知見に関心のある方は、こちらから読み進めてもよいだろう。以下、各章の大まかな内容を記しておく。*11

第1章では、エイジアン音楽を対象とした研究の従来的なアプローチに対する本書のスタンスを明らかにした上で、いくつかの分析視角を示し、調査方法と対象について述べる。第2章では、エイジアン音楽という文化的圏域の境界の維持について考察するための理論枠組、ならびに分析方法を提示する。第3章では、在英南アジア系移民の歴史と送り出し地域、ならびにイギリスにおける定住の地理的特徴を整理し、南アジア系アーティストによる音楽実践の始まりと発展について概観する。続いて、エイジアン音楽に関する先行研究の批判的検討を行う。

これらの作業を受けて、第Ⅱ部のデータ分析に入る。まず第4章では、いくつかの代表的な音楽的スタイルに焦点を当て、①バングラー、②ボリウッド音楽、③エイジアン・アンダーグラウンド、④デーシー・ビーツ／アーバン・デーシー、⑤南アジア的要素を欠いたヒップホップやR&Bといった各スタイルが、エイジアン音楽場（「場」の概念については第2章1で詳述）における「エイジアン性」をいかなる形で担保しているのかを検討する。第5章では、エイジアン音楽場におけるエスニシティの作動の様相を、R&B歌手のジェイ・ショーン（Jay Sean）、そして非パンジャービー（スリランカ系、バングラデシュ系、グジャラーティー）の歌手やDJ、ラッパーの事例から考察する。第6章では、エイジアン音楽の楽曲が流通しまた実際に演じられる「媒体」として、エイジアン音楽チャートと南アジア系フェスティバルのメーラー（Mela）に着目する。こうした媒体においてエイジアン音楽の特定の音楽的スタイルが常に前面に押し出され、それ以外のスタイルの参入が行われにくい傾向の背景を検討することで、エイジアン音楽場における包摂と周縁化のメカニズムを浮かび上がらせる。

終章では、以上の作業を通して得られたエイジアン音楽場の構成原理についての知見をもとに結論を提示した上で、今後の展望について述べる。

それでは、本論へと入っていこう。

第Ⅰ部　問題設定と理論的検討

第1章　ブリティッシュ・エイジアン音楽を社会学する

本章では、ブリティッシュ・エイジアン音楽という研究対象を取り上げるにあたっての本書のスタンスを、先行研究における議論の方向性を踏まえながら述べる。次に、本書で行う考察において必要となる分析視角を、文化のグローバル化／ローカル化、エスニシティ研究、サブ・エスニシティ、アイデンティティとエイジェンシー、「移民」と「ディアスポラ」、「デーシー（Desi）」の六項目に整理して提示する。最後に、本書における調査方法と対象について記す。

1　エイジアン（音楽）を研究するにあたって

1・1　従来的な理論枠組

エイジアン音楽の社会学的研究は、エイジアン音楽の商業化が進み、アパッチ・インディアン（Apache Indian）やエイジアン・ダブ・ファウンデーション（Asian Dub Foundation）、コーナーショップ（Cornershop）[*1]といったエイジアンの歌手やバンドがイギリスの「主流」の音楽チャートで成功を収めた一九九〇年代から盛んになされるようになった。そこには、バーミンガム大学の現代文化研究センター（Centre for Contemporary Cultural Studies、以下、CCCS）に代表されるイギリスのカルチュラル・スタディーズにおいて、音楽を通じた「象徴的抵抗」の実践の例としてパンクやレゲエ、レイヴなどを扱った研究や、アフロ・カリビアンに対するイギリス白人社会の人種主義《レイシズム》を扱った一連の研究が、エイジアンやエイジアンの音楽文化をそれまで積極的に取り上げてこなかったという背景が指摘できる。このため、エイジアン音楽研究は、立ち遅れていたエイジアンの表象の理論化や、エイジアンが周縁化される「白人／黒人」の二分法的認識がはらむ問題、音楽の消費を介したエイジアンの若者のアイデンティティ形成などに対する関心が強く、もっぱらこうした若者文化研究の文脈のなかで展開されてきた。CCSの文脈では、文化的アイデンティティのあらゆる構成要素の上に階級を置くマルクス主義的な枠組によって、サブカルチャーと「主流（メインストリーム）」との間に線が引かれ、前者が「抵抗」、後者が受動的で操作されたものという二分法的な理解がなされてきた（Hyder 2004: 35）。このような若者文化における抵抗の議論の文脈で、エスニシティを政治的抵抗の真正なしるしとして扱うことは、非白人集団の文化的表現を理想化する「エキゾティックな政治」（Hyder 2004: 41）につながっている。

こうした非白人集団の能動性を強調するカルチュラル・スタディーズ的な研究の潮流は、エイジアン音楽という枠組をイギリスの主流（白人）社会との関係性のなかで捉える傾向が強く、その枠組が音楽の生産・流通・消費に携わる（多様な背景を持った）南アジア系の人々の相互作用によってどのように維持されているかという問題には、あまり注意が向けられてこなかった。エイジアン音楽の代表的な音楽実践であるバングラーを、白人やアフロ・カリビアンと「自分たち」＝エイジアンとを象徴的に弁別する若者文化とみなす捉え方が数多く提示されてきたものの[*2]（Gillespie 1995; Back 1996; Baumann 1996; Dudrah 2007）、エイジアン音楽全般に関してはその「アジア性」を「グローバルな音楽的多様性の離散《ディアスポラ》のなかに存在する」（Sharma 2006: 317）とみなすような、異種混淆的《ハイブリッド》でクロスオーヴァー的な特性を指摘する以上の経験的研究は少なかった。他のエスニック集団との差異化としてエイジアンを捉える視点やハイブリッドなエイジアン性を強調する視点は、イギリス社会における根強い人種主義やエスニック・アイデンティティの問題と結びついた現実的な研究関心から生じていると言えるが、これまでも述べたように、エイジアンとは決して一枚岩ではなく、また単純に「多様性」といった言葉でまとめ切れるものでもない。

本書では、エイジアン音楽という枠組の維持はその産業内部におけるエイジアンの人々の相互作用からもなされうるという観点から、音楽産業内の力学の分析を行う。音楽業界における「エイジアン（音楽）」にまつわる慣習や制度、関係者たちが取り結ぶネットワークやそこでの戦略などに着目して、エイジアン音楽という総称的なカテゴリーの意味世界と、それが維持されるメカニズムを、産業に携わる人々を対象としたインタビュー調査をもとに考察する。

1・2　本書の研究方法とその理論枠組

南アジア系の多様な音楽実践は、一方的にイギリスの主流（白人）社会によってエイジアンとして範疇化されているわけではない。それらの実践に「エイジアン音楽」としての意味を付与する、南アジア系のラジオ局やテレビ局の音楽番組、また音楽イベント（クラブナイトや、夏にイギリス各地で催されるメーラー[*3]など）に携わる業界関係者の多くが、実際には南アジア系である。また、かれらの多くはイギリス生まれで、若い頃からイギリスの「主流」のポピュラー音楽のみならず、南アジア系の音楽にも慣れ親しんでいる。その点においてかれらはエイジアン音楽の熱心なリスナーであり、音楽の消費にも関わる存在だと言える。

では、南アジア系の多様な音楽実践は、いかなる形によって「エイジアン音楽」カテゴリーに包摂され、またどのような文脈において周縁化されるのだろうか。本書では、エイジアン音楽という音楽的枠組の維持における産業内部の人々の相互作用に照準し、特定の音楽形態が前面に押し出され、その他の音楽形態が後景化されるメカニズムについて、P・ブルデューの「場」（Bourdieu 1979a=1990; Bourdieu 1992=1995）とH・ベッカーの「界」（Becker 1982=2016）という概念装置を理論枠組として導入しつつ、検討を加える。エイジアン音楽を、産業に携わる人々やリスナーなどの総体的なネットワークから成り立っているひとつのジャンル「場」と捉えた際に、その場を成立させているエイジアンという観念がどのような意味を持つものとして用いられているかを、全体的構造の枠組とそれによって取り囲まれているエスニック集団内部のミクロな関係性の両方の視座から考察したい。

分析方法としては、「場」概念をロックの社会学的分析に援用した南田勝也による「指標」概念（南田 2001）を援用する。具体的には、エイジアン音楽場の内部における「真正性」「正統性」の指標――ある音楽に「エイジアン音楽」としての意味を付与したり、「エイジアン音楽」だという弁別的判断を下したりする際に参照され、場の参与者たちによってエイジアン音楽に「本質的」に備わっているべきだと考えられている価値基準として――を用いて、いかなる要素が「エイジアン音楽」に含まれるのかをめぐっての人々の差異化や位置取りの様相と場の構成原理を描き出すという方法を取る。これらの理論枠組や分析方法については、次章でより詳しく論じる。

2　分析視角

2・1　文化のグローバル化／ローカル化

移民研究においては、グローバリゼーションのなかでトランスナショナルな移動を行う人々がどのようにホスト社会に適応・同化・統合するかの理論的枠組が提示されてきた。一方、本書の目的と関連するのが、ホスト社会の移民コミュニティ内部のローカルな文脈における、文化変容のダイナミズムである。A・ギデンズは、グローバル化をモダニティ（近代性）の帰結と捉え、社会的活動が特定のローカルな脈絡に埋め込まれていた状態から引き離され、時間と空間の隔たりを越えて（「脱埋め込み」）、限定的な状況のなかで再編される（「再埋め込み」）と捉える（Giddens 1990=1993）。また、グローバル化の重層的な位相を五つの「スケープ」――エスノスケープ（民族の地景）、メディアスケープ（メディアの地景）、テクノスケープ（技術の地景）、ファイナンスケープ（資本の地景）、イデオスケープ（観念の地景）――の次元から捉えるA・アパデュライは、ローカリティは文脈によって規定されると同時に文脈を産出し、グローバルな力をも生み出しうると論じる（Appadurai 1996=2004）。ここにおいて、「グローカリゼーション」――グローバリゼーションとローカリゼーションが同時進行的に起こりながら、それぞれの現象が相互作用し影響を及ぼし合う様相に注目する概念（上杉 2014: 7）――は、現代世界における人や文化の物理的・空間的移動と、それに伴って文化的実践が多様化するメカニズムを捉えるための有用な視座だろう。B・アンダーソンは、一九世紀に発展した小説や新聞などの「出版資本主義」によって、国民国家という「想像の共同体」が創出されたと指摘したが（Anderson 1983=1987）、加えて現在では電子メディア化がもたらす「移動するイメージと脱領土化したオーディエンスとの邂逅」（Appadurai 1996=2004: 20-1）によって、「ディアスポラの公共圏」（Appadurai 1996=2004: 21, 52-4）とも呼べる圏域が拡大している。

本書が取り上げるポピュラー音楽を例に取ると、グローバルに流通した音楽がそれぞれの地域において変容を遂げた例は、枚挙にいとまがない。いわゆるラテン音楽を意味するサルサのニューヨークにおける受容（Negus 1996=2004; Connell and Gibson 2003）や、アルジェリアのライ（Rai）音楽のフランスにおける新たな意味づけとパリ経由でのモロッコやチュニジアへの伝播（Lipsitz 1994; Connell and Gibson 2003）、ラップ／ヒップホップの世界各地における多様なローカル化（Mitchell ed. 2001 ; Condry 2006）のプロセスは、音楽と個別的地域性との結びつきによる「ローカル・シーン」*4（Peterson and Bennett 2004）の創出をもたらした。ここはまさに、ポピュラー音楽のグローカル化によってもたらされた新たな音楽表現の方向性が浮かび上がる現場となる。

さらに、現在のポピュラー音楽は、デジタル技術の進化により楽曲のインターネット配信が主流となっている。アーティストが録音スタジオや機材、生の楽器を使用することなく、自宅でコンピューターを使って録音することも可能となった。YouTubeやSoundCloudのような動画・音声ファイル共有サービスを用いてインターネット上に楽曲をアップロードすることもできるようになり、アーティストはレコードレーベルと契約しなくても自作の音楽を発信できる手段を獲得した。ダンス・ミュージックにおけるリミックスやサンプリングなどの手法もより簡便なものとなり、音楽制作の方法にさらなる実験性や革新をもたらしている。もとよりポピュラー音楽という「録音された音楽は、場所から場所へ旅をし、物理的・時間的障壁を越えていく」(Lipsitz 1994: 3)という特徴を持っているが、近年では前述の変化により、特定の地理的な「場所」から生じてきた「シーン」がインターネットという「空間」を介してシーンの感覚を作り出す「ヴァーチャル・シーン」(Peterson and Bennett 2004)も現れてきている。これも音楽のグローカル化のひとつの帰結と捉えることができるだろう。こうした流れが在英南アジア系アーティストの音楽制作や配信にも影響を及ぼすことで、エイジアン音楽という場の編制もまた変容する可能性に開かれている。

こうしたポピュラー音楽のグローカル化を検討するにあたって重要となるのが、ホスト社会におけるいわゆるエスニック・ビジネス、そして音楽産業におけるエスニシティの商品化である。同じエスニックな背景を持つ「同胞」をターゲットとした文化的ビジネスにおいて、エスニシティがどのように意味づけられ商品化されるかという点については、第2章4で検討を加える。

2・2　エスニシティ研究の視座

エイジアン音楽と総称される音楽実践と音楽産業の力学に注目する上で考えなければならないのは、エイジアンというエスニック集団の境界がどのように維持されているかという問題である。ここではエスニシティを、「ある人たちのコミュニティを他のコミュニティから区別する文化的習わしや見地」(Giddens 2006=2009: 497) といった意味で、またエスニック集団を「言語、(実際の、または想像上の) 歴史ないし祖先、宗教、衣装様式や服飾様式」(Giddens 2006=2009: 497-8) などの示差的特徴によって他集団から弁別されるものとして捉えておくが、[*5] そうした差異を本質主義的に所与のものとしてみなすことには注意が必要である。

C・ギアーツは、エスニック集団の与件的な構成基盤として、集団内部における「本源的紐帯」——共通の血統や歴史、特定の言語、宗教、地域的な愛着、社会慣習などに基づく原初的な愛着——の存在を重視した(Geertz 1973=1987 (II) : 118-25)。もっともギアーツは、それは「好都合な社会的条件が調いさえすればすぐにでも政治的な形をとって表に現われるような、潜在的なもの」(Geertz 1973=1987 (II) : 125) でもありえ、「必ずしも常に活動しているわけでも、表に直接現われるものでもない」(Geertz 1973=1987 (II) : 126) とみている。一方、F・バルトは、「研究の重要な焦点は、集団が囲い込む文化の中身ではなくて、集団を規定するエスニックの境界となる」(Barth 1969=1996: 34) として、複数の集団間に生じる相互交渉の結果としてエスニックな境界が形成・維持されるプロセスを重視した。前者のような立場は原初主義アプローチ、後者のような立場は境界主義アプローチといった形で呼ばれることが多い。

T・H・エリクセンも、エスニシティを境界主義的な観点から説明し、「エスニシティはある種の関係性にかかわるものであり、集団の特性ではな」く(Eriksen 2002=2006: 39)、「文化的差異は、社会的相互作用において意味を持つとされるときだけ、エスニシティにかかわるのである」(Eriksen 2002=2006: 84)と論じる。エリクセンによれば、集団間に日常的な接触があり、自分たちが他集団の成員との間に文化的な差異を有していると考えることが、エスニシティが登場するための条件となる。文化的境界線を明確に引くことはできず、またそれらは必ずしもエスニックの境界線に重なり合うわけでもない(Eriksen 2002=2006: 75)。文化的に類似していたとしても、互いの集団間に境界線が引かれることもある。こうした考え方からすると、エスニシティとは、ある集団に独自の文化的特性そのものを指すというよりも、相互交渉を通して集団間の文化的差異の感覚や境界がどのように形成され、また変容するかという、社会関係のプロセスを問う概念として位置づけられる。

しかし、社会関係のプロセスのなかで翻って自らが属する集団の文化的差異を意識する局面においては、ある種の原初的な固有性の感覚が見出されることもあると考えられる。樽本英樹も指摘するように、原初主義的な説明を排除するのではなく、エスニシティが原初主義的でありながら同時に境界主義的に作動する局面を考慮する必要があるだろう[*6](樽本 2009: 13)。換言すれば、原初主義的な枠組は、エスニック集団の固有性の感覚がどのような文脈において立ち現れ、また持続するのかという状況やプロセスに照準する限りにおいて部分的な有用性を持つということになろう。また、吉野耕作は両アプローチの欠点として、前者は歴史的起源という時間的な次元に、後者は「われわれ」と「かれら」との間の境界設定という空間的な次元に固執している点を指摘する。そして、両者を架橋する議論として、E・ホブズボームらによる「伝統の創造」の議論（Hobsbawm and Ranger eds. 1983=1992）――古来より続いていると考えられている「伝統」の多くは、近年になって何らかの目的で創り出されたり時に捏造されたりしたものであるという捉え方――を位置づけている（吉野 1997: 41-8）。ホブズボームによれば、「伝統の創造」とは「過去を参照することによって特徴づけられる形式化と儀礼化の過程のこと」（Hobsbawm 1983=1992: 13）を指す。急激な社会変動によって「旧来の」伝統が適用力を失ったり、そうした伝統が案出された社会的形式が弱まったりした時、「まったく新しい目的のために、古い材料を用いて斬新な形式の創り出された伝統を構築する」（Hobsbawm 1983=1992: 15）事態が起こりうると、ホブズボームは論じる。

一方、W・W・イサジフはエスニシティを、「社会化の過程によって維持される内部からの境界と、集団間の関係の過程によって作りあげられる外部からの境界」という「二重の境界」（Isajiw 1974=1996: 93）の問題として捉える。イサジフによれば、アメリカやカナダのような多くのエスニック集団の成員が相互に関わり競合する社会においては、人々があるエスニック集団に所属していることが他者によって同定され、それは翻って自己同定を促す。外的な境界は、特定の移民政策や文化政策などの背後にある理由や根拠に反映されうる（Isajiw 1974=1996: 93）。エスニックな帰属意識が、自身の属する集団の内側から設定される境界と、他のエスニック集団との相互交渉を通じた外からの境界という二重境界によって形成され維持されていると捉えるならば、ブリティッシュ・エイジアンの場合、外から設定される境界として、マジョリティであるいわゆる白人との関係性がある。また、アフロ・カリビアン、中国系、アラブ系といった他のエスニック集団との関係性によっても、エイジアンという集団の境界は維持されていると考えられる。

以上のような一連の（文化人類学を中心になされてきた）エスニシティ研究の系譜とは異なる立場から、エスニシティを再考する必要性を提起したのがS・ホールである。ホールは、一九七〇年代の白人中心的なイギリス社会における人種主義と、それへの対抗的な政治文化によって、アフロ・カリビアンや南アジア系の人々の間に「ブラック」[*7]という集合的アイデンティティが立ち現れ、かれらの反人種主義運動において重要な役割を果たしたと指摘する[*8]（Hall 1991=1999: 85）。またP・ギルロイも、アフロ・カリビアンとエイジアンたちが様々な違いを持ちながらも、「黒というこの色に自らの経験を分節／接合し、英国や英国らしさから自分たちが共通して排除されていることを理解するための媒介を発見しているのかもしれない」（Gilroy [1987]2002=2017: 509）とかつて述べている[*9]。

一方、ホールはこの「ブラック」アイデンティティは南アジア系の人々の特定の経験を語ることを抑圧する方向にも作用したとして、「連帯」と結びついた肯定的な人種表象に潜む政治性も問題化した[*10]（Hall 1991=1999: 86-7）。「ブラック」がイギリス社会におけるマイノリティの周縁化を打破すると同時に、それが本質的なアイデンティティを担保する枠組としては成立しえないことを、ホールは「ニュー・エスニシティズ」という用語を提出しながら論じている（Hall 1996a=2014）。一九九六年に刊行された、ブリティッシュ・エイジアン音楽をテーマにした論文集 *Dis-Orienting Rhythms*（Sharma, Hutnyk and Sharma eds. 1996）は、在英南アジア系ポピュラー音楽の生産や消費における南アジア系の人々のアイデンティティ交渉に照準しており、ブラックとは異なるエイジアン独自のエイジェンシーを捉え直す先駆的な研究となっている。本書もまた、ホールが重視する、エスニシティを他の諸カテゴリーとの位置取り（positioning）のなかで常に変化する文化的構築物として理解する視座を共有する。

2・3　サブ・エスニシティ

本書が照準するのは、エイジアンというエスニック集団とその外部との関係性に加えて、エイジアンという集団の内部における多様なエスニックな「伝統」と結びついた音楽実践が、エイジアン音楽という場においてもたらす効果である。ここで、エスニック集団内における様々な下位集団を指し示す「サブ・エスニシティ」（Salaff 2005; 市川 2007; 市川 2009）の概念を導入したい。例えば海外の華人（中国系移民）コミュニティが、祖先の言語や方言、地域や出身国などの点で差異を有している（Salaff 2005: 3）のと同様、南アジア系コミュニティもその内部にルーツのある国・地域や言語などに基づくエスニックな下位集団を内包している。サブ・エスニシティ概念は、「通常は単一のエスニックなラベルの下に包含されているサブグループ間の類似点や差異についての、より十分な議論を可能にする」（Salaff 2005: 6）という利点を持つ。

文化人類学者の市川哲が指摘するように（市川 2009: 121-2）、サブ・エスニシティはロナルド・コーエンの言うエスニシティの「入れ子構造」（Cohen 1978=1996: 157）的な性質から説明できよう。コーエンは、「集団AがAと名づけられるのは、集団B、C、Dとの関係においてである。一方、集団

Aの人々は、その内部の下位集団X、Y、Zの相違をはっきりと認識しており、また下位集団X、Y、Zのどの成員も、彼らの間にエスニックな相違があり、多数存在する要因しだいで、将来差異がもっと拡大したり縮小したりする可能性があることを承知している」(Cohen 1978=1996: 159)と論じる。ここからコーエンが強調するように、エスニシティとは状況に応じてその包括性のレベルが変化し、またその内部に存在する差異も強調されたり重要性が減じられたりする、状況的《シチュエーショナル》なものである。[*11]「エスニシティは、成員資格の包括性と排他性の基準に反比例して拡大したり縮小したりする集団に、人びとを割りあてるのに用いられる、出自にもとづいた一連の文化的同定物であ」り(Cohen 1978=1996: 158)、サブ・エスニック集団は包括的なエスニック集団の枠組の下でさらに弁別され、状況によってはより重要性を増すこともある。

　コーエンのこのような考え方は、I・ライトの提起した「エスニック・スコープ」という概念とも重なり合う。ライトは、エスニック集団を大陸的(例:アジア系、ヨーロッパ系、ラテンアメリカ系といった大陸レベル)、国家的(例:イタリア系、アイルランド系、中国系)、地域的(例:カラブリア系、広東系)、地方的(同じ場所の出身であること)の四種類のスコープに分類する視座を提示している。ライトによれば、「エスニック意識を構成する入れ子的な区分は互いを除外する必要がなく、また典型的には除外しない。例えば、ある個人のエスニック・アイデンティティは同時にヨーロッパ系、イタリア系、トスカーナ系、同郷《パイサーノ》の仲間であることを含むが、通常はある特定の役割においていずれかが優位となる」(Light 1981: 71)。そして、そうした重層性のなかで、どのレベルのカテゴリーがより重要なものとして意識されるかは時間の経過や状況に応じて変わりうる。「いかなるヨーロッパ系、アジア系あるいはアフリカ系の個人のエスニック意識の特徴を描く上でも、複数のカテゴリーの共在――他より包摂的なものもある――を認める必要があるだろう。これらのカテゴリーは相互に関連し、時間とともに変化する」(Light 1981: 72)。

在英南アジア系というエスニック集団で言えば、それは白人やアフロ・カリビアンといった他のエスニック集団と弁別される「エイジアン」という集合的かつ包括的なエスニシティの下位にある、エイジアン内部の個別的なエスニシティを指す。つまり、「パンジャービー」、「ベンガーリー」[*12]、「グジャラーティー」、「タミル」、「北インド系」、「南インド系」、「スリランカ系」、「パキスタン系」といった枠組を示すものである。本書では、他のエスニック集団との弁別としての「エイジアン」を「**包括的エスニシティ**」、その内部における様々な個別的エスニシティを「**サブ・エスニシティ**」と呼ぶこととする。南アジア系のサブ・エスニシティにおいては言語的区分と地域的区分は重なり合うことが多いが、エイジアンの下位にある「北インド系」、「南インド系」といったより広範な地域的枠組や、「パキスタン系」、「バングラデシュ系」、「スリランカ系」といった国別の枠組も、ここでは便宜上サブ・エスニシティとして扱うこととする。というのも、「パンジャービー」は北インドとパキスタンにまたがるパンジャーブ州、「タミル」はスリランカと南インドのタミルナードゥ州といったように、国や地域の枠組と連続していることもあるし、「ベンガーリー」はイギリスでは多くの場合「バングラデシュ系」と互換性があり、同義で用いられることもある。また、筆者によるインタビュー調査では、「パンジャービー」の人々や文化はしばしば「北インド系」の意味で（あるいは「スィク教徒」の含みを持って）用いられることがあり、「パキスタン系」は「パンジャービー」「ミールプリー」「スィンディー」[*13]「パシュトゥーン」[*14]などのサブカテゴリーをあまり強調されないこともあった。こうした複雑に交錯する様相を把握する上では、これらのカテゴリーがそれぞれどのように作動するかを文脈に即して記述する必要がある。

市川は、華人社会内部におけるサブ・エスニシティ研究の動向を踏まえながら、「移民という経験そのものが、華人社会内部のサブ・エスニシティの在り方を変容させる可能性がある」（市川 2007: 72）と指摘し、国際移住の動的なプロセスのなかで変化する、地域的なサブグループ間の流動的な関係性を把握する作業の重要性を強調している。これは、インドでは圧倒的マイノリティである（パンジャーブ地方にルーツを持つ）スィク教徒がイギリスではマジョリティとして位置づけられるという状況[*15]や、パンジャービーの音楽文化が在英南アジア系社会という本国とは異なる文脈において「代表性」を付与されているという状況に照らし合わせても、重要な視座であろう。エイジアン内部の宗教やカースト、言語といった要素に基づく複雑な相互作用は、インド亜大陸における社会関係を再現したものではなく、イギリスにおける文化的・政治的・経済的な次元によって媒介されるものである（Brah 2006: 60）。

サブ・エスニックな枠組は、ホスト社会におけるエスニック集団内部のさらなる序列化や、中心—周縁の関係性の形成にも大きく関わっている。サブ・エスニシティの観点を導入することで、パンジャービー音楽の「代表性」を相対化し、他の音楽実践との位置取りのなかでエイジアン音楽という文化的圏域の構成原理をより緻密に考察することが可能となる。

2・4　エスニック・アイデンティティとエイジェンシー

エイジアン音楽産業の「エイジアン」というエスニシティにアプローチする上で押さえておく必要があるのが、エスニック・アイデンティティ――「自らを他とは区別される一つの集団として同定する集団の、価値観、象徴、共通の歴史に関連した、その成員の感情の総和」（Royce 1982=1996: 191）といった形で定義づけられる――の問題である。それは、時に原初主義的な形を取ったり境界主義的な形を取ったりしながら、何らかのエスニックな枠組――包括的なカテゴリーであったり、サブグループであったり――に帰属しているという意識を指す。

人が帰属意識を感じるこのエスニックな枠組は、固定化されているわけではなく時に変化し、また状況や立場に応じて自身を（同時に）様々なカテゴリーに配置する。M・マルティニエッロが指摘するように、「個人は、たとえばパリっ子と感じつつ、同時にフランス人、ヨーロッパ人、また親のうちの一人の出自がそうであればアラブ人と感じることがあり、これらのアイデンティティの同時的な担い手であることもあれば、当人の置かれた特定の状況に最も適合したアイデンティティを選択することもある」（Martiniello 1995=2002: 31）。またイサジフは、北米においてエスニック・アイデンティティはエスニック「再発見者」――一般社会の文化において社会化されながら、祖先の過去の文化との象徴的な結びつきを深めようとする数世代目の人々――が、全体社会における特定の関係性のなかで生じたニーズに応じて、祖先の（民俗芸術や音楽といった）文化的項目から象徴となるものを選択することで継続されていると論じる（Isajiw 1974=1996: 92）。エスニックな「伝統」文化との結びつきが希薄化したり失われたりした若い世代の間では、自らのアイデンティティを表明するためのエスニックなシンボルを祖先の文化表象のなかから――主流社会に向けて効果的に主張しやすいものを――選び出すといったことが生じうる。

このような多層的かつ可変的な様相を説明するには、「民族的アイデンティティよりも、民族的アイデンティフィケーションという用語で考えていくべき」（Martiniello 1995=2002: 32）[*16]、すなわちアイデンティティを同一性という状態ではなく、同一化という動態的なプロセスとして捉える必要がある。ホールも、アイデンティティの問題とはすなわち「〈アイデンティフィケーション〉の問題」（Hall 1996b=2001: 9）[*17]であり、「アイデンティティは決して単数ではなく、さまざまで、しばしば交差していて、対立する言説・実践・位置を横断して多様に構成される」、「たえず変化・変形のプロセスのなかにある」（Hall 1996b=2001: 12）ものだと論じている。前述したホールの「ニュー・エスニシティズ」という考え方はまさに、複合的で決して完成されることのないアイデンティティの、状況に応じて変容するプロセスとしての側面を意識したものである。

ここにおいて重要となるのが、エイジェンシーという概念である。J・バトラーは、「ジェンダーはつねに『おこなうこと』であるが、しかしその行為は、行為のまえに存在すると考えられる主体によっておこなわれるものではない」（Butler 1990=1999: 58）として、主体やアイデンティティは反復的な言説実践を通じて常にパフォーマティヴ（行為遂行的）に構築されるものだと論じる。このことをバトラーはエイジェンシーによって説明する。「行為体」とも訳されるエイジェンシーとは、所与の存在としての実体的な主体とは異なり、既存の言語を「引用」することで事後的に構築される主体である。このエイジェンシー概念の導入によって、アイデンティティは言語資源を用いて語る（＝引用する）という実践の効果として見出される過程的なものであり、ゆえにエイジェンシーはアイデンティティの新たな構築や意味づけ直しの契機となりうると捉えることが可能となる。

エイジアンという呼称は、イギリスというホスト社会からの名づけという性格を持つと先に述べた。こうしたラベリングに対して、「エイジアン」カテゴリーを自ら意味づけ直し、名乗り用いるという南アジア系の人々のエイジェンシー[*18]は、自身の音楽実践を「エイジアン音楽」というカテゴリーに含めたり、そこから除外したりする判断においても作動する。それはすなわち、「エイジアン音楽であれ」という他者からのラベリングによって範疇化（categorisation）されるというアイデンティティの管理に抗し、そこから逃れたり、状況に応じて積極的に自ら「エイジアン音楽」のラベリングを行いそこに同一化（identification）したりするという能動性である。

本書の関心のひとつは、イギリス社会においてエスニック・マイノリティに属し、さらにエイジアン内部のサブ・エスニックな関係性のなかで後景化されがちな音楽産業の参与者たちがいかにしてエイジェンシーを行使し、音楽場の内部において繰り広げられる相互交渉から自らの立ち位置を確保していくかを考察することに向けられている。これについては主に第5章2で検討を加えたい。

2・5 「移民」と「ディアスポラ」

本書は、「移民」の定義として、以下のものを採用する。「狭義には就労を目的とする外国への移住を意味し、移住先での居住期間や国籍は問わない。また広義には、就労目的以外の移住(者)、とくに難民(たとえば東アフリカからのインド人再移住者)、移民・難民の家族や子孫もインドやパキスタンなどの出身国以外に居住する限り『移民』に含めている」(古賀・内藤・浜口編 2000: iii)。

日本では、中国系移民を指して「華僑」という用語が用いられることがあるが、これは主に中国国籍を持つ移民第一世代を指す。一方、居住国の国籍を取得した第二世代以降の人々は「華人」と呼ばれ区別される傾向がある(市川 2007: 77)。前者はその数が減少しており、「華僑」という用語が死語になりつつあるといい、新たな総称として「中国系人」という用語の使用も提唱されているという(大岡 2005: 57)。また、竹沢泰子によれば、日系アメリカ人は自集団の内部で「一世(Issei)」「二世(Nisei)」「三世(Sansei)」「四世(Yonsei)」「五世(Gosei)」と各世代を区別する、「数少ないエスニック集団の一つ」(竹沢 2017: 29)である。在英南アジア系移民の場合、このような一世と二世以降を区別する英語の表現は管見の限り特に見当たらず、またイギリス国籍か南アジア本国の国籍かといった違いもあまり問わず、包括的に「エイジアン」と呼ばれることが多いように思われる。一九五〇年代から七〇年代初頭にかけて労働者や家族呼び寄せ、東アフリカからの再移住といった形で渡英し定住した、いわゆるオールドカマーとその子孫だけでなく、近年労働や留学などの目的で渡英し一時的に滞在している人々、いわゆるニューカマーもこの名称で呼ばれる傾向がある。

こうした状況を踏まえて、本書では在英南アジア系移民／エイジアンはこうしたニューカマーの人々までを含むものとする。もちろん、オールドカマーとニューカマーの間での帰属意識の違いは考慮しなければならない問題ではあるが、[19]本書ではそれについては注意を払うに留め、深くは立ち入らない。

一方、移民と類似した用語として、近年では「ディアスポラ」が用いられることがある。元々はパレスチナから世界各地に離散したユダヤ人を指す言葉であったが、近年では任意的に移動する労働移民も含め、故郷から離散して海外で生活を送る様々な移住者集団の経験や意識、文化、言説などを分析する際に用いられるようになってきた。ディアスポラという用語は、離散や散住以前に人がエスニック集団として存在していたことを前提にすることが多く、「エスニック・グループ」と互換的に使用されることもあるが（戴 2009: 34）、エスニシティが居住国の国民国家の枠組に依拠した形で学術研究に用いられる傾向があるのに対して、ディアスポラはトランスナショナルな視点からの研究に用いられることが多い概念である（戴 2009: 39）。

ロビン・コーエンは、ディアスポラの多様な形を、被害者ディアスポラ、[20]労働ディアスポラ、[21]帝国ディアスポラ、[22]交易ディアスポラ、[23]脱領土化ディアスポラ[24]の五つに類型化している（Cohen 2008=2012）。コーエンは、ある集団は時間の経過や状況の変化によって、これらのうち異なる、あるいは複数のディアスポラとしての性格を持つとも述べている[25]（Cohen 2008=2012: 308）。一方、R・ブルーベイカーは、ディアスポラという用語の持つ意味が拡大してきた状況を「『ディアスポラ』のディアスポラ」と形容する。そして、こうしたなかでもディアスポラの構成要素と広くみなされている核心的な要素を「離散《ディスパーション》」、「郷土志向《ホームランド》」（実際の、ないし想像上の「郷土」を志向すること）、「境界の維持」（集団の独自の連帯意識を可能とするもの）の三つに整理し、ディアスポラ現象をめぐる定義や議論の大部分がこれらの要素の部分集合あるいは組み合わせによって構成されていると論じる（Brubaker 2005=2009: 382-6）。ブルーベイカーはさらに、「『あるディアスポラ』について語ったり、『ディアスポラ一般』を実体や、境界づけられた集団や、統計の対象としての民族文化として語ったりするよりも、ディアスポラ的な態度、事業、主張、イディオム、実践などについて語った方が、はるかに有益だ」（Brubaker 2005=2009: 398）として、ディアスポラを本質化された実体的なコミュニティとして想定するのではなく、「世界を記述するというよりは、世界を作り直そうとする」、人々の「実践のカテゴリー」（Brubaker 2005=2009: 396）として捉えるべきであると主張する。また、S・ヴァートヴェックは、ディアスポラ概念においては三つの意味が識別できるとして、それらを「社会形態」[*26]、「意識のタイプ」[*27]、「文化生産のモード」を挙げている（Vertovec 2000）。「文化生産のモード」は、「トランスナショナルな社会的・文化的現象の生産と再生産を伴うものとして」（Vertovec 2000: 156）のディアスポラの文化様式の流動的で混淆的なありようを示すものであり、ホールの提起した「ニュー・エスニシティズ」の考え方にも通じる。

ホールは、「ディアスポラという言葉を文字どおりにではなく、隠喩的に用いている」として、ディアスポラ的経験とは「本質や純粋性によってではなく、ある必然的な異質性と多様性の認識によって、つまり差異と矛盾することなく、差異とともに、差異を通じて生きる『アイデンティティ』という概念によって、雑種混淆性《ハイブリディティ》によって定義される」（Hall 1990=1998: 101）と論じる。ここで重要となるのは、ポストコロニアルな状況のなかで行われる文化的諸実践や表象の形態における、境界横断的で脱中心的な「アイデンティフィケーションや縫合の不安定な地点」（Hall 1990=1998: 94）としての文化的アイデンティティの問題である。ギルロイもまた、「黒い大西洋《ブラック・アトランティック》」と彼が呼ぶ広範なディアスポラ世界における「黒人」音楽の歴史と変遷を検討するなかで、「この音楽の遺産は、生きられた黒人性という特徴的な様式へと多様な移住者たちが向かうことを促進するのに重要な役割を、徐々に果たすようになっていった」（Gilroy 1993=2006: 161）として、音楽の諸形式と結びついたハイブリッドかつ政治的な「ブラック」アイデンティティを、在英南アジア系ポピュラー音楽の実践を含み込む形で論じている。*[28]

以上のように、ディアスポラという概念は、人々の地球規模の離散や散住から生み出された文学や音楽、映画といった表現文化の分析においても重要な視角を提供している。南アジア系移民をディアスポラと位置づけることは、南アジア本国のみならず世界各地に散在する、同じ（サブ・）エスニックな背景を共有する「同胞」アーティストとの連携やネットワークのなかで音楽制作を行うアーティストが少なくないポピュラー音楽の文脈においても有用である。*[29]

2・6 「デーシー（Desi）」

在英南アジア系の人々の間で頻繁に用いられるのが、「デーシー」という用語である。デーシーとは、「国」を意味する「デーシュ（desh）」というサンスクリット語[*30]から派生した言葉で、南アジアで広く「ある地域に属する」「国産の」といった意味で用いられており、イギリスのみならず世界の南アジア系移民の間でも広く南アジア系の人や事物——ホスト社会における独特の生活様式や文化、移民としての立場性といった、イメージとしてのまとまり——を示す言葉として用いられている。デーシーの定義としては、「南アジア『生まれ』の人を指す口語的な用語で、インド、パキスタン、バングラデシュ、スリランカ、あるいはインド・カリビアンの家系のディアスポラにおける多くの第二世代の間で定着した用語」（Maira 2002: 2）といったものがあるが、あらゆる南アジア系を含むものの境界は決して定まらない、排他的なカテゴリーとして用いられている（Kim 2015: 44）。

イギリスの文脈で例を挙げると、南アジア本国で生産された低品質の製品を「遅れたもの」という意味で否定的に「デーシー・プロダクト」といった形で呼んだりすることがある。それとは対照的に、インドやパキスタンのいわゆる伝統的なスタイルの音楽を、プラスの意味を込めて「デーシー音楽」と呼ぶこともある。南アジア的なサウンドの要素と、テクノやハウス、ヒップホップなどのクラブ・ミュージックを融合した音楽は、しばしば「デーシー・ビーツ（Desi Beats）」といった名称を与えられている。[*31] 一方、西ロンドンのサウソールにあるパンジャービー語専門コミュニティラジオ局のDesi Radioは、イギリスにおいてパンジャービーの文化を継承するという局の姿勢を、局名のデーシーに反映させている。

このように、何が「南アジア的」な事物であるのかは文脈に依存し、その人のサブ・エスニックな背景によっても一様ではない。これは、デーシーもまたエイジアンと同様、その包括的な枠組の内部に多様性や中心－周縁関係を包含していることを意味する。つまり、南アジア系のなかで支配的な位置にあるものが代表的なデーシーとして表象され、またそれを表象するメディアのエリートによって誰が「真正」なデーシーかが決定されているという側面を持つ（Kim 2015: 42）。H・キムは、デーシーがイングランド中部のミッドランズや北インド系の人、パンジャービー、スィク教徒といった南アジア系のマジョリティと結びつけられてきて、「デーシー性（Desiness）」は実際には汎エイジアンなアイデンティティにはなっていないと論じる（Kim 2015: 11, 40）。ポピュラー音楽の文脈においても、デーシーは南アジア本国の音楽を指すこともあったり、イギリスにおける南アジア的な音楽を指すこともあったりと、文脈によって様々な意味を帯びるため、注意する必要がある。

3　調査方法と対象

以上のような分析視角から、本書ではイギリスにおける「エイジアン」カテゴリーの意味づけや南アジア系のサブ・エスニックな関係性が、ポピュラー音楽（エイジアン音楽）産業関係者たちの相互作用にいかなる形で影響し、音楽の「場」の維持へと結びついているかを検討していく。

本書で用いる主なデータは、イギリスで行ったフィールド調査によって得られたものである。まず二〇〇八年二月から三月にかけて、ロンドンを中心に、バーミンガム、マンチェスター、ブラッドフォードなどの都市で、南アジア系コミュニティの現状を把握するための予備的な観察調査を行った。また、ロンドンで催された音楽賞、UK Asian Music Awards の授賞式に赴き、エイジアン音楽の最新動向を確認した。翌二〇〇九年二月から三月にかけても前年と同様の調査を行いつつ、バーミンガムとマンチェスターでは知人からの紹介で南アジア系の一般の方々八名（バーミンガムの二〇代の女性医師二名、マンチェスターの一九歳から二二歳までの大学生男女六名）へのインタビューも実施した。このインタビューは、ブリティッシュ・エイジアンとしての自己認識やエイジアン音楽の受容のあり方などについて、問題の輪郭をより明確にする目的で行ったものである。

これらの予備調査によって得られた知見を先行研究と照らし合わせ、また著者の現地調査に理解を示してくださる南アジア系の人々との出会いを得て、本調査に入った。イギリスでの本調査は、二〇一〇年から二〇一二年にかけてと二〇一八年二月から三月に行った。主に、エイジアン音楽産業が集中するロンドンとバーミンガムを中心とした業界関係者やアーティスト、DJを対象に半構造化インタビュー[*32]を行った。本書では二七名[*33]のインタビューデータを分析に用いる。

また、エイジアンの音楽イベントや南アジア系コミュニティにおける参与観察、PR用の配布物やウェブサイト、ラジオ番組の内容といった他の質的データも適宜参照する。フィールド調査の期間以外も、インターネットやソーシャルメディア、在英南アジア系週刊新聞 *Eastern Eye*（定期購読によって日本に取り寄せ）などを用いたり、またラジオ局の放送スケジュールや実際の番組内容をチェックしたりして、情報収集と現状の把握に努めた。インタビュイーの約半数と調査後にフェイスブックで「友達」となったが、かれらが投稿する内容は情報のアップデートに大いに役立った。加えて、フィールド調査中に現地の様々な人々とのインフォーマルな会話のなかで、いわゆる「問わず語り」（佐藤 2002: 230-1）の形で得られた様々な情報や知見も、本書の内容に反映されている。

第2章　対象と方法——エイジアン音楽場と文化的真正性・正統性

第1章で確認したように、エイジアン音楽とは広範な南アジア各地にルーツを持つあらゆる形のポピュラー音楽的な実践を含みうるはずだが、実際にはある特定の音楽形式がエイジアン音楽を「代表」するものとして流通しているという状況が見出せる。それでは、ある音楽実践がエイジアン音楽というカテゴリーに包摂されたり、またそこから周縁化されたりしている背景にはいかなるメカニズムが存在しているのだろうか。

この問いに取り組むにあたって、本章ではまず、エイジアン音楽という文化的圏域とそこに関与する人々が共有する慣習や知識の役割、かれらの相互作用による圏域の境界の維持を考察する上で有用となる、「場」（ブルデュー）と「界」（ベッカー）の各概念についての検討を行う。[*1] その上で、エイジアン音楽「場」における「真正性」「正統性」の「指標」という分析枠組を、南田の議論を援用しながら提起する。さらに、音楽ジャンルの形成と人種・エスニシティとの関係性について検討し、音楽産業論（R・A・ピーターソン、K・ニーガス、トインビーを中心に）ならびにエスニック・ビジネス研究の観点から、エイジアン音楽場の内部における行為者間の相互作用から生じる場の境界の維持や場の内部で共有された論理を、エスニシティの商品化の視座を補助線としながら描き出すという本書の方向性を示す。

1 「場」と「界」——文化作品の生産・流通・消費の圏域をめぐって

ブルデューの「場」は、芸術の社会学や文化の社会学の領域において、しばしば重要な概念として用いられている。ブルデューは『芸術の規則』のなかで、文学作品の生産の文脈から「場」を次のように説明する。

〈場〉とは、さまざまな位置——たとえば小説のようなジャンルや社交界小説のような下位カテゴリーに対応する位置、また別の観点からすれば、生産者集団が集結する場所としての雑誌やサロン、セナークルなどがしるしづける位置——のあいだの、客観的な諸関係（支配関係や従属関係、相補関係や対立関係）が織り成す網の目である。それぞれの位置は、それが他の位置にたいしてもっている客観的な関係によって客観的に規定される。……ここで〈場〉の構造というのは、それを所有しているかどうかでその〈場〉で賭けられている固有の利益（文学的権威のような）が獲得できるかどうかが決まってくる、そんな各種の資本（または権力）の配分構造ということだ。

(Bourdieu 1992=1995 (II) : 88)

つまり「場」とは、様々な行為者たち*2の占める諸位置が集まった構造化された空間のことであり、相対的な自律性を有する。行為者の位置はその場に特有の規則――資本の配分の総量――によって統制されており、そこでは行為者たちの間で、場における権威や覇権、有利な位置取りをめぐる競合や象徴的な闘争が繰り広げられる。ブルデューによれば、「ある場においては、さまざまな行為者や団体が、それぞれ異なった力をもち、この賭け（ゲーム）の空間を構成しているルールに従いつつ、このゲームで賭けられている特定の利潤を獲得するために闘争に入っています。場を支配している者は、自分の利潤にそって場を動かす手段をもっています」（Bourdieu 1980a=1991: 172）。当該の場の内部で優位な位置を占める者たちは、自身や自身が生産する文化にとって都合の良い現行の力関係や序列を存続させようとするし、そうでない者たちはその力関係を変容させるべく、支配的な位置に向かうための戦略を展開したり、新たな価値観を場に取り入れる試みを行ったりする。

　そこで重要となる「資本」について、ブルデューは貨幣価値に換算可能な「経済資本」に加えて、「文化資本」の考え方を導入した。ブルデューによれば、文化資本には身体化された様態（知識・教養や趣味、技能、感性、振舞いといった、個人に身体化、あるいはハビトゥス化[3]された無形の文化的蓄積物）、客体化された様態（書籍や絵画といった有名の文化財）、制度化された様態（学歴・職業資格や肩書などの社会的認証）の三つの形式がある[4]（Bourdieu 1979b=1986; 石井 1993: 27-49）。ブルデューはまた、「相互認識（知りあい）と相互承認（認めあい）とからなる、多少なりとも制度化されたもろもろの持続的な関係ネットワークを所有していることと密接にむすびついている、現実的ないしは潜在的資力の総体」（強調点は原文）（Bourdieu 1980b=1986: 31）、すなわちある特定の人間関係に属することによって当人への援助や利潤・利益がもたらされるような関係性――一般的に「人脈」や「コネ」と呼ばれるようなもの――を「社会関係資本」[5]として設定している。こうした資本は蓄積されたり、別の種類の資本に変換されたりするという性質を有する。

社会空間の下位概念である「場」は、その場に特有の構造から生み出され、一連の知的指標や参照体系から成る立場決定の空間である「可能態の空間」を、場の論理や必然性を内面化している参与者たちに与えてくる（Bourdieu 1992=1995（II）: 93-5; Bourdieu1994=2007: 73-4; 石井 1993: 100, 103）。そして、参与者たちはそこからいずれかの可能態を選び取ることによって、当該の場におけるある特定の位置を選択することになる。ここに、場における「卓越化」、文化生産の文脈では「文化的正統性」あるいは「生産者や生産物の正統性認定権の独占権」（強調点は原文）（Bourdieu 1992=1995（II）: 78）を賭け金とした象徴闘争[6]が繰り広げられるのである。[7]ここにみられるように、ブルデューの「場」は、行為者間の相互作用そのものを規定する「構造」を捉えるための概念である。

一方、「場」と一見すると類似したような概念として、ベッカーの「界」がある。ベッカーは「芸術界（art world）」の概念によって、芸術作品の生産に携わるあらゆる人々によって構成される世界の把捉を試みた。「界」とは、文化生産における「参加者たちの協同的なリンクの確立されたネットワーク」（Becker 1982=2016: 39）を指す。ここには芸術家や様々な協力者、さらにそれを受容するオーディエンスなどの行為者が含まれ、かれらの間の相互作用によって商品は生産されることとなる。

ベッカーは、芸術作品の制作に関与する人々の仕事が「支援要員」としてのそれであるか、「芸術家」としての中核的な行為かという地位は歴史的に変動するとし、音楽生産における例としてレコーディング・エンジニアとサウンド・ミキサーを挙げる。かつては単なる技術上の特殊な技能であったかれらの作業は、第二次世界大戦後の録音技術の発達に伴い、サウンド効果の操作によって「特別のアーティスティックな才能を要求するアーティスティックな行為と認識されはじめた」(Becker 1982=2016: 21)。「界」とはこのように、専門的な職業集団が慣習的な規則を共有しながらある芸術作品を創造する、協同的な活動のなかに存在するものであり、構造や組織そのものではない。また、それには周囲の明確な境界がなく、界における制作活動に参加しているという自覚を持たないような場合もありうる。

ここでは一見すると、アーティストの生産する文化とオーディエンスの反応の相互作用が両者を固定化する慣習に結実してしまうように思われるが、ベッカーは作品の受け手(オーディエンス)を界の構成員として重視する。ベッカーによれば、受け手には(彼の説明からまとめ直すと)社会の一般オーディエンス、真剣なオーディエンス(そのアート形式の規則を知っている人々)に加えて職業的なオーディエンス(アートを勉強し訓練を受けてきて、作品に理解がある人々)がおり、かれらは物質的(経済的)なサポートと美的なサポート(理解や反応など)を提供する(Becker 1982=2016: 59-60)。後者の美的なサポートはアーティストに、「理想的な聴き手の判断にしたがうこと」といった「非公式な判断基準」(Toynbee 2003=2011: 117)を与え、文化の創造に影響を与えるというオーディエンスとの相互作用をもたらしうる。このように、ベッカーの「界」は、芸術作品の生産を、流通や消費といった一連のプロセスの一部に参与する様々な行為者たちによる「共同作業」の産物とみなすところに特徴がある。

A・ペサンは、ベッカーの立場を「社会的諸状況が行為者たちの間の結びつきを作り出す環境を明らかにする、社会学－エスノグラフィー的アプローチ」(Becker and Pessin 2006: 286)で、プロセス、職業、開放性、選択に特徴づけられる「状況の社会学」(Becker and Pessin 2006: 286) であり、一方ブルデューの立場をハビトゥス、傾向、閉鎖性、決定に特徴づけられる「構造の社会学」(Becker and Pessin 2006: 286) であるとまとめている。また、B・ライールは、「場」の理論を「偉大な主導者(prétendants)同士の闘争の社会学」(Lahire 2012=2016: 274)、「界」の理論を「集合的な労働組織におけるさまざまな類型の行為者同士の調整関係や協力関係の社会学」(Lahire 2012=2016: 274-5) と表現する。*8 前述のとおり、ベッカーの「界」にはオーディエンスが構成員として含まれており、かれらが文化生産のプロセスに(間接的な形で)影響を及ぼすアクターとして位置づけられているのに対し、ブルデューの「場」は「オーディエンスを『場』の自律性に揺さぶりをかける存在として捉えて構成員に含めていない」(南後 2008: 230) という点で立場を異にしている。ブルデュー自身、「具体的で目に見える相互作用は、それには還元されない構造的関係が現実化したもの」(ブルデュー・今村・廣松 1990: 180) であり、自身の一義的な関心は「相互作用」ではなく「構造」という客観的関係にあると強調している。

ブルデューはまた、『芸術の規則』のなかで実際にベッカーの「界」について短く触れ、「場」は客観的な諸関係であり、ある「界」の維持に関与する人々の単なる人的集合とは異なるものだとして、ベッカーの立場を「私が提示した〈場〉の理論から見れば一歩後退している」(Bourdieu 1992=1995 (II): 50) と否定的に捉えている。一方ベッカーも、ブルデューの「場」に参与する人々は生身の人間ではなく、むしろ「理論がそうすると示唆するように振る舞わねばならない最小限の能力を与えられた、経済学の「経済人《ホモ・エコノミクス》」のような戯画《カリカチュア》である」(Becker and Pessin 2006: 281) と批判し、自身の「界」概念は(物理学における慣性のように)全てが予め決められている行為者間の支配関係を基盤とした「場」

概念とは違うと強調している。

W・ボッテロとN・クロスリーはこれら二つの概念を検討し、ブルデューは行為者間の相互作用による「経験的」な結びつきではなくそれらを構成する「客観的諸関係」を強調するが、それもまた「場」の内部の具体的な相互作用と関係から出てくるものだとして、ブルデューは行為者たちの「ハビトゥスの類似性を生じさせるメカニズムの説明を欠いている」(Bottero and Crossley 2011: 101) と論じる。一方、ベッカーについては、行為者の具体的な結びつきやネットワークがかれらに「機会」と「制限」の両方を与える社会的「構造」であることを十分に理解していないと指摘する (Bottero and Crossley 2011: 100)。そして、両者の欠点を量的方法 (社会的ネットワーク分析によって、行為者たちの関係性と結びつきをノード間をつなげたダイアグラムで表し、各行為者の位置や行為者間の紐帯の強弱、ネットワークの密度をマッピングする) と質的方法 (歴史文献、アーティストの自叙伝・伝記などの検討) の組み合わせによって乗り越えようとする[*9] (Crossley 2009; Bottero and Crossley 2011)。クロスリーが重視する社会的ネットワーク分析は、「シーン」(クロスリーの研究では、一九七〇年代後半から八〇年頃にかけてのロンドンやマンチェスターのパンクロック・シーン)[*10]におけるアクター間の相互作用の様相をマッピングし、アクターたちの取り結ぶネットワークの構造とその内部の位置関係を描き出せるという利点がある。

何が当該の音楽ジャンルに含まれるべき音楽実践なのかをめぐる人々の相互行為を、文化資本や社会関係資本の多寡を根拠とした卓越化をめぐる象徴闘争と捉えるならば、ブルデューの「場」という概念装置を導入することは有効だと考えられる。一方、作品生産に従事する人々の取り結ぶミクロな関係性や相互作用をエスノグラフィー的に記述することで、「界」内部の論理を浮き彫りにするベッカーの方法論もまた有用である。実際のところ、「場」と「界」の概念はどちらも「空間の比喩であり、諸関係に照準し、社会生活の制度的次元に敏感で、消費よりも生産に照準する文化・芸術の社会学的理解における戦略的装置であり、芸術を『特別な』、『至高の』、『崇高な』領域とみなす伝統的な見方の誤りを暴くことに向けられている」（Santoro 2015: 134）といった、多くの共通点を持ってもいる。

　芸術生産の場には「純粋」芸術と商業芸術という下位場の対立構造が認められる（Bourdieu1994=2007: 90）ように、イギリスのマクロな社会構造におけるポピュラー音楽生産の場には、いわゆる「主流《メインストリーム》」の白人中心的な音楽場、レゲエやヒップホップなどのダンス・ミュージックやＤＪカルチャーの影響を色濃く受けたアフロ・カリビアン中心的な音楽場、エイジアン中心的な音楽場といった別個の下位場が存在するとみなすことができる。これはイギリス社会の人種・エスニシティという「客観的諸関係」に裏打ちされた場であり、エイジアン音楽の諸実践に関するカルチュラル・スタディーズ的な先行研究の多くは、白人中心的な社会（そして音楽産業）と対峙し、アフロ・カリビアンとの差異を踏まえた南アジア系の人々のエイジェンシーに着目してきた。第1章2・2で述べたエスニシティの二重境界（Isajiw 1974=1996）という考え方からみると、これはエイジアンという包括的なエスニック集団（そして音楽産業）の外部との関係性に照準する視座であったと言える。

　一方、本書の作業はエスニシティの二重境界の内部、すなわち多様なエイジアンの人々によって構成されるエイジアン音楽場の内部における行為者たちの意味づけや相互作用から、場の境界のありようや構造原理を見出すことに向けられる。このミクロな関係性への照準は、内部における共同作業のメカニズムから芸術生産の圏域を考えるベッカーのエスノグラフィー的アプローチとオーヴァーラップしている。

よって本書では、理論枠組としてブルデューの「場」概念を導入し、イギリスというマクロな社会構造のもとでエイジアン音楽場の成立する条件や、場の内部における制度の役割[*11]に加え、行為者たちの場における位置取りや慣習・論理の共有などについて、質的方法（インタビュー、音楽イベントや南アジア系コミュニティにおける観察、新聞記事やウェブサイトといった資料の検討などに基づく）を用いたエスノグラフィー的記述によって、ボッテロとクロスリーとは別の方法からブルデューとベッカーの概念装置を架橋した場分析を試みたい。

2 「場」としての音楽ジャンル――ジャンルを成立させる「真正性」「正統性」指標

ある特定のエスニック集団――本書では在英南アジア系の人々――と密接に結びついた音楽カテゴリー――エイジアン音楽――を「場」として捉え、その内部で作動する原理を分析する上では、音楽の境界、すなわち「ジャンル」が果たす役割について検討する必要がある。ジャンルとは、単なる音楽的様式の違いによって規定されるものではなく、「音楽実践と社会が接触する地点に存在する言説の一編制」（増田 2006: 73）と捉えられる。

トインビーは、ブルデューのハビトゥスと場をめぐる議論を踏まえながら、ジャンルの重要性とは「場のなかのいくつかの可能態を音楽制作者の耳元に届け、ほかのものを切り捨てるフィルターとして働くことで、それがハビトゥスと作品場のあいだの直接的な結びつきを確保していることにある。さらには、ジャンルの束縛によって、音楽を構成する響きを生産的に秩序づけるための根本的な条件が用意されるとさえ言えるかもしれない」（Toynbee 2000=2004: 252）と論じる。トインビーによれば、録音媒体では、もともと不可視な音がさらに演奏という文脈からも切り離されてしまっているため、産業は音楽を知覚可能なものにしなければならない。それゆえに、「ほとんどすべてのポピュラー音楽市場にとって、ジャンルはパッケージ化にとって不可欠な手がかりと、音楽の響きをめぐるオーディエンスの期待を組織化する手段を提供する」（Toynbee 2000=2004: 280）。この局面にこそ、ある特定の地域的あるいはエスニックなサウンドを期待する共同体と音楽のジャンルとが結びつく契機が見出せるだろう。

ジャンルの成立が社会的プロセスであることの例として、トインビーはラジオ局の果たしてきた機能を挙げる。「歴史的に言って、いくつかの音楽カテゴリーはラジオ番組によって構築され、特定の種類のリスナーを目標に定めるために産業全体に広く行き渡ってきたのである」（Toynbee 2000=2004: 254）。ラジオ局で音楽番組を制作する人々は、「文化仲介者」（Negus 1996=2004: 103）[*12]としてミュージシャンとリスナーを結びつけることで、音楽ジャンルの場の維持にとって重要な役割を果たしていると考えられる。

このジャンル場においては、ミュージシャンはある程度の創造的な自律性を認められる一方で、共同体の期待に沿った音楽を作ることも求められている。「ジャンルが規則を持っていることも確かである。反復と変動は調節され、ミュージシャンは、不可避的に、自分の創造的実践のなかで慣例に従ってゆく。これがジャンルの逆説である」(Toynbee 2000=2004: 307)。[*13] こうした両義性は、ミュージシャンのみならず、ジャンル場に関与する様々な立場の人々が有していると捉えられるだろう。人々が、どのような音楽的要素が「エイジアン音楽」と呼ばれるものを成立させる上でより必要な「本質」なのかをめぐって時にコンフリクトを繰り広げながら、不安定な形でエイジアン音楽という境界が維持されているとも考えられる。ジャンルとは、「一方で提携と連続性の焦点であると同時に、他方では論争と排除の主題でもある」(Toynbee 2000=2004: 255)という、矛盾した性質を持っている。

南田は、ブルデューの場の議論を下敷きにしながらロック音楽の社会学的分析を行うなかで、「指標」という概念を用いている。これは、「『可能態の空間＝共通参照体系』における美意識や価値観の体系」(南田 2001: 46)の方向性を示す特質のことである。南田は、一九六〇年代中後期におけるロックのアーティストたちによる実践やかれらの音楽的志向性の考察をもとに、「『ロックなるもの』を成立させる要素や『ロックであること』を決定づける価値観の体系」(南田 2001: 36)として、〈アウトサイド〉、[*14]〈アート〉、[*15]〈エンターテイメント〉[*16]という三つの指標を抽出する。そして、「ロックという対象に関心＝利害をもつ人々(演奏者や聴衆、雑誌編集者、レコード会社、学者から批評家まで)の、さまざまなロックに関する行為が取り結ぶ諸関係のネットワーク」(南田 2001: 43)を、ブルデューの議論をもとに「ロック〈場〉」と名づける。「文化的正統性」――つまり、ロックという「文化を成立させる『本質』」(南田 2001: 43)――と卓越化をめぐってロック場の参与者間で繰り広げられる象徴闘争においては、これらの指標が、ある音楽がロック的かどうかの判断を下す際の参照基準となると南田は捉える。
本書では分析装置として、（議論の先取りになるが）第3章で詳しくみるエイジアン音楽の表現の特性や方向性をもとに、南田によるこの指標概念を援用してエイジアン音楽場の構成原理を検討する。具体的には、まず**〈伝統的象徴〉**指標と**〈アーバン〉**指標の二つを設定し、エイジアン音楽場の構成に作用する行為者の判断基準——ある音楽にエイジアン音楽かどうかの弁別的判断を下す際に参照される、音楽的スタイルをめぐる**「真正性**（authenticity）」の基準——として用いることとする。南田はブルデューを参照しながら、「文化的正統性」という用語を用いて三つの指標を挙げているが、本書においてはこれを分節化し、音楽的な表現方法の方向性の指標には「正統性」ではなく「真正性」の用語を当てる。*[17]
〈伝統的象徴〉指標は、南アジア本国における従来的なサウンドや演奏・歌唱法、アーティスト自らの「ルーツ」や「遺産」としての南アジアの言語*[18]や宗教的な言い回しを用いることを志向する。*[19]〈アーバン〉*[20]指標は、ヒップホップやテクノ、ハウスなどのダンス・ミュージックやDJカルチャーに影響されたクラブサウンドを用いることを志向する。これらは大まかに言えば、F・バクラーニーヤーが分類する「伝統」と「現代性（modernity）」という、エイジアン音楽（バングラーとエイジアン・アンダーグラウンド）の文脈における二つの方向性（Bakrania 2013: 19）に部分的に重なっている。バクラーニーヤーは、これらの二つの用語からは、表1にあるような複数の意味が連想されると指摘する。「伝統」には、真正で自らのルーツに忠実であるといった肯定的な意味と、古びていて後進的であるといった否定的な意味が与えられている。本書における〈伝統的象徴〉という指標はこれを踏まえ、いわゆる古典（classical）的な音楽実践の部分的な取り入れをも含み込んだ、（イギリスにおける移民という社会的布置から）南アジア本国の要素と結びついたポピュラー音楽の志向性を示すものとして採用する。「象徴」という語には、ある「伝統」的な音楽実践がその人の慣れ親しんだ、何らかの実体を持った具体性のある「伝統」である必要は必ずしもないということが含意されている。言い換えれば、ある音楽実践における南アジア的な要素は、その人の「想像」としての「伝統」であることもあり[*21]、〈伝統的象徴〉とはそうした「伝統」を付与された象徴的な「記号」としての「南アジア的」な表現の方向性を導き出す指標である。その場合の「伝統」とは、必ずしも自身が同一化できる伝統ということではなく、南アジア系の人々がイギリスというよりマクロな社会構造において考える（あるいは想像する）「南アジア的」なるもの、といった意味を帯びる。

次に〈アーバン〉指標だが、これはバクラーニーヤーの分類では「現代性」に部分的に重なるものである。バクラーニーヤーの言う「現代性」には、西洋（＝白人社会）と結びつくことで、自らのルーツとしての「伝統」やコミュニティに背くといった否定的な意味が与えられている。一方、本書においては「現代性」とは主に、（南アジアの「伝統的」音楽実践と対比された）西洋世界におけるアフリカ系などのエスニック・マイノリティが中心となって発展してきたヒップホップやR&Bなどの（英語による）実践と結びついた音楽的志向性を含意するものとして位置づけることとする。ただし、「現代性」という語は、現在のエイジアン音楽において根強く存在している「黒人性（blackness）」の取り込みという方向性を含意しづらいため用いない。本書では、南アジア系アーティストたちがそれらの音楽的フォーマットを用いる際の、クラブカルチャーや「黒人性」と結びついたイメージ[*22]

	伝統	現代性
肯定的な解釈	真正な；ルーツ；忠誠	革新的な；新しい；進歩的な
否定的な解釈	動きのない；古い；遅れた	白人的な；裏切り者；背信

表1　「伝統」と「現代性」の解釈（Bakrania 2013: 19）

のメタファーとして、〈アーバン〉という用語を用いることとする。*[23]

　また、これら二つの真正性指標に加えて、「**正統性**（legitimacy）」の基準――ある楽曲が「エイジアン音楽」であると認定される際に持ち出され、かつ演じ手の社会的布置がより「本質」に近いとみなされるような方向性――（栗田 2008: 6）として、〈**エスニシティ**〉指標を加える。*[24] これにより、音楽の作り手としての「エイジアン」という**包括的エスニシティ**ならびに**サブ・エスニシティ**（第1章を参照）が、より「正統」なエイジアン音楽の担い手かを判定するいわば「参与資格」の認定に関わる指標として、エイジアン音楽場における包摂と周縁化においていかなる役割を担っているかを、音楽作品に内在的な真正性の基準とは別個に検討する。*[25] サブ・エスニシティは包括的エスニシティに包含されるため、これらの違いは〈エスニシティ〉という名称においては表現できないが、第4章から第6章までの実際の議論においては、これらの違いについては意識的に明示することとする。

　これらの指標は「実体論的なものではなく関係論的なもの」（南田 2001: 50）であり、相互に排他的な独立した類型枠というわけではない。また、先取りして言うならば、エイジアン音楽では作り手が「エイジアンであること」が「エイジアン音楽」と認定されるための重要な条件となっているため、「南アジア系」としての〈エスニシティ〉はエイジアン音楽場を構成する不可欠な指標である。エイジアン音楽を「場」と捉えることの意義は、それが「エスニシティ」という（作品を特徴づける表現上の要素とは別の）場の参与者本人の社会的な属性を弁別的特徴のひとつとしている点にもある。

これらの指標に基づいた分析ならびに考察は、主に第4章と第5章で行う。まず第4章では、音楽的スタイルに則したエイジアン音楽場の構成原理を、〈伝統的象徴〉の方向性の例としてバングラーとボリウッド音楽、〈伝統的指標〉×〈アーバン〉の例としてエイジアン・アンダーグラウンドといわゆるデーシー・ビーツ／アーバン・デーシー、〈アーバン〉の例として「エイジアン性」を欠いたヒップホップやR&Bの各音楽実践から検討する。第5章では、正統性指標としての〈エスニシティ〉の作動の様相を、「エイジアン」という包括的エスニシティの作動の例としてR&B歌手のジェイ・ショーン、そしてサブ・エスニシティの例として非パンジャービー（スリランカ系、バングラデシュ系、グジャラーティー）の歌手やDJの事例から検討する。[26]

3 「生産の文化」としてのポピュラー音楽——音楽産業論の観点から

次に、本書が立脚するもうひとつの理論枠組であるK・ニーガスの「生産の文化」アプローチと、そこに至るポピュラー音楽研究における音楽産業論の主要な議論を概観し、[27]本書における議論の方向性を確認したい。

音楽学者のP・タグは、「黒人音楽」の主な特徴とみなされているブルーノート、コール・アンド・レスポンス、シンコペーション、即興演奏を検討し、いずれも必ず黒人音楽の「本質」を成す要素ではないと主張した（Tagg 1989）。こうした主張は、黒人音楽のみならず、ある包括的な音楽的カテゴリーが必ずその音楽に本質的な特徴を有するという考え方に疑義を呈するものと捉えられる。この考え方はまた、「黒人は音楽制作やダンスなどにおける生来の能力を持っていると考えられている」（Longhurst and Bogdanović 2014: 129）といった指摘が示す、音楽と結びついた人種的ステレオタイプに対する注意喚起ともみなせるだろう。

たしかに、ある音楽とエスニック集団との関係性を本質主義的に捉えることの危険性は認識されるべきである。しかし同時に、両者の間に何らかの結びつきが歴史的・社会的に存在してきたという背景を見過ごしてはならない。B・ロングハーストとD・ボグダノヴィッチは、マイケル・ジャクソン（Michael Jackson）を例に取りながら次のように指摘する。

> 例えば、マイケル・ジャクソンの音楽は、ある人たちにとっては黒人的とみなされうるが、他の人たちにはそうではないかもしれない。……より重要なことは、ジャクソンの音楽（そしてまさに彼のアイデンティティ）の複雑なルーツと、それがどのように特定の方法によって生産され消費されるかの検討だと言えるかもしれない。黒人性という属性に何の効果もないというわけではない。しかしながら、これは特定の音楽形式がどのように政治的問題を明確に表現し、それと結びつくかを考察する上で、最も重要である。（Longhurst and Bogdanović 2014: 131）

音楽的カテゴリーとあるエスニック集団との本質主義的な結びつきに陥らず、なおかつ両者の関係性を歴史的・社会的な角度から捉える視座として、ギルロイは「黒い大西洋《ブラック・アトランティック》」と彼が呼ぶディアスポラ世界における黒人音楽の歴史を考察するなかで、「変わっていく同じもの（changing same）」（Gilroy 1993=2006: 201）という用語を提出する。ギルロイの議論は、本質化された「黒人性」なるものを音楽に見出すのでも、反本質主義的に「黒人性」を否定するのでもなく、それぞれの歴史的・社会的文脈において人種化された「黒人」としての経験を基盤とする、ハイブリッドなディアスポラ的アイデンティティを見出すことに向けられている。「変わってゆく同じもの」とは、音楽によってもたらされる「想像の共同体」の境界を、「反《アンチ》－反《アンチ》－本質主義《エッセンシャリズム》」（Gilroy 1993=2006: 201）の立場から、可変性と不変性を併せ持つものとして捉える概念だと言えるだろう。

ニーガスは、ギルロイのこうした考え方を踏まえながら、「黒人音楽」や「ラテン音楽」といった集合的な音楽的カテゴリーを批判的に検証し、次のような問いを発する。「どのような状況下で、また、どのような契機に、特定の音楽的規範や、記号や、象徴が特定の社会的、文化的一体性の表出として使われ、また主張されるようになるのだろうか？」（Negus 1996=2004: 182）。ここでニーガスはホールの「接合」という概念を用いて、音楽の生産過程と消費過程とが結びつくプロセスのなかに、音楽と文化的アイデンティティとの関係が生じると主張する。「ある特定のサウンドが特定の聴衆を探し、逆に聴衆が特定のサウンドを求め、結果として両者が結びつく、『接合』のプロセスをみつめるべきなのだ」（Negus 1996=2004: 198）。そしてニーガスは、R・A・ピーターソンに代表される「文化の生産」モデルから、「生産の文化」という考え方への転換を提案する。

ピーターソンによる芸術作品の生産についての研究（Peterson 1982）は、生明俊雄による音楽産業研究の系譜の整理（生明 2004: 16-45）[*28] によれば、「伝達・共同作業モデル」に分類される。これは、文化生産の過程において行為者たちがどのように各々の専門的な立場から共同作業を成り立たせているかのメカニズムに照準した、「文化の生産」アプローチ（Negus 1996=2004）として位置づけることができる。ピーターソンはJ・ライアンとともに一九六〇年代のカントリー音楽の産業構造を調査し、そこから、楽曲の制作からリリース、流通、マーケティングへという一連の流れの各段階における判断が連鎖を成しており、この連鎖は、「連鎖の次の連結部にいる意思決定者によって、最も受け入れられやすいように」（Ryan and Peterson 1982: 25）作品を形作るためのプロセスに携わる産業内の様々な立場の人々によって調整されると論じた。

ここからピーターソンは、法、技術、市場、職業意識、組織構造、産業構造の六つの要素を抽出し、これらが様々に組み合わされることによって文化産業における文化の生産が調整されていると主張した（Peterson 1982; Peterson 1985）。しかし、こうしたアプローチには、音楽の生産と消費を切り離して、産業関係者の活動を生産の領域のみにおける形式的で制度的なものにしてしまい、生産と消費の間に生じる複雑な相互作用を分析しきれないという限界がある（Negus 1996=2004: 100）。こうした枠組を用いることで、生産を覇権的な権力の場所として、消費を抵抗の場所として別個に捉える二分法的な理解（Bakrania 2013: 15）に陥る可能性もあろう。

このような議論に対し、「媒介モデル」（生明 2004: 17, 33-7）という議論の流れが出現することとなった。例えばA・エニョンは、フランスのポピュラー音楽産業におけるフィールドワークをもとに、音楽産業を単なる音楽生産のための閉鎖的な領域としてみるのではなく、生産と消費の領域が密接に結びつき、楽曲の制作過程においてアーティストの創造性とリスナーの欲望とが交渉する「媒介」の場であると論じた。「曲という対象は、はじめに生産され、のちに消費されるというものではない、むしろ、まずスタジオにおいて同時進行の生産・消費過程が生じるのであり、居合わせた者に対する影響は、のちにスタジオ外で繰り返されなければならない。成功は、制作者が一般大衆と自分とを同一視することによる賭けである」（強調点は原文）（Hennion 1983=1990: 225）。

ニーガスはこのような捉え方を引き継ぎながら、ブルデューの「文化仲介者」（Bourdieu 1979a=1990）という職業分類を音楽産業関係者に当てはめる。産業に従事する人々は消費者から切り離された単なる産業組織の一員なのではなく、かれらもまた日常生活のなかで音楽を消費し、特定の嗜好《テイスト》を持っているという側面がある。ニーガスは音楽産業従事者を、以下の区別を曖昧にするような媒介者として捉える（Negus 1996=2004: 104）。

1　仕事と余暇／生産と消費
2　個人的嗜好と職業的判断
3　アーティスト、管理者、聴衆

こうした、聴衆と産業関係者、消費と生産とがミクロなレベルで結びつき、循環し相互作用する場として音楽産業を捉えるニーガスの主張は、「産業が文化を生産し、文化が産業を生産する」（Negus 1998: 359）という視点によってポピュラー音楽産業のメカニズムを考察することの重要性の主張へとつながっていく。ニーガスは、「音楽生産と消費、文化実践と社会的活動の複雑な世界は、中立的あるいは明快な方法では理解しえない」(Negus 1998: 376) ものであり、レコード会社の実践とは「会社組織が周囲の文化を理解しそれに干渉しようとする非常に明快な方法の結果であり、しかし会社はその周囲の文化によって作られてもいく」(Negus 1998: 376) として、産業と文化との相互作用という双方向的な視座に基づく「生産の文化」アプローチを提唱する (Negus 1996=2004: 102-5)。

言うまでもなく、ポピュラー音楽は売るために作られる「商品」であり、音楽産業内の販売戦略の分析はポピュラー音楽研究にとって不可欠な作業の一部である。しかし、フリスが指摘するように、それをリスナーが感じている音楽そのものの魅力と切り離すべきではない。「消費者から見れば、人々はそれが『いい音楽』だから演奏するのであり、たとえ音楽的なテイストがたしかに社会的条件や商業的な操作の結果であるとしても、人々はなお何か特別な点から、自分自身そのテイストを説明するだろう」(Frith 1996=2001: 211)。一方フリスは、個々のリスナーが感じる音楽の魅力とは、個人的なものであると同時に集団的なものだと主張する。「われわれは、サウンドが多かれ少なかれ耳慣れたカルチュラルな論理に従っているために、それを音楽として聞くのであり、ほとんどの音楽のリスナー (彼らは音楽制作者ではない) にとって、この論理はコントロールできないものである」(Frith 1996=2001: 212-3)。この、個人的な音楽的志向が、その志向を何らかの形で共有する集団の文化的アイデンティティへと置き換えられる装置として、音楽産業は捉えられ分析される必要が出てくるだろう。

ニーガスの前述の主張が、再びここで重要となる。すなわち、音楽産業内で働く人々もまた、同時に音楽のリスナーなのだという事実である。G・ファレルらは、在英南アジア系音楽の全体像を描く試みのなかで、ミュージシャンたち個人の人生と作品にフォーカスし、「かれらがどのように伝統を保持し、音楽的変化に着手し、変化する文化的文脈において南アジア系音楽を眼差しているか」(Farrell with Bhowmick and Welch 2005: 108) を示そうとする。かれらが言うように、「イギリスにおける現代南アジア系音楽に影響を与え、それを形作ってきたのは、かれら(引用者注:ミュージシャンたち)の生活と物語である」(Farrell with Bhowmick and Welch 2005: 108) のかもしれない。ただし、こうした見方だけでは、ある作品の創造性をもっぱらミュージシャンに帰する作者至上主義に陥り、音楽の生産を消費の領域から独立させてしまうことにもつながりうる。R・ハイダルは、ミュージシャンは他のバンドのファンでもあり、ファンはしばしばミュージシャンになるとして、両者を分離することはミスリーディングだと論じる (Hyder 2004: 34)。「文化仲介者」概念を導入することで、ある音楽の生産や流通、消費を「一方通行でない、むしろ入り組んだ相互作用と媒介実践」(Negus 1996=2004: 112-3) として包括的に捉えることが可能となるだろう。*29 そして、この音楽業界における文化仲介者に注目することで、音楽を直接的に生産する人々のみならず、様々な媒介者、例えば「レコード会社のスタッフをはじめ、ディスクジョッキーやジャーナリスト、ビデオクリップの監督、著作権団体の楽曲使用料徴収者やレコード店の店頭スタッフ」(Negus 1996=2004: 112) の実践の効果として、音楽とエスニック集団とが取り結ぶ関係性を考察することが可能となる。

本書の事例に関連させて言うならば、「エイジアン音楽」という枠組を維持する産業のメカニズムの重要な一部として、エイジアン音楽のレコードレーベルやプロダクション関係者、クラブナイトの主催者やＤＪ、南アジア系メディア（ラジオ局、テレビ局、新聞、インターネット等）のスタッフ、音楽ショップのスタッフなどが挙げられる。かれらが文化仲介者の立場から「商品」として捉えるエイジアン音楽と、実際のエイジアン音楽場において共有される慣習や論理との間にいかなる関連がみられるかを検討することが、エイジアン音楽の「エイジアン」という観念の意味作用を考察する上で重要な作業となるだろう。

4　エスニック・ビジネスにおけるエスニシティの商品化

ニーガスの「生産の文化」アプローチに基づく音楽産業研究に接続すべき視座が、「エスニシティの商品化」、そして「文化資本としてのエスニシティ」である。ここではそれらを、エスニック・ビジネス、すなわち移民がホスト社会においてエスニックな財やサービスを同胞や一般の顧客に供給するためのビジネスという観点から考えてみたい。

エスニック・ビジネスにおいては、エスニシティは移民の経済活動にとっての資源とされ、ホスト社会において戦略的に用いられている（Waldinger, Aldrich, Ward and Associates 1990）。エスニック・ビジネスで扱われる財やサービスは、当該のエスニック集団独自の生活習慣に起因する財である「エスニック財」と、ホスト社会における生活に起因する財である「非エスニック財」の二種類に分類されるが（片岡 2008: 34-5）、顧客（同胞／それ以外）と提供する財・サービスの種類（エスニック財／非エスニック財）の違いに応じて行われるエスニック・ビジネスにおいては、その商売を成功させるだけの消費市場という「機会構造」（樋口 2012）があることが重要となる。これに恵まれていない場合、既存の市場構造に適応するための試みが行われることとなるが、そのひとつとして挙げられるのが「借り傘戦略」である。これは、「海外に移住したマイナーな移民エスニック集団が、よりメジャーな集団の姿を借用する適応戦略」（山下 2016: 34）であり、成功した他のエスニック集団のビジネスモデルを借用することを指す。自身のエスニシティを積極的に明示しないという意味で、パッシング（なりすまし）やカヴァリング（Goffman 1963=1970）といったアイデンティティの自己管理に基づいたビジネス戦略ともみなせよう。[*30] 音楽産業ビジネスにおいて参与者たちが行使するこうしたエイジェンシーの様相については、第5章2で検討する。

また、文化資本としてのエスニシティとは、「文化的正統性を確立するために次世代へ相続・再生産される文化的要素」（奥村 2009: 31）であり、エスニック集団の境界の再生産に動員される資源として捉えられる。ブルデューの先の議論に即して言うならば、社会関係資本もまた、エスニック集団の経済活動における人脈やインフォーマルな資金調達の手段などを保証するための重要な資本形態である。こうしたエスニックな文化資本や移民コミュニティにおける社会関係資本を用いて、産業の内部で有利な位置取りを目指した象徴闘争が繰り広げられるエスニック・ビジネスとして、エイジアン音楽場を捉えることができるだろう。

M・パルツァーとK・クォックは、オーストリアのウィーンの事例をもとに、エスニック・ビジネスの視座から移民の文化市場の力学について検討し、構造のレベル——市場の状態や移民の社会統合をめぐる政策――と個人のレベル――社会関係資本や文化資本のような資源が産業関係者たちの個人的な状況における選択に与える影響――の両面から、移民の音楽産業におけるマーケティング戦略を類型化（①「文化の融合（merging cultures）」、②「文化の架橋（bridging cultures）」、③「文化の保護（protecting cultures）」、④「文化的境界の解消（dissolving cultural boundaries）」の四象限マトリクス）している（Parzer and Kwok 2013）。

①の「文化の融合」は、東洋的な要素と西洋的な要素をミックスした「メルティング・ポット」的な性質を強調する姿勢を表し、主に教養を有した主流社会の構成員にアピールする。「文化的差異」が必要条件となっており、移民文化はエキゾティック化される。②の「文化の架橋」は、移民の伝統文化の自律性やオリジナリティを強調し、「文化交流」や「文化間の対話」といったレトリックを用いたマーケティングの方向性であり、主流社会と移民コミュニティの両方がターゲットとなる。前者は「他者の真正な文化」を享受し、後者は自分たちの「文化的ルーツ」に引かれる。③の「文化の保護」は、主流社会の文化に影響されず、それぞれの言語を用いて作られる（コンサートなどでも翻訳を交えない）ことなどによってオリジナルで独立した立場を保持するマーケティングの方向性で、移民コミュニティをターゲットとし、かれらの「情緒的シェルター」をも提供する。④の「文化的境界の解消」は、エスニックな要素を「文化的差異」を強調せず、「ハイブリディティ」（あらゆる文化が相互に結びついているという姿勢）に依拠する形でマーケティングする方向性である。主流社会と移民コミュニティの両方（エキゾティックな「他者」への好奇心からではない形で音楽を受け入れる、コスモポリタンなエリート）がターゲットとなる。

パルツァーとクォックのモデルは、移民アーティストの作る文化商品を常にエスニックな表現内容（つまり、差異）を含んだものと前提している。*31 しかしエイジアン音楽産業の場合、作り手が楽曲の内容における〈伝統的象徴〉や作り手自身の属性としての〈エスニシティ〉を強調しない、つまりそもそも「エイジアン音楽」として売り出し、受容されることを志向しないようなヒップホップやR&Bの実践もある。そして、主流の音楽産業で売り出すことが困難な状況において、エイジアン音楽の枠組のなかで自らの音楽をプロモートし、結果としてもっぱら狭いエイジアン市場で消費されるという「隘路」に陥る例も散見される。つまり、こうしたR&Bやヒップホップが、結果として（音楽表現のエイジアン性は欠いているものの）③の「文化の保護」のようなある種のゲットー化された文脈で流通し消費されているという状況にも目を向ける必要があるだろう。

もっとも、パルツァーとクォックも指摘するように、エスニシティの利用の仕方やこれら四象限の境界は動的なものであり、起業家はマーケティングにおいて、状況に応じてひとつの場から別の場へと移動することもできる（Parzer and Kwok 2013: 275-6）。本書ではエイジアン音楽産業をそのような、状況に応じて異なるマーケティング戦略をもとに楽曲が生産され、その楽曲が受容される文脈によっても様々な意味を付与され、アーティスト自身も作り手としての姿勢を柔軟に変化させながら、状況を意味づけ直すエイジェンシーを行使するという相互作用の現場とみなしたい。そして同時にそれを、そうしたアクター間の相互作用を含み込みつつなお固有の構成原理を持った、エイジアン音楽「場」として捉えることとする。

在英南アジア系文化の生産の局面におけるポストコロニアルな影響を考える上で示唆に富むの

が、A・サハによる研究である。サハは、エイジアンの文化商品の生産プロセスのなかでエスニックな差異（他者性 Otherness）の商品化が起こるメカニズムを、文化経済学・文化産業論アプローチにポストコロニアル研究における表象の政治性の分析方法を接続した「ポストコロニアル文化経済（postcolonial cultural economy）」の視座から考察する（Saha 2009）。イギリスのテレビ番組制作、出版、演劇、エイジアンの独立音楽レーベルの各分野におけるエイジアンの関係者たちへの聞き取り調査から浮かび上がるのは、商品化（番組やブックジャケットのデザイン、舞台作品、音楽のサウンド、レーベルのロゴなど）のプロセスにおいて、主流社会にとって分かりやすく差異化された南アジア的な表象や内容が、商品特性として期待されているということである（Saha 2009; Saha 2011）。エイジアン性を提示することによって産業や市場において周縁化されることは避けたいが、メディアやオーディエンスの関心を引きつけたり、アーツカウンシルなどの公的助成が求める内容に応えようとしたりすると、エキゾティックなステレオタイプに頼らざるを得なくなるというジレンマが生じる。

本書はエイジアン音楽産業という場の内部におけるエイジアンの参与者たちのミクロな相互交渉の様相に主にアプローチするという点で、主流の産業や市場との関係性に照準するサハの研究とは方向性を異にする。[*32] それでも、「エイジアン」というオリエンタリスティックな差異性が経済的に合理的なものとして捉えられているがゆえに、商業ベースに乗せる際に南アジア性にいわば「回帰」せざるを得ないというメカニズムを描き出している点は、音楽の商品化のプロセスにおける参与者たちの「エイジアン性」への意味づけを検討する本書にとって、大いに参考になろう。

第3章　在英南アジア系移民とエイジアン音楽の発展

前章では、「場」と「界」の概念枠組の異同について整理した上で、エイジアン音楽場の内部における行為者間の相互作用から場の構成原理を描き出すという本書の方向性を確認した。また、分析の補助線として、エスニック・ビジネスにおけるエスニシティの商品化という視座を導入することについても述べた。

本章ではまず、エイジアン音楽場の維持に作用する価値体系を形成してきた、在英南アジア系移民の歴史的・地理的背景を概観し、エイジアン音楽の発展の歴史とその多様性をまとめる。次に、エイジアン音楽産業の構成とその特徴を整理し、エイジアン音楽について論じた先行研究の批判的検討を行う。これらを受けて、エイジアン音楽場における音楽実践の方向性を正統性・真正性指標から説明する。

1　在英南アジア系移民の歴史的・地理的背景

まず、そもそも在英南アジア系移民（ブリティッシュ・エイジアン）がどういった社会的存在であるのかを、かれらの歴史的背景、南アジア本国の送り出し地域やイギリスにおける定住の特徴などから概観したい。
イギリスに定住する南アジア出身者としては、一九世紀中頃には主要港湾都市で行商などに従事するインド人下級船員や、第二次世界大戦期に軍需工場で働くインド人移民が存在したが、イギリスへの本格的な移民が始まったのは一九五〇年代である。第二次世界大戦後の経済復興に伴う労働力不足のために、イギリスはこの時期に旧植民地であるインド亜大陸から多くの移民を出稼ぎ労働者として受け入れた。一九六二年の英連邦移民法によって労働移民の流入に最初の規制がかけられたが、この法律は逆に駆け込み入国的な移民の増加をもたらす結果となり、この六二年前後に数が急増することとなる。*1

この時期の移民は出稼ぎ型、すなわち男性労働者が単身で渡英するというケースが多かったが、イギリスに定住する者が増えるにつれて、本国からの扶養家族の呼び寄せが進むようになった。また七〇年代前半には、英領インドと同様イギリスの植民地であった東アフリカ諸国の独立に伴うケニアやタンザニアのアフリカ化政策や、ウガンダでのイディ・アミン（Idi Amin）大統領による「アジア人追放」（一九七二年）から逃れた南アジア系の人々が、イギリスに再移住する動きがみられるようになる。*2 こうした南アジア系移民の多くは、ロンドンをはじめ、バーミンガム、コヴェントリー、レスター、マンチェスター、ブラッドフォードといったイングランドの特定の都市や地区に集住するようになった（浜口 2000: 133-8）。現在もこれらの都市には南アジア系コミュニティが存在し、ルーツのある国や地域、言語、宗教などによってある程度の住み分けができているが、その背景には南アジア本国の親戚や同郷の人々が先に移住した者を頼って連鎖移住（chain migration）してきたという事情がある。

代表的な南アジア系集住地域としては、西ロンドンのサウソール（パンジャービー・スィクなど）やウェンブリー（グジャラーティーなど）、東ロンドンのタワー・ハムレッツ（バングラデシュ系など）やアプトン・パーク（パキスタン系など）、イースト・ハム（南インド系、スリランカ系など）、南ロンドンのトゥーティング（グジャラーティー、スリランカ系など）やクロイドン（南インド系など）、バーミンガムのスパークヒルやスパークブルック、スモール・ヒース（パキスタン系、バングラデシュ系など）、ハンズワースやスメスウィック（パンジャービー・スィクなど）、ダービーやコヴェントリー（パンジャービー・スィクなど）、レスターのベルグレーヴ（グジャラーティー、とりわけ東アフリカからの再移住者など）、マンチェスターやブラッドフォード（パキスタン系など）といった都市や地区がある。このように、一口に南アジア系移民と言っても、その属性や渡英の時期、移住の動機やパターンは実に多様である。

本書のはじめに述べたように、二〇一一年のセンサスでは、イングランドならびにウェールズの「インド系」「パキスタン系」「バングラデシュ系」の人口は約二九八・五万人で、全人口の五・三パーセントとなっている（GOV.UK 2018）。[*3] 地域的にみると、エイジアンの人々の出身地は大きく分けて三つ挙げられる（Ballard 1994a: 19-20）。まずは北インドとパキスタンにまたがるパンジャーブ地方である。一九五〇年代から六〇年代にかけての時期におけるインド系移民の大多数はパンジャービーのスィク教徒で、その主な出身都市はジャランダル（写真1）とホシアールプルである（Shukla 2003: 92）。次に西インドのグジャラート地方で、グジャラーティーの人々には東アフリカからの再移住者が多く含まれている。そしてもうひとつは、バングラデシュ北東部の都市シレットである。東ロンドンのタワー・ハムレッツ地区の界隈には、シレティの人口が集中している。

イギリスのセンサスでは一九九一年から、「エスニック集団（ethnic group）」の「エイジアン」の下位カテゴリーとして、「インド系」「パキスタン系」「バングラデシュ系」（ならびに「中国系」「その他のアジア系」）のように、国別の選択肢が設けられている。ここからは、ルーツのある国という観点から南アジア系移民の人口構成などは把握できても、その内部における多様性を知ることは難しい。このため、少し古いデータではあるが、一九九四年に実施された「第四回イギリスにおけるエスニック・マイノリティ国内調査」[*4]の結果から、在英南アジア系移民の宗教と使用言語の割合（Modood 1997）[*5]を示しておこう。これによると、インド系ではスィク教徒（五〇パーセント）とヒンドゥー教徒（三二パーセント）が多く、パキスタン系とバングラデシュ系ではイスラーム教徒（ムスリム）が圧倒的多数を占めている（パキスタン系では九六パーセント、バングラデシュ系では九五パーセント）。インド本国における二〇一一年のセンサスではヒンドゥー教徒が約

写真１：インド・パンジャーブ州ジャランダルにあるバスターミナル。ジャランダルは在英パンジャービー移民の多くを輩出している都市で、イギリスや北米への労働移民や留学の斡旋会社、ビザ取得のコンサルタント、英語試験対策のための教育機関などの看板が様々なところにみられる。（撮影：筆者、2010年4月）

八割を占め、スィク教徒はわずか約一・七パーセントであることを考えると、在英インド系移民における スィク教徒の多さは明らかである。[*6]

次に使用言語をみてみると、複数の言語が用いられている状況がうかがえる。インド系の場合はパンジャービー語（六二パーセント）、ヒンディー語（三三パーセント）、グジャラーティー語（二〇パーセント）などが多く、東アフリカからの再移住者はグジャラーティー語（六七パーセント）、ヒンディー語（四四パーセント）、パンジャービー語（三〇パーセント）などを用いている。パキスタン系はパンジャービー語（七四パーセント）やウルドゥー語（七三パーセント）が大半で、バングラデシュ系はシレティ（ベンガル語のシレット方言、六〇パーセント）とベンガル語（五六パーセント）、ヒンディー語（二二パーセント）が多い。

こうした宗教および使用言語の割合からみると、パンジャーブ地方で用いられるパンジャービー語の話者が在英南アジア系移民の多くを占めていることが分かる。インド系におけるスィク教徒人口の多さもまた、パンジャービー人口の多さを示すものとして捉えられるだろう。さらに、ヒンディー語、ならびにヒンディー語と文法的に同一言語であるウルドゥー語を理解する人々の多さも明らかである。このことは、エイジアン音楽の特定のスタイルがエイジアン音楽を「代表」するものとして常にクローズアップされるという現状と、密接に関係していることをうかがわせる。

T・モードゥードは、前述の調査の結果から、ブリティッシュ・エイジアンのアイデンティティのあり方についての分析を行っている（Modood 2001）。そのなかで彼は、ブリティッシュ・エイジアンのアイデンティティ形成が「イギリス性（Britishness）の再創造に影響し、またそれによって形作

写真２：代表的なパンジャービーの集住地域である西ロンドンのサウソールの駅。パンジャービー語（グルムキー文字）の表示がある。（撮影：筆者、2009年3月）

写真３：東ロンドンのタワー・ハムレッツのブリック・レーン。バングラデシュ系（シレティ）の集住地域として知られ、ブッカー賞の最終候補となり映画化もされたモニカ・アリ（Monica Ali）の小説 *Brick Lane*（2003年）の舞台でもある。インド系・バングラデシュ系の料理店や商店が立ち並び、モスク（Brick Lane Jamme Masjid）のミナレット（塔）がひときわ目を引く。この界隈の道路標識はベンガル語でも表記されている。（撮影：筆者、2018年3月）

られる可能性を有している」（Modood 2001: 77）として、「エイジアン」が「ブリティッシュ」というアイデンティティとの双方向的な関係性のなかで形成される概念であることを指摘している。もちろん、全ての南アジア系の人々がエイジアンというアイデンティティのみを持っているとは考えられず、日常生活のなかでルーツのある国・地域や宗教、言語などに基づく多様かつ複合的なアイデンティティを意識しているというのがより正確な理解だと言える。それでも、「エイジアン」が「白人」と結びついた「ブリティッシュ」とは異なる性格を持つカテゴリーとして、在英南アジア系の人々の複合的アイデンティティのひとつを構成していることは間違いないだろう。

2　エイジアン音楽の方向性

それでは、イギリスにおけるエイジアン音楽はどのようにして出現し、現在に至るまで発展を続けてきたのだろうか。「エイジアン音楽」なる共通的な要素を持つ音楽があるわけではなく、また様々な南アジア的な音楽実践が最初から「エイジアン音楽」という名称のもとで発展したわけでもないが、南アジア系メディアや音楽産業においては「エイジアン音楽」という名称は頻繁に用いられている。このカテゴリーの使用はある意味では、南アジア系音楽産業が在英南アジア系リスナーにアピールする音楽を売るための商業的戦略とみなすこともできる。

ファレルらは、在英南アジア系音楽を（1）汎南アジア的な音楽ジャンルと（2）（地域的・言語的・

写真４：東ロンドンのイースト・ハム。南インド系・スリランカ系の住民が多く、タミル語で書かれた看板を多く見かける。（撮影：筆者、2010年8月）

写真５：マンチェスターの南アジア系集住地域ラッシュホルムにあるウィルムスロー・ロード（通称「カレー・マイル」）。インド・パキスタン系の料理店や菓子店、スーパーマーケット、宝石店などが立ち並ぶ。マンチェスター大学のすぐ南側にあり、料理店には学生客も多くみられる。（撮影：筆者、2010年3月）

宗教的な）個別的音楽とに大別している（Farrell with Bhowmick and Welch 2005: 109）。前者は古典音楽（北インドのヒンドゥスターニー音楽と南インドのカルナータカ音楽）と映画音楽（ヒンディー語・ウルドゥー語、タミル語、その他の言語による）を指す。一方、後者の例のひとつとして挙げられているのが、これまで何度か言及しているパンジャービーのバングラーである。このうち、本書における考察の対象となるのは古典音楽以外のもの、すなわち映画音楽と（サブ・エスニックな）個別的音楽である。

2・1　ボリウッド音楽の人気

ここでまず映画音楽について確認しておきたいのが、南アジア本国や南アジア系移民コミュニティにおいて（様々な言語による）映画の挿入歌が人気を博するという一般的な傾向はあるが、実際に（ひとまず）「汎南アジア的」だと言えそうなのは、インドのムンバイー（旧ボンベイ）を中心に制作されるボリウッド映画[*7]の挿入歌（ボリウッド音楽）にもっぱら限られるということである。[*8]主にヒンディー語で歌われるボリウッド音楽は、インドのみならず隣国パキスタンやバングラデシュ、ネパールなど南アジアの近隣国、また南アジア系ディアスポラ人口の多い世界各地の国々で広く聴かれており、インドではヒット音楽と言えばボリウッド音楽を指すほどの高い人気を誇る。[*9]

イギリスでもボリウッド音楽は「ポピュラー音楽的リンガ・フランカ」（Farrel with Bhowmick and Welch 2005: 109）として、またアーティストたちにとっては「実際的な（しばしばサンプリングされる）音楽的素材、あるいはより広い文化的参照点として」（Farrell with Bhowmick and Welch 2005: 110）位置づけられ、一九九〇年代以降に盛んになったエイジアン音楽のリミックス文化（後述）においても重要な役割を担っている。ファレルらはまた、「映画の曲という音楽言語の他の形式への翻訳が、イギリスの新しい南アジア系音楽の中心的な特徴となっている」（Farrell with Bhowmick and Welch 2005: 110）として、ボリウッド映画を文化的に参照したアーティストや楽曲の例としてバリー・サッグー（Bally Sagoo、後述）や、ボリウッドの代表的な歌手アーシャー・ボースレー（Asha Bhosle）に捧げられたコーナーショップ[*10]のヒット曲“Brimful of Asha”[*11]（一九九七年）を挙げる。

こうした背景もあって、ボリウッド音楽はイギリスでもエイジアン音楽の文脈に位置づけられる傾向があり、実際ボリウッド音楽の制作に在英南アジア系アーティストが関わることもしばしばある。[*12]本国のボリウッド音楽のアーティストが頻繁にイギリスでコンサートを行っており、南アジア系ラジオ局ではボリウッド専門の番組も多く、ロンドンではボリウッド音楽に特化したクラブナイト Kuch Kuch Nights（二〇〇〇年〜）も定期的に催されている。

2・2　パンジャービー音楽の影響力——バングラーの発展とハイブリッド化

一方、ファレルらが個別的音楽の例のひとつとして挙げるのがバングラーである。実際のところ、それぞれの南アジア系のサブ・グループやコミュニティの内部で様々な音楽実践が行われてきたと考えられるが、そのなかで最初に、そして最も商業的な成功を遂げたのがバングラーであった。

バングラーは、パンジャーブ地方の農村で新年や収穫を祝うための民俗音楽、またそれと結びついたダンスという性格を持つ。[13] 一九六〇年代から七〇年代にかけての「一時滞在」から「定住」へという移民形態の変化のなかで、イギリスに生活の基盤を置くようになったパンジャービーの移民労働者たちが、結婚式や誕生日などの家族行事やコミュニティ行事でバングラーを演奏し始めた。こうした演奏の需要が高まると、アマチュアのミュージシャンがバングラーバンドを次々と結成するようになる。[14] 八〇年代に入ると、バングラーはシンセサイザーやドラムマシンなどの電子音との融合によって、よりポップなサウンドを帯びる。さらにそれがディスコカルチャーの影響を受け、クラブでプレイされることによって、パンジャービー以外の幅広いエイジアンの若者からも人気を獲得したとされている。南アジア系の家庭では、子どもが夜遅くにクラブで遊ぶことを許さない親が多いため、昼間——学校の授業時間——に開いている「デイタイマー」と呼ばれるディスコがこの頃登場して若者たちに人気を博した（Bennett 2001: 107）。このような現象はほどなく主流のメディアにおける関心も集め、バングラーはエイジアンという枠を越えて、イギリスの主流社会における存在感を増していった。[15]

一九九〇年代に入ると、イギリスのバングラーはリズミカルなヒップホップやレゲエなどとの融合というさらなる発展を遂げた。その代表として常に挙げられるアーティストがアパッチ・インディアンである。バーミンガム出身のパンジャービーで、地元のアフロ・カリビアン文化にも影響を受けてきたというアパッチ・インディアンは、バングラーの要素にレゲエやダブ、ラガマフィンといった音楽的スタイルをミックスした独自のスタイルを確立した。[16] また、パンジャービーのアーティストの影響力の高まりと密接に関連する形で出てきたのが、バングラーのビートにヴォーカルやラップを乗せたり、パンジャービー語と英語のミックスで歌ったりするポップ・ミュージックである。T・バランタインは、(時期の特定はほぼ不可能ながらも)「バングラー」という語がパンジャービーのミュージシャンが作る幅広いポピュラー音楽の諸形式を指すようになったと指摘している(Ballantyne 2006: 131)。こうしたパンジャービー的な影響の強いポップな音楽実践は、バングラーの定義やスタイルを拡張し、エイジアン音楽における「パンジャービー音楽」の存在感を強めていくこととなる。*17

2・3 主流音楽市場への進出とステレオタイプ ——リミックス文化とエイジアン・アンダーグラウンド

一九八〇年代初頭には、インド系女性シンガー、シーラー・チャンドラ(Sheila Chandra)がヴォーカルを務めたモンスーン(Monsoon)のシングル"Ever So Lonely"(一九八二年)が全英一二位というヒットとなり、エイジアン音楽はチャンドラのエキゾティックなイメージや東洋的なサウンドによって、周縁化された形でイギリスの主流のポピュラー音楽に参入することとなる(Sharma 2006: 320)。

こうした流れのなかで、リミックスという音楽加工の実践によって九〇年代にボリウッド音楽をグローバルな市場に流通させたのが、インドのデリー出身でバーミンガム育ちのバリー・サッグーである。サッグーのリミックスは、それまで西洋の音楽市場の外にあったボリウッド音楽に西洋のレーベルの関心を引きつける役割を果たした。彼は大手レコード会社Sonyと契約し、その音楽は西洋やインドの中産階級の消費者に向けて商品化され、インドではボリウッド音楽のリミックスは「バリー・サッグー音楽」と呼ばれるまでになった(A. Sharma 1996: 25-7, 31)。

こうしたリミックスの手法の導入によって、エイジアン音楽におけるＤＪの役割が重要性を増していった。そして九〇年代半ばには、北インドやパキスタンで用いられる演奏スタイルや楽器のサウンドとテクノ、ハウス、ドラムンベースといったクラブ・ミュージック的な音楽スタイルとの融合がなされ、「エイジアン・アンダーグラウンド」と総称されるようなハイブリッドで実験的な音楽実践が盛んとなる。その初期から活躍する代表的なアーティストが、九四年にデビューしたニティン・ソーニー(Nitin Sawhney)である。こうした「東洋的」なサウンドと「西洋的」なサウンドのフュージョンは西洋の音楽レーベルの関心を引き、白人にも受容されやすくなったその音楽実践は、エスニック文化のエキゾティシズムを体現するものとして「エイジアン・クール(Asian Kool)」などと呼ばれ、白人の消費の対象ともなった。*18

九五年末までには、ソーニーと並ぶエイジアン・アンダーグラウンドの代表的なアーティストとされるタルヴィン・スィング(Talvin Singh)が主催したAnokhaや、独立レーベルOutcaste Recordsによる Outcasteといった、エイジアン・アンダーグラウンドに特化した多くのクラブがロンドンに出現した(Huq 1996: 75)。九七年にはSonyをはじめ、AnokhaやOutcasteがエイジアン・アンダーグラウンドのコンピレーション・アルバムをリリースし、その商業的人気が絶頂に達した九九年にはタルヴィン・スィングがイギリスの権威ある音楽賞であるマーキュリー賞を受賞している。しかし、こうしたムーヴメントは二〇〇〇年代初頭までには廃れた(Bakrania 2013: 189-92)。

2・4　「エイジアン・バンド」

一九九〇年代中頃にはまた、南アジア系のメンバーを中心としたバンド（以下、「エイジアン・バンド」）がいくつか登場し、国際的にも人気を博した。[*19] 政治的・社会的なメッセージ性を前面に押し出すタイプから、政治性をそれほど音楽に反映させないタイプまで様々であり、その音楽性は一枚岩ではない。前者の代表的な存在は、エイジアン・ダブ・ファウンデーションとファン・ダ・メンタル（Fun^Da^Mental）である。[*20] こうしたバンドは、レゲエやヒップホップ、バングラーやイスラーム神秘主義歌謡カウワーリー（Qawwali）などのサウンドを取り入れながら、南アジア系住民に対する差別や欧米社会における人種差別、警察による暴力、新自由主義的な世界システムや政治体制に対する批判や、異なるマイノリティ・グループの連帯といったメッセージ性の強い歌詞を、主に英語で歌ったりラップしたりしている。こうしたバンドの闘争的なスタンスは、エイジアン自らの政治的なエイジェンシーを表現する手段でもあったと言えよう。[*21] 一方、コーナーショップやヴードゥー・クイーンズ（Voodoo Queens、一九九九年に活動停止）といったバンドはギター中心のサウンドで、政治的メッセージや表現における南アジア性を前面に押し出す作風では必ずしもなかった。

つまり、こうした「エイジアン・バンド」は音楽的な類似性が希薄であり、せいぜい南アジア系のメンバー――しかもそのサブ・エスニックな背景は様々である――がいるくらいの共通性しか持たない。しかし、エイジアンと政治性を結びつける主流メディアの言説によって、同じ時期に現れたかれらは同じカテゴリーに包含されることとなった（Hyder 2004: 85-6）。こうしたバンドのメンバーたちは「表象／代表の重圧」を強く感じ、エイジアンのロールモデルとしてみられることから距離を置いたが（Hyder 2004: 115）、それはかれらがメディアによって画一的な「エイジアン」として表象されるのが不可避であったことを示している。なお、現在では「エイジアン・バンド」の活動は、全盛期に比べるとそれほど注目を集めなくなっている。

2・5　デーシー・ビーツとR&B・ヒップホップ志向の強まり——黒人（音楽）とエイジアン（音楽）の異同

エイジアン・アンダーグラウンドや「エイジアン・バンド」の短期的な商業的人気の背景には、主流のポピュラー音楽産業が新奇性を求めたり、メディアがエキゾティシズムに「抵抗」的な意味を読み込んで称揚したりするという風潮があったと言える。一方、二〇〇〇年代に入ると、九〇年代から行われるようになったヒップホップへのアプローチという傾向がさらに強まると同時に、R&Bを志向するエイジアンのアーティストが目立つようになる。[*22]

こうした音楽スタイルは、しばしば「デーシー・ビーツ」や「アーバン・デーシー」などと呼ばれている。その代表的な存在であるDJのパンジャービー・ヒット・スクワッド（Panjabi Hit Squad）は、ブラック・ミュージックを主にプレイするBBC Radio 1Xtraの二〇〇二年の開局から二〇〇九年まで、自身の番組を持っていた。かれらは二〇〇三年、ヒップホップ・レーベルDef Jam UKと契約し、同年にアルバム *Desi Beats Volume 1* をリリースしている。パンジャービー・ヒット・スクワッドの音楽番組はその後ＢＢＣエイジアン・ネットワーク（BBC Asian Network）（後述）でも始まり、二〇二一年現在も放送されている。ＢＢＣエイジアン・ネットワークでは他にもヒップホップを流す音楽番組が多く、二〇二一年六月現在、*Bobby Friction*、*DJ Limelight and Kan D Man*、*AJD*、*Pure Spice with DJ Manara*、*Asian Network Residency* といった番組が、若い世代にアピールするヒップホップ志向の内容となっている。

バングラー志向の強いパンジャービーの若い男性アーティストにとっても、ヒップホップは〈アーバン〉性を加味する上で欠かせない素材となっている。かれらのＲ＆Ｂやヒップホップとの近い関係性は、ステージネームに「ＤＪ」や「ＭＣ」といった言葉を採用したり、「クルー」や「スクワッド」といった言葉をグループ名につけたりするところ（Ballantyne 2006: 146）にも表れており、ここからもヒップホップが強力な若者文化になっているとみなすことができるだろう。[*23]

モードゥードが、イギリスにおける「エイジアン」アイデンティティの出現が「『ブラックの誇り』という表現形式や、黒人のヒップホップあるいはラップ・ミュージックに時に直接的な影響を受けたり、それらをモデルとしたりしている」（Modood 2001: 68）と論じるように、若い南アジア系アーティストたちの〈アーバン〉志向には、ブラック・ミュージックのサウンドへの親近感に加えて、[*24]イギリスにおける反人種主義という政治的立場性《ポジショナリティ》の表明、あるいはヒップホップというカウンターカルチャーと結びついた反抗のシンボルとしての「黒人性」の利用を通じた「エイジアン」という意味づけの契機をみて取ることができる。ここにおいて、黒人音楽の知識や嗜好を持つことは若いエイジアンのアーティストにとって、文化資本の獲得手段ともなっている（Kim 2015: 83）。いわば、「人種化された文化資本」である。[*25]

3　エイジアン音楽の内部における多様性――宗教・カースト、地域性、ディアスポラ

以上、エイジアン音楽の発展の大まかな流れを概観した。ここでは、エイジアン音楽場内部に存在する多様な差異の交差のうち、宗教とカースト、地域性、イギリス以外の国の南アジア系アーティストの位置づけに注目し、そうした差異の捨象や不可視化によってエイジアン音楽という曖昧な「一体性」が成立している様相を浮かび上がらせたい。[*26]

3・1　アーティストの宗教とカースト――バングラーを中心に

A・ベネットは、「もしバングラーが、ある例においては人種主義、人種差別や人種的排除といった都市的な問題への文化横断的な反応を促進するかもしれないのであれば、別の場合においてそれは、イギリスのエイジアンたちの間に存在し続ける社会・文化的、宗教的分断を強調することにも作用しうる」（Bennett 2000: 106）として、バングラーが一方ではエイジアンの間の多様性と差異を隠蔽する文化装置ともなっていることを指摘する。「パンジャービー文化の断片化とハイブリッド化

は、エイジアンのディアスポラの間でパンジャーブというシンボルが共通性と差異の両方のしるしとなる方向に作用する」（Bennett 2000: 122）。

まず、地域的には、バングラーはパンジャービーのなかでもインド側パンジャーブとの結びつきが強い音楽であることが指摘されている。ここには、一九四七年のイギリスからのインド・パキスタン分離独立の際に、バングラー文化の中心地であったパキスタン側パンジャーブに住んでいた人々（スィク教徒）がインド側パンジャーブに移動するなかでバングラーを持ち込み、その後インドのパンジャーブ州が独立インドのパンジャービー独自のアイデンティティの象徴としてバングラー文化を支援したという背景がある[*27]（Ballantyne 2006: 128-9）。またイギリスでは、バングラーを始める前にグルドゥワーラー（スィク教寺院）で宗教音楽を歌ったり演奏したりしていたというアーティストが少なからずおり、宗教的にはバングラーとスィク教の近さがうかがえる。イギリスの若いスィク教徒の多くが、バングラーは自分たちの「遺産」の一部でありスィク・アイデンティティを主張する重要な方法だと捉えているが（Ballantyne 2006: 157）、このことは同時に「ヒンドゥーやムスリムのパンジャービーでさえも歓迎されないかもしれない、非常に排他的な世界」（Gera Roy 2010: 18）の形成にもつながっている。

またカーストの観点からみると、一九五〇年代初頭からイギリスに渡ったスィク移民の大多数は、ジャット（Jatt）と呼ばれる北インドの農民カーストであり、その多くがジャランダル出身だった。在英スィク教徒のうち、ジャットが半数以上を占めている（Ballard 1994b: 93, 95）。バングラーはパンジャーブの農村、特にジャットの価値観を流通させてきており、そこにみられる「スィクの伝統」とはとりわけジャットのそれから現れたものであるという性格を有している（Ballantyne 2006: 123-4）。実際に、バングラーの楽曲のタイトルや歌詞、またアーティストのステージネームにはジャットと入っているものがしばしばみられる。[*28]

バングラーは一九六〇年代後半に、グルドゥワーラーやラヴィダースィー（Ravidasi、皮革業カースト）の寺院、キリスト教徒の集まり、ヒンドゥー教寺院などで聖歌を歌うことから音楽のキャリアを始めた南アジア系のミュージシャンによって発展したが（Dudrah 2011: 281）、音楽の作り手や消費者のなかでもジャットの優越がみられる（Dudrah 2002: 376）。パンジャービーのアーティストにはラヴィダースィーやヴァールミーキ（Valmiki、清掃カースト）といったいわゆる不可触民（ダリト）に属する者もいるが、かれらが自身のカースト・アイデンティティを表明することはほぼない。しかし、かれらにだけ判別できるシンボルを提示することによって、同じカーストに属するオーディエンスにアピールしているという可能性はある。イギリスというホスト社会における人種主義に加え、コミュニティ内部におけるカーストに基づく序列化という「二重の排他主義」（Nesbitt 1994: 141; 佐藤 2007: 127）は、音楽産業においても暗黙の了解として存在しているようである。

また、イスラームはスィク教と同様に身分差別がないことになってはいるが、北インドやパキスタンのムスリム社会には、一見するとインドのカースト制度に類似したような職能集団の枠組が存在する。[*29] グジャラート地方のムスリムで、理容師とミュージシャンを職業とするハリーファー（Khalifa）の人々[*30]のイギリスにおける音楽の演奏について調査したJ・ベイリーによると、イスラームにおいて歌舞音曲は「ハラーム」（「禁じられた」の意）と位置づけられ避けられる傾向があり、ハリーファーのなかにも音楽の演奏は反イスラーム的だとみなす人がいる。このため、ムスリムだが音楽を演奏するというかれらの宗教的・職業的立場性は、コミュニティを代表する権力者が公式なレベルで誇示するものではなく、一般のハリーファーの人々には認識されるような「非公式」なアイデンティティを生み出している(Baily 2006: 268)。*31 いわゆる不可触民のアーティストのアイデンティティ表示にも、これと類似した面があると考えられる。*32

3・2　地域性*33という ファクター

バングラーの消費を介した南アジア系の若者のアイデンティティ形成について論じた先行研究の多くは、パンジャービー移民の集住するロンドンやバーミンガム（を含むウエスト・ミッドランズ地方）をフィールドとしていた。これに対して、ベネットは「地域性」の観点から、イングランド北部のニューカッスルにおけるエイジアンのバングラー受容についてエスノグラフィー的手法を用いて考察している。

バングラーの盛んなロンドンやバーミンガムといった都市では、異なる文化的感受性が交わり、アパッチ・インディアンのようなアフロ・カリビアン文化との融合による新たな音楽形態が生み出される。ベネットはそれに対して、白人人口が圧倒的に多く南アジア系人口が非常に少ないニューカッスルにおいては、このような文化変容はエイジアンがローカルな白人の若者の嗜好を受容することで成立すると捉える。そこでは白人人口の多さゆえに、バングラーは（集合的な）南アジア系の「伝統」というイメージと結びつけられるが、一部のエイジアンの若者たちはバングラーに親世代が聴く音楽という印象を持って距離を置いており、かれらの「エイジアン」アイデンティティのあり方に複雑な影響を及ぼしている（Bennett 2000）。

エイジアン音楽を産業の観点からみた場合も、レーベルやプロダクション、ラジオ局などのメディアの中心はロンドンとバーミンガムであり（後述）、産業によってもたらされる機会を享受しにくい地方都市のエイジアンたちによる様々な音楽実践やその受容については、これまであまり論じられてこなかった。その一方で、本章で最初に確認したとおり、ロンドンなどの都市部には南アジア系のサブ・エスニックなコミュニティが様々な地域に存在するし、第5章と第6章で触れるように、サブ・エスニックなマイノリティ——本書では便宜的にそのように呼ぶことにする——のアーティストによる音楽実践がBBCのラジオ番組やメーラーのステージで取り上げられる機会も少しずつ増えてきている。エイジアン音楽場におけるそうしたサブ・エスニシティの問題を考える上でも、地域性というファクターには意識的である必要があるだろう。

3・3　本国や他国のアーティストのエイジアン音楽への包摂

本章2・1でもボリウッド音楽について短く触れたとおり、インドやパキスタンなど南アジア本国のポピュラー音楽の人気アーティストは、イギリスでも（「ブリティッシュ」の付かない）「エイジアン音楽」というより大きなカテゴリーに包摂され、在英南アジア系アーティストと区別なくメディアで取り上げられることが多い。[*34] こうした本国のアーティストのイギリス公演は、スタジアムや大ホールを会場とした全国数都市のツアー形式で催されることが多く、年配の世代も多く訪れる。[*35] たいていの場合は、（後述の）ＢＢＣエイジアン・ネットワークや Star Plus、BritAsia TV などの南アジア系ラジオ・テレビ局がメディアパートナーとして協賛している。

また、南アジア本国以外の国出身の南アジア系アーティストが、イギリスで活動していることも特徴的である。つまり、アメリカやカナダ出身であろうと、あるいは他のヨーロッパの国々出身であろうと、ブリティッシュ・エイジアンのアーティストとそれほど区別なく音楽イベントに出演したり、ラジオの音楽番組で楽曲がプレイされたりするという傾向が指摘できる。[*36] これはまさに、グローバリゼーションを特徴づける「時間－空間の圧縮」(Harvey 1989=1999) によってもたらされた「ディアスポラの公共圏」（Appadurai 1996=2004: 21, 52-4）において生じる、トランスナショナルな現象として捉えられよう。Ｇ・ディートリヒが指摘するように、「音楽はディアスポラの諸集団を、故郷《ホームランド》が音楽のサウンドを通して記号的に想起されるような音楽的コンテンツのなかで連帯させる。その媒介された形式において、音楽は離れたディアスポラ・コミュニティ間のディアスポラ的コミュニケーションの手段をも提供するため、例えばニューヨークのインド系の人は、ロンドンやトリニダードのインド系の人がプレイしたり言ったりしているものを意識しているし、逆の場合も同じである」(Diethrich 1999: 35-6)。本国を結節点としたディアスポラ・ネットワークが促進する音楽的交流は、各地域における影響を受けながらも、ある種の連続性を帯びた音楽実践を生み出す。

4　エイジアン音楽産業の構成

エイジアン音楽産業の市場規模や参入者の数は、管見の限りでは公表資料が存在せず、先行研究においても具体的な数字は示されていないため、詳細は不明であると言わざるを得ない。グレーター・ロンドン・オーソリティの報告によれば、音楽を含む創造産業でビジネスを展開するエイジアンには、自身のビジネスを「エスニック・マイノリティのビジネス」とみなされたがらない傾向があるため、商工名鑑やアーツカウンシルのデータベースにエスニック・ビジネス的なものとして掲載されにくい。また、売上が課税最低限に届かない零細企業が多いことも、業界のデータベースに載りにくい要因となっており（Greater London Authority 2003: 40-1）、エイジアン音楽産業の規模を把握することを困難にしている。

英国レコード産業協会（British Phonographic Industry）のデイヴィッド・マーティン（David Martin）は二〇〇〇年に、イギリスにおけるエイジアン音楽産業*[37]の規模は推定約一〇〇〇万ポンドで、海賊版の売上によりこのうち約四割の四〇〇万ポンドが損失を被っているとの見解を示している（Ferguson 2000: 81）。しかし、これがインド映画音楽を主とした南アジア本国の音楽の海外への輸出と、主にパキスタンで生産された海賊版の流入という文脈で語られていることから、前述の数字に南アジア本国の音楽のイギリスにおける売上が含まれているのは明らかである。また、当時は南アジア系音楽の多くはＣＤやカセットテープの形で流通しており、デジタル配信が音楽販売の主流の形となった現在とは状況が相当異なる。こうした点を考慮すると、イギリス国内の南アジア系アーティストの作るポピュラー音楽の市場規模は、この数字よりはるかに小さいと推測される。[*38]

イギリスの音楽産業の九〇パーセントはロンドンに集中している一方で（Greater London Authority 2003: 22）、エイジアン音楽産業の中心はロンドンならびにバーミンガムにある。これは先に触れた、パンジャービー移民が主に一九六〇年代にこれらの都市の特定の地域に連鎖移住し、そこでの家族行事やコミュニティ行事でバングラーの演奏を始めたということが大きく関わっていると考えられる。ここでは、レコードレーベル、メディア（放送・新聞・雑誌・インターネット）、クラブイベントという、エイジアン音楽場において中心的な役割を担っている諸制度について整理したい。

4・1　レコードレーベル

ハイダルは、一九九〇年代以前もエイジアン音楽は主流の音楽産業との関わりはほぼなく、産業自体が独立した形で生産・配給されていたとするが（Hyder 2004: 146）、これは現在でも基本的には変化していない。エイジアン音楽のかなりの部分は、南アジア系の独立レーベルによって生産・配給されている。一般的に、メジャー・レーベルは独立レーベルと契約関係を結ぶことによって、独立レーベルの自律的で「真正」な音楽を妨げずにその独自の音楽から利益を得るが（Hyder 2004: 132）、歌詞の言語といった障壁などから非エイジアンのリスナーが少ないエイジアン音楽はメジャー契約自体が困難なため、こうしたメジャーと独立レーベルとの関係性は成立しがたい。

八〇年代にはインディペンデントのプロデューサーたちが、主流のレコード店やエイジアンの小売店でバングラーを売る全国規模の配給ネットワークを作った（Banerji and Baumann 1990: 143）。最も初期に設立された在英南アジア系レーベルは、一九七〇年にバーミンガムで設立されたOriental Star Agenciesで、パキスタンのカウワーリーの歌い手である故ヌスラット・ファテ・アリー・カーン（Nusrat Fateh Ali Khan）をはじめ、バリー・サッグーやマルキート・スィング（Malkit Singh）などの在英パンジャービーのアーティストのアルバムをリリースし、またパキスタンやインド本国のアーティストや宗教音楽のアルバムもイギリスで発売してきた。一九九五年にバーミンガムで設立されたMovieboxは、自社レーベルとの契約アーティストの楽曲をリリースするのに加え、Multitone Records（一九七八年設立）などかつて存在したレーベルの楽曲を買い取って再発売することで、在英南アジア系レーベルを代表する存在となった。二〇〇五年にはVIP Recordsがエディンバラで設立され、主にパンジャービーのアーティストの作品をリリースしている。

南アジア系アーティストたちはこういった比較的知名度のある独立レーベルに所属するか、自身や仲間でレーベルを設立して楽曲をリリースすることになる。このため、知られていないレーベルが溢れている（Bakrania 2013: 198）。また、インド本国の大手レーベルのT-SeriesやUniversal Music Indiaなどと契約するという形もある。

もっとも、九〇年代半ばにインターネットが急速に発展したことで、音楽生産や配給、ファンのコミュニケーションの「民主化」が促進され、アーティストはメジャーなレコード会社と契約せずに自主制作の楽曲を宣伝することが可能となっている（Peterson and Bennett 2004: 6）。現在では、

YouTubeや音声ファイル共有サービスSoundCloudなどに自作曲をアップロードするという形で楽曲を発表するアーティストもおり、こうしたアーティストがラジオ局の番組にゲスト出演したり、メーラーなどのイベントで演奏したりすることで知名度を上げていく場合もある。

4・2　エスニック・メディア

藤田結子は、エスニック・マイノリティのメディアを（1）「主流メディア」における番組、（2）エスニック・メディア、（3）トランスナショナル・メディアの三つに類型化する（藤田 2008）。以下、この三つの類型を用いて、それぞれに該当する南アジア系メディアを概観しておこう。

（1）はホスト社会の主流メディアがエスニック・マイノリティの受け手に向けて制作するコンテンツのことで、多くはラジオ・テレビ番組である。在英南アジア系の例で言えば、ＢＢＣによる一連の番組が該当する。[*39]

ＢＢＣでは、一九六五年一〇月にBBC 1（現在のBBC One）とBBC Home Service（現在のBBC Radio 4）でインド・パキスタン系住民向けの初のテレビ番組 *In Logon Se Miliye*[*40] の放送が開始され、翌六六年一月からは *Apna Hi Ghar Samajhiye*[*41] というタイトルになった。ヒンディー語・ウルドゥー語による番組で、英語の日常会話を教えるという内容が中心だったが、テレビ版ではスタジオでのディスカッションやニュース、ラジオ版では生放送のドラマやボリウッド音楽も流された。六八年から八二年までは *Nai Zindagi Naya Jeevan*[*42] というタイトルで放送され、これが八二年にBBC Twoの番組

Gharbar[*43]に引き継がれた(Hendy 2021; Roy 2018)。BBC Two では南アジア系文化・芸能を紹介する番組*Desi DNA*(二〇〇三〜二〇〇八年)も放送された。また、南アジア系の家庭やコミュニティの日常をユーモラスに描いた*Goodness Gracious Me*(九八〜二〇〇一年、BBC Two)や*Citizen Khan*(二〇一二〜二〇一六年、BBC One)、*Man Like Mobeen*(二〇一七年〜、BBC Three)などのコメディーやドラマも制作されている。

一方ラジオでは、一九七七年に BBC Radio Leicester が地元レスターの南アジア系住民向けの番組*The 6 O'Clock Show*を始め、八三年頃にはバーミンガムに拠点を置く BBC WM も同様の番組を始める。八九年には BBC WM とBBCエイジアン・ネットワークが協同で週七〇時間放送を行う"The Asian Network"プログラムが始まった。これが九六年には二四時間放送の地域局となり、二〇〇二年には全国デジタル放送のラジオ局、BBCエイジアン・ネットワークが開局した(写真6)(BBC 2019)。BBCエイジアン・ネットワークは、現在の在英南アジア系メディアを代表する存在となっている。BBCの二〇一八/一九年の年鑑によれば、イギリスの人口比に占めるエイジアン・ネットワークの利用者の割合は一・一パーセント(二〇一七/一八年は一・二パーセント)だが、三五歳未満の割合は一三・八パーセントに上がり(BBC 2019: 59)、主なターゲットが若者層であることが分かる。[*44]

また、現在もBBCの地方のラジオ局では、南アジア系住民向けの情報番組が週一回程度放送されている場合が多い。BBCエイジアン・ネットワークや地方局のこうした番組はBBC制作ではあるが、現場の作り手の多数は南アジア系である。[*45] こうしたBBCという主流メディアによる放送は、「メディアを介してホスト社会への統合を図る、マイノリティ言語での情報や娯楽を提供するなどマイノリティの生活の利便性を図ることなどを目的として」(阿部 2006: 118)おり、イギリスという国家の多様性を反映させる公共サービスとしての多文化主義的なコンテンツを発信している。

（2）はエスニック・マイノリティの送り手が同じマイノリティの受け手に向けて制作するメディアを指す。代表的なのは、八九年に放送開始した初の二四時間放送による南アジア系商業ラジオ局Sunrise Radioである。ＢＢＣエイジアン・ネットワークはリスナー層が若いのに対して、Sunrise Radioは移民第一世代によりアピールしている[*46]（藤田 2008: 128）。南アジア人口の多いイギリスの各都市には他にも多くの南アジア系コミュニティラジオ局や商業ラジオ局が存在しており、前者ではサウソールにあるDesi Radio（九七年設立・二〇〇二年放送開始、第1章2・6でも紹介）、東ロンドンのNusound Radio（二〇〇七年〜）、西ロンドンのスラウにあるAsian Star Radio（二〇〇七年〜）、バーミンガム郊外のウエスト・ブロミッチのRaaj FM（二〇〇九年〜）やウォールソールのAmbur Radio（二〇〇九年〜）、グラスゴーのAwaz FM（二〇〇二年〜）、リーズのAkash Radio（二〇一〇年〜）など、後者では西ロンドンのヘイズにある

写真６：バーミンガム中心部の商業施設The Mailboxのなかにある BBCのスタジオ。ＢＢＣエイジアン・ネットワークとウエスト・ミッドランズ地方をカバーする地方局BBC WMが入っている。（撮影：筆者、2010年9月）

Panjab Radio（二〇〇〇年～）、バーミンガムの Radio XL、レスターの Sabras Radio（一九九五年～）、マンチェスターの Asian Sound Radio（一九九五年～）などがある。

テレビでは、二〇〇八年に放送を開始した若者層向けの衛星テレビ局 BritAsia TV（拠点はバーミンガム）が代表的である。*[47] BritAsia TV は毎年独自の音楽賞 BritAsia TV Music Awards（写真7）も開催しており、エイジアン音楽場における主要なメディアのひとつとして存在している。

（3）は国境を越えてグローバル規模で同胞のオーディエンスに向けて制作されるもので、衛星放送、新聞衛星版、輸入ビデオなどを指す。インドの Zee TV や Star Plus、Colours TV などがこれに当たる。近年ではイギリスのシネマコンプレックスでもインド映画が上映されることが多いが、こうした映画コンテンツもこれに該当するだろう。

もっとも、南アジア系のコンテンツに特化したウェブサイトはイギリスにも南アジア本国にも多数存在しており、インターネットによって世界中で利用可能となっている。このため、現在では（1）と（2）と（3）の区別はかなり曖昧になってきていると言える。

4・3　クラブイベント

クラブイベントは第6章で詳しく論じるメーラーと並んで、エイジアン音楽が演奏されプロモートされるための非常に重要な場所となっている。在英南アジア系アーティストのライヴは多くの場合クラブで単発的に催されるが、その起源は一九八〇年代に商業化されていったバングラーのクラブイベントだったと考えられる。八六年から八七年頃に、初期のプロモーターがロンドンの有名な会場を借り始め（Banerji and Baumann 1990: 146）、バングラーはこうした大きな会場でも演じられるようになっていった。学生時代にバングラーのライヴに奨学金をつぎ込む形でプロモーターを始めたというケースもあり（エイジアンの先駆的な女性ＤＪ、ラディカル・シスタ（Radical Sista）による発言）（Housee and Dar 1996: 84）、かつては学生主体で行われる音楽イベントも多かったという。

写真７：2011年10月にロンドンで催された、BritAsia TV Music Awardsの授賞式。バングラー歌手やダンサー、バーバン（＊23を参照のこと）のラッパーたちが集結したフィナーレの様子。（撮影：著者）

クラブナイトは特定の主催者やＤＪが定期的に催す場合が多く、そこにアーティストがゲスト出演してパフォーマンスする形もしばしば取られる。バングラーやボリウッド音楽のみならず、ヒップホップ的要素の強いダンス・ミュージックを呼び物としたクラブナイトも多く催されている。[*48]

5　エイジアン音楽場の特徴

ここまで概観してきたエイジアン音楽の歴史と産業の発展から、その音楽場の特徴を挙げると、まずバングラーに代表されるパンジャービー音楽の存在感が非常に大きいということがある。実際に、バングラーの要素を含んだパンジャービー語の楽曲を南アジア系メディアや商店で耳にしたり、バングラーのパフォーマンスを南アジア系音楽イベントで目にしたりする機会は多い。加えて、エイジアン音楽産業における歌手やＤＪの相当数がパンジャービーである。英語で歌う歌手も少なくないが、多くはパンジャービー語とのミックスであり、他の南アジア系言語――例えば、エイジアンのなかで相対的に話者人口の多いグジャラーティー語やベンガル語など――を用いた音楽は、相対的にみてそれほど流通していない。グジャラーティーやベンガーリー、またスリランカ系といった非パンジャービーのアーティストもここ数年かなり登場してきてはいるものの、かれらの多くはそれぞれの言語ではあまり歌わず、英語のＲ＆Ｂやヒップホップを志向する傾向が近年までは強かった。[*49]

現在のエイジアン音楽場のもうひとつの特徴は、南アジア系以外の人々にあまり開かれていないということである。一九九〇年代にエスニック・マイノリティの音楽を称揚する白人リスナーによってエイジアン・アンダーグラウンドのようなエイジアン音楽が消費されたこともあったが、ポピュラー音楽の流行り廃りのなかで、当時人気を博したエイジアン・アンダーグラウンドや「エイジアン・バンド」の音楽は現在ではかつてほどの人気は集めていない。

南アジア系アーティストによる音楽がイギリスの主流の音楽市場に出回る機会は、メジャー・レーベルと契約して楽曲を発表しない限りほとんどないと言ってよい。阿部るりは、イギリスのエスニック・マイノリティの放送メディアが各エスニック集団に向けて番組を制作した結果、多文化主義やマイノリティの社会統合の理念とは逆に番組の「ゲットー化」の傾向がもたらされたことを指摘しているが（阿部 2006: 133-5）、アーティストがエイジアン音楽場に包摂されるかどうかは、こうして「ゲットー化」された南アジア系メディア、あるいは音楽イベントへのコミットメントの度合いによって決まるという側面が大きいため、エイジアン音楽のコンテンツもまたイギリスの主流のメディアや音楽産業から切り離された状況にある。

アーティストの多くが南アジア系の独立レーベルから楽曲を発表してきたことや、歴史的にみてもバングラーのカセットテープやCDは南アジア系のエスニック・ビジネスのひとつでもあるコーナーショップ（食料品や雑誌を売る個人経営の商店）で売られる「コーナーショップ・サーキット」（Hyder 2004: 72）という形態で流通してきたことなどから[*50]、国内の主流の音楽チャートにランクインすることはほぼない。また、そもそも歌詞の言語の壁により主流チャートに入れない（Huq 1996: 62）。こうした背景から、アーティストの多くが南アジア系メディアや音楽イベントに露出を絞る傾向があり、エイジアン音楽が「ゲットー化」された状況は続いている。このため、どういった音楽やアーティストが人気なのかは、ラジオ番組でのオンエアの傾向、SNS上でのアーティストの投稿に対する反応、音楽イベントのラインナップ、ラジオの音楽チャート番組などで測るしかない。*51

6　エイジアン音楽をめぐる先行研究の検討

第1章で指摘したとおり、エイジアン音楽に関する研究はイギリスのカルチュラル・スタディーズにおける研究潮流の影響を強く受けている。こうした研究には、エイジアン音楽という包括的なカテゴリーの内部における音楽実践の多様性を意識しながらも、白人やアフロ・カリビアンとの相互交渉の結果形成される「エイジアン」アイデンティティを担保する音楽文化として捉える傾向があった。しかし、これらの研究には、エイジアン音楽という枠組そのものが当の音楽産業内部の人々の営為を通じて再帰的に維持されているという視点が希薄である。

6・1　パンジャービー音楽の「一般化」

エイジアン・アイデンティティの表出した在英南アジア系の音楽実践として、バングラーやバングラーを部分的に取り入れたハイブリッドな音楽実践に言及した先行研究は少なくない。こうした研究にしばしばみられるのが、バングラーがパンジャービーのみならずより幅広い南アジア系の若者一般に支持されてきた、といった記述である（Gillespie 1995; Baumann 1996; Dudrah 2002; Dudrah 2007）。一例を挙げると、L・バックは、バングラーが「レゲエ・ダンスホールに匹敵する、若いエイジアンにとっての自律的でオルタナティヴな公共圏の発展」（Back 1996: 220）をもたらしたと論じている。つまり、バングラーが、ジャマイカ系の若者にとってのレゲエに対して、長い間「自分たちの声」を持ってこなかったブリティッシュ・エイジアンの若者たちにとっての若者文化を象徴するようになったという指摘である。こうした研究の多くは、「イギリスにおける民族《エスニック》絶対主義への抵抗の一形式」（Bakrania 2013: 9）といった性格を持っており、それまでのカルチュラル・スタディーズにおける理論的・分析的枠組や知見をエイジアンの若者文化の分析に援用することで、南アジア系の人々自身のエイジェンシーを強調しようとする意図に基づいていたと言える。しかし、本章3・1で触れたベネットの指摘のとおり、別の角度からみればバングラーはエイジアンの間の多様性と差異の隠蔽にも作用しうる。バングラーは「バーミンガムとロンドンのパンジャービーをベースとした北インド系／パキスタン系文化という、ローカルで非常に明確な地域的背景に根差した特定の南アジア系アイデンティティを明瞭に表現したが、イギリスのその他の場所において、あるいは他の南アジア系コミュニティの間では同じようには共鳴しなかったかもしれない」（Alexander and Kim 2013: 355）というC・アレクサンダーとキムの的確な主張に基づいて考えれば、「バングラーをひとつの個別主義的なエイジアン・アイデンティティで固定する（ヘゲモニックな）操作」（S. Sharma 1996: 38）の力学が、ここにおいて問題となる。

たしかに、ここまで論じてきたとおり、バングラーの優越性と、それがエイジアン音楽を代表するサブ・ジャンルとしての地位を確立している現状を示す例は枚挙にいとまがない。しかし、エイジアン音楽というより包括的なカテゴリーの持つ意味作用を検討する上では、バングラーに代表されるパンジャービー音楽がエイジアン音楽場における優位性を獲得しているという状況に照準し、「パンジャービー音楽以外の音楽がなぜ出現しづらいのか」という形で問いを立て直す必要がある。先行研究の多くは、南アジア系コミュニティ内部の宗教、カースト、ジェンダー、地域性などの面での多様性や差異についても言及しているのだが、サブ・エスニシティの観点からの経験的研究はあまりなされてこなかった。パンジャービーが「イギリスの南アジア系の人々、とりわけバングラデシュのシレティ、グジャラーティー、ベンガーリー、タミル、そしてかつて東アフリカに移住したことのある南アジア系の子孫を含むコミュニティの間で、文化的シーンを支配しているようにみえる」(Banerji and Baumann 1990: 139) という状況において、バングラーが非パンジャービーのエイジアンには実際どのように認識されてきたのかといった問題が、こうした研究では十分に検討されてきたとは言い難い。それによって、エイジアンのオーディエンスの多様性が捨象され、一枚岩のものとして提示されてしまうという(意図せざる)効果が生じうる。こうした学術研究における傾向自体もまた、南アジア系音楽文化におけるバングラーの特権化とエイジアン音楽場内部の多様性の捨象、サブ・エスニックなマイノリティの周縁化に手を貸してきたというべきだろう。

　当然のことながら、南アジア系移民の全てがバングラーを愛聴するわけではない。ロックバンド、エコーベリー(Echobelly)の南アジア系女性シンガー、ソーニヤー・オーロラ・マダン(Sonya Aurora Madan)が、「私はブロンディ(Blondie)とザ・ジャム(The Jam)[*52]を聴いて育った。人生でバングラーに夢中になったことは一度もない」(Huq 1996: 74)と語るようなケースもあれば、バリー・サッグーのように、「バングラー」というひとつの分類枠ではなく何百もの分類枠が欲しい、自分たちはバングラーだけやっているのではない（Housee and Dar 1996: 96）と語るアーティストもいる。また、バングラーからの影響を全く受けずに音楽を作っているベンガーリー、グジャラーティー、タミルなどの非パンジャービーのアーティストも存在する。

エイジアン音楽研究、とりわけバングラー研究においてはこうした人々の声は見過ごされがちで、非パンジャービー音楽やアーティストへの関心は現在も比較的低いままである。本書はまさにこうした、エイジアン音楽場における特定の音楽スタイルの包摂と周縁化の論理を、場の構造の維持において真正性・正統性指標がいかに作動するかという角度から考察するものであり、前述の研究潮流とは異なる方向性からパンジャービー音楽の優越にアプローチするものとして位置づけられる。

6・2　エイジアン音楽の「エスニック性」をめぐって

先行研究においては、一九九〇年代におけるハイブリッドで実験的な音楽実践が、周縁化されたエスニック・マイノリティの音楽を称揚する白人リベラル層による知的消費の対象となることへの危惧を表明するものが散見される（A. Sharma 1996; Banerjea 2000; 五十嵐 2003）。こうした文脈において、K・バネルジーは、九〇年代のエイジアン・アンダーグラウンドのクラブナイトを「主に中産階級の顧客に、想像上のエイジアンという『他者』との衛生的な出会いを提供する空間」であり、「白人が、入念に作られた異国風のものと親しく交わり、多文化の神話を不朽のものにできる」（Banerjea 2000:

65）場所と捉えている。マイノリティとして他者化されがちなエイジアンのイギリスにおける社会的布置を考えれば、こうした議論がポストコロニアルな文化の政治学という重要な問題を提起していることは間違いない。

一方、バクラーニーヤーは、エイジアン・アンダーグラウンドを代表するミュージシャンのひとりとされるタルヴィン・スィングが九〇年代に主催したクラブナイト Anokha を体験したある南アジア系若手ジャーナリストの、「自分の遺産を真に誇りに感じた」（Bakrania 2013: 9, 163）という語りを引用している。こうした観点からすると、白人主流社会において受け入れられやすい「エキゾティック」な文化表象は、他方では第二世代以降のエイジアンの若者が自らの南アジア系としてのルーツを見出す――いわば「再発見」する――契機ともなっていたと推測できよう。[*53] 前述のバネルジーのような認識は、ともするとタルヴィン・スィングのようなアーティストを、そうした「異国風」の音楽性を志向する＝オリエンタリズムを内面化したエイジアンとみなす解釈をも導き出しうる。しかし、このような交錯した状況はそれほど単純に図式化できるものではない。

エスニックな差異や異種混淆性の流用を論じる前述のような先行研究の視点に対し、サハはイギリスのスリランカ系ラッパー M.I.A. の音楽実践をその生産や流通の文脈に置きながら検討するなかで、「商品化とは制約的である（constraining）と同時に可能性を与える（enabling）ものでもあ」り（Saha 2012: 739）、「音楽の文化的・政治的可能性の議論は生産の政治にもフォーカスし、文化的意味をめぐる闘争の重要拠点として生産のプロセスを認識する必要がある」（Saha 2012: 740）と論じる。ここで再び強調されるべきは、文化表現（＝テキスト）の受容や解釈を商品化の文脈に即して検討するとともに、エイジアン音楽場の参与者がその文脈のなかでどのような種類の（文化資本としての）「エイジアン性」の要素をいかなる形で（どこまで）提示し、参与者間の相互交渉や様々な制度との関係性から「エイジアン性」を能動的に意味づけているかという、かれら自身のエイジェンシーに注目する必要性だろう。そうした様相を「生産の文化」（Negus 1996=2004）というアプローチから実証的かつ丁寧に描き出す試みのなかに、マイノリティのハイブリッドな音楽実践が称揚され、一方的に名づけられ消費されていくという「終わりないイタチゴッコのような構造」（五十嵐 2003: 113）から（一時的にでも）抜け出す契機を見出せるかもしれない。

7　真正性・正統性指標からみるエイジアン音楽場の構成原理

本書は、前述の先行研究の方向性とは異なり、エイジアン音楽という枠組が、非常に曖昧な形でありながらも包括的なひとつの音楽的枠組として存在しているという状況そのものに着目している。あるアーティストや音楽実践の包摂や周縁化が、場の参与者たちの相互作用、かれらの行使するエイジェンシーによっていかにしてなされているのかにインタビュー調査のデータからアプローチすることが、第Ⅱ部からの作業となる。

第2章2で説明した、真正性指標としての〈伝統的象徴〉と〈アーバン〉、そして正統性指標としての〈エスニシティ〉は、本章でみてきたエイジアン音楽の発展の流れと先行研究の検討をもとに、帰納的に導き出されたものである。これらの指標を用いたエイジアン音楽場の構成原理の分析と考察は、第4章と第5章で行う。

第4章では、二つの真正性指標のそれぞれ、ならびにそれらの組み合わせを具現化した音楽的スタイルから、場の構成原理を考察する。それらの真正性指標によって象徴される音楽的スタイルの方向性を確認すると以下のとおりであり、この順番に検討していく。

〈伝統的象徴〉：南アジアの従来的な要素（アーティスト自らの「ルーツ」や「遺産」としての南アジアの言語やサウンド、演奏・歌唱法など）を象徴的に用いたポピュラー音楽の方向性で、具体的にはバングラーとボリウッド音楽に代表される。

〈伝統的象徴〉×**〈アーバン〉**：〈伝統的象徴〉の方向性からの音楽実践にヒップホップやR&B、ハウス、テクノなど、「黒人性」やクラブカルチャーと結びついた打ち込みサウンドのダンス・ミュージックという〈アーバン〉な音楽的志向性を有するサウンドを加えた音楽。具体的にはエイジアン・アンダーグラウンドと、いわゆるデーシー・ビーツに象徴される。ヒップホップの要素を含んだバングラーのような場合も、これに含まれる。

〈アーバン〉：〈伝統的象徴〉の方向性、すなわち南アジア的要素が希薄、もしくはほぼない、いわゆる主流のR&Bやヒップホップのサウンドである。

三つめの〈アーバン〉指標からの音楽実践が、南アジア的な〈伝統的象徴〉の要素を欠いているにもかかわらずエイジアン音楽場に包摂されるのには、アーティスト本人が南アジア系としての属性を有していることが大きく作用する。しかし、エイジアンという包括的エスニシティによってエイジアン音楽場への第一関門はクリアしても、さらにサブ・エスニシティによるスクリーニングがかかる。このように、音楽の担い手自身のエスニシティは、エイジアン音楽場における主流のR&Bやヒップホップの位置づけの局面において観察しやすい。

第5章では、この〈エスニシティ〉という正統性指標の作動の様相を、エイジアンという包括的エスニシティの作動の例としてR&B歌手のジェイ・ショーン、そしてサブ・エスニシティの例として非パンジャービー（スリランカ系、バングラデシュ系、グジャラーティー）の歌手やDJの事例から検討する。

第Ⅱ部　データ分析と考察

第4章　「音楽的スタイル」からみるエイジアン音楽場

本章では主に、音楽的スタイルにまつわる〈伝統的象徴〉と〈アーバン〉というエイジアン音楽場の真正性指標がどのように作動することで、場の境界が維持されているかについて検討する。ブルデューに倣って言えば、エイジアン音楽場への参与者たちはその場を成立させる文化的な真正性・正統性を掛け金として獲得し、産業内部における有利な位置取りを目指すということになるが、ここでは音楽の表現内容の方向性を決定する真正性指標がもたらす意味の投与の様相を考察する。まず、〈伝統的象徴〉、すなわち南アジア本国の要素と結びついたポピュラー音楽の志向性を示す実践であるバングラーとボリウッド音楽、次に〈伝統的象徴〉×〈アーバン〉の組み合わせの実践であるエイジアン・アンダーグラウンドといわゆるデーシー・ビーツ／アーバン・デーシー、そして〈アーバン〉の実践である（〈伝統的象徴〉を欠いた）ヒップホップやR&Bの各スタイルが、音楽場の参与者たちによっていかなる性格を与えられ意味づけられているかの分析から、それぞれの真正性指標によってもたらされる場の構成原理を考察していく。

1　インタビュー調査の概要

分析に使用する主なデータは、二〇一〇年から二〇一二年までと二〇一八年にイギリスで行ったインタビュー記録である。エイジアン音楽産業が集中するロンドンとバーミンガムを中心とした業界関係者（アーティストやDJを含む）の計二七名を対象に、半構造化インタビューの形で行った。インタビュー実施当時のかれらのプロフィールは、具体的には表2のとおりである。

インタビュイーはスノーボール式に確保し、同時に個人的に連絡を取る形で協力を仰いだ。インタビューは全て英語で行い、許可が得られた場合は録音して、調査後にトランスクリプト（文字起こししたデータ）を作成した。これらのインタビューデータは、セグメント化（脱文脈化）した後にデータベース化とストーリー化（再文脈化）を行う形（佐藤 2008: 45-53）で再構成した。また、音楽場における人々の実践的な側面を捉えるべく、現地における参与観察、ウェブサイトから得られた情報や、ラジオ番組の内容など他の様々な質的データも適宜用いる。

先行研究におけるインタビュー調査のデータの取り扱いをめぐる大きな欠点は、研究対象やインタビュイーのサブ・エスニックな属性を明示していないものが多いことである。こうした研究はエイジアンの多様性に自覚的であるにもかかわらず、なぜか実際のデータ分析においてはサブ・エスニシティを明示化しておらず、それによって結果的にエイジアンの人々を一括りにし、内部の差異を捨象してしまっている。例えばR・ダドゥラーは、南アジア系のバングラーのリスナーがバングラーを愛好することを、当人の「エイジアン」アイデンティティに直結させるといった（Dudrah 2002: 369）、アイデンティティと音楽的嗜好を混同したいささか性急な議論をしている。バングラーの受容ひとつ取っても、パンジャービーかベンガーリーかによってその内実は異なっていることもあり、サブ・エスニックな属性はエイジアン音楽場における行為者たちの布置と密接な関係性を有

	年齢	性別	サブ・エスニシティ、宗教	職業	出身地	備考・特記事項
A氏	40代	男性	パンジャービー・ヒンドゥー	マーケティング・PR会社ディレクター、ラジオ番組プレゼンター	インド（パンジャーブ）	UK Asian Music Awards の審査員も長年にわたって務めた
B氏	30代	男性	パンジャービー・スィク	DJ、ラジオ番組プレゼンター	ハウンスロー（西ロンドン）	父親はインド側のパンジャーブ（チャンディーガル）、母親はパキスタン側（分離独立前）のパンジャーブ（ラホール）出身
C氏	30代	男性		南アジア系音楽プロダクション代表	ロンドン	祖父はインド側のパンジャーブ（ジャランダル）出身
D氏		男性	パンジャービー・ヒンドゥー	南アジア系音楽配給・販売業者の代表	ロンドン	
E氏	40代	男性	パンジャービー・スィク	歌手	インド（パンジャーブ）	現在はバーミンガム在住
F氏	20代	男性	パンジャービー・ヒンドゥー	バンドのギタリスト、ラジオ番組プレゼンター	バーミンガム	
G氏	40代	男性	パンジャービー	歌手	バーミンガム	
H氏		男性		DJ	スコットランド	父親はパンジャーブ出身のヒンドゥー、母親は白人カトリック
I氏		女性	ヒンドゥー	DJ、ラジオ（ワールド・ミュージック）番組プレゼンター	ロンドン	両親はパキスタン（分離独立前）出身
J氏	20代	女性	ヒンドゥー	DJ、ラジオ番組プレゼンター	東ロンドン	父親はインド側のパンジャーブ、母親は北インドのシムラー出身
K氏	30代	男性	グジャラーティー・ヒンドゥー	DJ	北ロンドン	父親はケニア出身、母親はウガンダ出身
L氏		男性		ラジオ番組プレゼンター	ハウンスロー（西ロンドン）	父親はジャランダル近郊、母親はデリー出身
M氏	60代	男性	パンジャービー・スィク	パンジャービー語コミュニティラジオ局設立者	イポー（マレーシア）	

N氏	20代	男性	パンジャービー・スィク	音楽プロデューサー、演奏家	ハダースフィールド（イングランド北部）	
O氏		女性		歌手	東ロンドン	両親はカシミール出身
P氏	30代	男性	パンジャービー・スィク	音楽ショップ店員	ハンズワース（バーミンガム）	家族はルディアーナー出身
Q氏	30代	男性	パンジャービー・スィク	DJ、ラジオ・テレビ番組プレゼンター	バーミンガム	
R氏	30代	男性	パンジャービー・ヒンドゥー	音楽ジャーナリスト	ロンドン	両親はパキスタン（分離独立前）のパンジャーブ（ムルターン）出身
S氏	40代	男性	スリランカ系シンハラ	DJ、ラジオ番組プレゼンター	エセックス	両親はスリランカのコロンボ出身で、一九六〇年代に渡英
T氏	20代	男性	バングラデシュ系ムスリム	歌手、音楽プロデューサー	東ロンドン	両親はシレット出身
U氏	20代	男性	バングラデシュ系ムスリム	歌手	東ロンドン	
V氏	20代	男性	スリランカ系シンハラ	音楽ビデオ監督、歌手	コロンボ（スリランカ）	
W氏	30代	男性	グジャラーティー・ヒンドゥー	ラッパー	サウソール（西ロンドン）	父親はグジャラート（カッチ地方）、母親はケニアのモンバサ出身
X氏	30代	女性	パンジャービー・スィク	ジャーナリスト	ウォルヴァーハンプトン	両親はジャランダル出身
Y氏	18歳	男性	パンジャービー・スィク	パンジャービー語コミュニティラジオ局ディレクター	ダドリー（バーミンガム近郊）	
Z氏	40代	男性	パキスタン系ムスリム	ラジオ局イベントチーム責任者	ケンブリッジシャー	両親はミールプル出身
AA氏	60代	男性	グジャラーティー・ヒンドゥー	南アジア系文化団体設立者	ナイロビ（ケニア）	両親はグジャラート（スーラト）出身

表2　本書で取り上げたインタビューイーのプロフィール ＊1

している。[*2] 本書はこうしたサブ・エスニックな差異の作用に着目する立場ゆえに、インタビュー調査においては必ずインタビュイーの属性（年齢[*3]・世代、宗教、両親の出身地、南アジア系言語の運用能力など）を確認し、それに応じて質問内容を適宜変えていく半構造化インタビューの手法を用いた。

なお、インタビュイーの全員から筆者の論文等で実名を掲載することの許可を得たが、本書では全て匿名（A氏〜Z氏、AA氏として表記）とする。インタビュイーの属性や回答内容から、匿名にしていても業界関係者にはその人が誰か推測できてしまう場合もあるが、調査倫理の観点からあえて特定化はしない。[*4] インタビューを行った日と場所については、各インタビュイーの初出の際に注で記す。[*5]

それでは、実際の分析へと移ろう。

2 〈伝統的象徴〉の音楽実践の諸相

2・1 バングラーへの文化本質主義的な意味づけ

第3章2・2で概観したような特徴を持つバングラーは、一九八〇年代にパンジャービー移民によって商業化された歴史、パンジャーブ地方の民俗文化と深い関わりを持っていること、基本的にパンジャービー語という南アジアの言語で歌われることなどの理由により、〈伝統的象徴〉を担保する――それが「パンジャービーの伝統」であるか、「エイジアンの伝統」であるかはいったん措いて――音楽実践として位置づけられている。インタビューイーたちの多くからは、バングラーがエイジアン音楽産業において強い影響力を持ち続けている理由として、パンジャーブ地方の風土に根差したパンジャービーの人々の気質や文化的傾向といった要素が挙げられた。そこではいわば、バングラーという音楽文化にパンジャービーの人々が所有する「身体化された文化資本」(Bourdieu 1979b=1986)としての意味が読み込まれているとも言える。

南アジア系を中心とした音楽・エンターテインメントのイベントのプロモーションやメディア事業を行うマーケティング・PR会社を一九九三年に設立し、ディレクターを務めるA氏[*6]は、バングラーに用いられるドール(両面太鼓)の躍動感のあるリズムが、常に結婚式などの祝いの機会に用いられる「本質的要素であり根本原理」であるとみなす。そして、この「パンジャービー・サウンドはとても喜びに満ちていて耳に快く、心から出てきている」ことが、バングラーが在英南アジア系音楽のなかで最初に発展した理由のひとつだとする。また、パンジャービーの人々は南アジア系コミュニティのなかでも「より外交的で、シャウトしてダンスして、勢いでやってみたがる」性格を持つとして、パンジャービーの人々自身の気質をバングラーと関連づけて捉えている。

エイジアン・アンダーグラウンドの音楽的背景を持つDJで、BBCエイジアン・ネットワークなどでエイジアン音楽や南アジア本国のポピュラー音楽の紹介を行っているB氏[*7]は、パンジャービー文化とはエネルギーや社交性を有し、ドラマティックに泣いたり笑ったりする感情豊かな文化であり、それが音楽にとってプラスとなっているという見解を示す。南アジア系音楽プロダクションの代表を務めるC氏[*8]もまた、「パンジャービーはパーティーを催すのがとても得意のようだ」として、そうした人々の気質がバングラーに具現化しているとみなす。南アジア系音楽配給・販売業者の代表を務めるD氏[*9]は、次のように語る。

パンジャービーの家庭は自分たちのパンジャービー文化が大好きで、音楽はかれらの文化の大きな一部。他の、グジャラーティーのコミュニティにとっても同じだけど、なぜかは分からないが（引用者注：グジャラーティーは独自の音楽を）作っていない。パンジャービーは音楽の創造性を切り開くのがすごく好き。

D氏は、こうした理由からパンジャービーの人々は積極的に音楽を作ることによって、エイジアン音楽産業内で突出した存在になっていると考える。また、パンジャービー音楽はそのアップテンポなビートによって、非パンジャービーの人々も愛聴しており、実際に彼の音楽ショップ[*10]でパンジャービー音楽のCDを購入しているという。このような、パンジャービーの人々による「快活」な気質とリズミカルで躍動感のあるサウンドを関連づける見方において、パンジャービー音楽にはかれらの気質を体現する文化装置としてのある種の本質主義的な意味が読み込まれている。そこでは、バングラーはパンジャービーというサブ・エスニシティと強固に結びつけられるが、A氏が語るように、その陽気なサウンドゆえにパンジャービーという枠を越えて、エイジアン音楽の文脈で幅広い支持を獲得したとまずは考えられる。

2・2 「共通文化」としてのバングラーとボリウッド

バングラーの持つ「サブ・エスニシティ統合」的な意味

バングラーがパンジャービー以外の南アジア系の人々にも強くアピールするという見方は、実際のバングラーの担い手であるアーティストたちからも表明される。例えば、南アジア系メディアなどでしばしば「バングラーの帝王（King of Bhangra）」と呼ばれ、バーミンガムを拠点に世界中でライヴ活動を行っているパンジャーブ出身のバングラー歌手のE氏*11は、スペインやフランスでのライヴではオーディエンスがコーラスラインを一緒に歌って盛り上がってくれるが、この点は在英南アジア系のオーディエンスも同様であり、パンジャービー語以外の言語を話す人々（グジャラーティーやベンガーリー）でも自分の歌やパフォーマンスを楽しんでくれていると語る。また、（インタビュー当時）バーミンガムのバンドのギタリストで、バーミンガム近郊のウエスト・ブロミッチにあるコミュニティラジオ局でバングラー番組のプレゼンターを務めていたF氏*12は、自身の担当する番組にはグジャラーティーのリスナーもかなりいることを指摘し、多くの人々――南アジア系に限らず――は必ずしもバングラーの（パンジャービー語の）歌詞を聴いているわけではなく、「ダンスやリズムの感じを楽しんでいる」とみる。

一九八〇年代からイギリスを代表するバングラーバンドのヴォーカリストとして活動するG氏*13は、「バングラーは、イギリスではエイジアン音楽の最もポピュラーな形式。次がおそらくボリウッドだろう」との認識を示した上で、自身とバングラーとの出会いについて語ってくれた。G氏によると、彼が若い頃の七〇年代後半から八〇年代前半、南アジア系の若者たちが集まれる場所と言えば寺院か映画館くらいで、唯一の娯楽は映画館でスターの出演する最新のボリウッド映画をいとこや友達と観ることだった。しかし、七〇年代後半からイギリスにビデオが普及し始めると、映画館は閉館し[*14]、若者たちは社交の場所を失ってしまった。こうした時期にもたらされたのが、バングラーのライヴだという。バーミンガム出身のG氏は、七〇年代終盤にイギリスのバングラーの先駆的なバンド、アラープのライヴをロンドンへ観に行った時の印象から、次のような見解を示している。

"Bhabiye Ni Bhabiye"[*15]が始まったとたん、皆がものすごくエキサイトした。「なんだこれ?!」という感じだった。若い人、年配の人、あらゆる世代の人がいた。……その日、かれらにとても感動した。エイジアンたちに行き場がなくなった時、バングラーが非常に大きなイベントになった。なぜなら、それは自分たちが行き、集まり、一緒にいるための場所をエイジアン・コミュニティに与えてくれたから。……だからバングラーのギグがとてもポピュラーになったのだと思う。

G氏の見解からは、バングラーのライヴが、その音楽的スタイルが備えているサウンドの（非言語的な）魅力に加えて、南アジア系の人々が集うことのできる具体的な「場所」を提供する機能を果たすようになったことが分かる。イギリスというマクロな社会構造におけるエスニックな境界の再編制のなかで、非パンジャービーの人々もまた「自分のものではない」バングラーという音楽実践にプラスの価値を置いたであろう――それをどの程度まで「自分の文化」としての〈伝統的象徴〉と感じるかには個人差があるだろうが――と、まずは捉えておきたい。このように、南アジア系コミュニティにとってのバングラーは、多様な背景を持った南アジア系の人々を結びつけるいわば「サブ・エスニシティ統合（sub-ethnic integration）」的な意味を持っており、こうした側面は第3章で検討したバングラーに関する先行研究の指摘を裏づけるものではある。

一方、九〇年代のいわゆるエイジアン・バンドのＤＪとして長年活動してきたＨ氏[16]は、バングラーがもたらした影響を次のように語っている。

かれらは（引用者注：在英南アジア系の代表的な独立レーベル Oriental Star Agencies[17] と契約していたいくつかのバングラーバンドは八〇年代後半に）ポピュラーなダンススタイルを用いていた。それで、おそらく非インド系、非エイジアンの観衆に向けてそれら（引用者注：電子音と融合したポップなバングラー）をプレイすることができるようになり、かれらはその良さを知った。それはいくつかのバリアを壊した。……それが、かれらがやっていたこと。ある音楽スタイルを様々なコミュニティに紹介する。エイジアン・コミュニティだけでなく、より広い社会がそれ（引用者注：ポップなバングラー）を知り、良さを知る上で重要だった。レゲエも同じことをやるのに長い間かかった。でも、ゆっくりと、人々はそれを見て理解するようになる。

Ｈ氏は、八〇年代にバングラー歌手やバンドがポップなサウンドのバングラーを発表したことで、エイジアンだけでなくいわばイギリス社会全体にある種のインパクトを与えたと考えている。バングラーの人気は、南アジア系コミュニティや文化と主流社会との間のバリアを壊し、リアルな南アジア系ポピュラー音楽のスタイルをイギリス社会に知らしめる上で大きな意義を持ったという認識は、東ロンドンで人種主義と闘うコミュニティ活動に長年関わってきたH氏のアクチュアルな問題関心[*18]とも部分的につながっていると言えるかもしれない。

また、八〇年代から女性DJの草分けとして活動するI氏[*19]も、バングラー・ムーヴメントが八〇年代に現れると、「ブリティッシュ・エイジアンの怒れる第二世代の若者の声とみなされて、政治的・社会的なメッセージや重要性といったものが付加された」と語っている。このような、バングラーはある面において、在英南アジア系としての文化的独自性や政治的主張をイギリスの主流社会に知らしめる効果をもたらしたという見解からは、バングラーがイギリスの白人中心的社会と南アジア系というエスニック集団との間にある種の象徴的な「エスニック境界《バウンダリー》」(Barth 1969=1996)を設定する役割を果たしたことがうかがえる。

ボリウッド音楽の「汎エイジアン」的な人気

それでは、〈伝統的象徴〉という方向性を示すもうひとつの音楽実践であるボリウッド音楽についてはどうだろうか。B氏は、「ボリウッド音楽は巨大な存在《モンスター》」だとして、次のように語っている。

それ(引用者注:ボリウッド音楽)は我々がインド国家——一五の異なる宗教、一五〇の異なる方言、八〇の異なる言語[*20]――を結びつける方法だ。だから、ボリウッドはインド文化の多文化のマッシュアップのようなもの。一九五〇年代から六〇年代に戻ると、インドは互いに喧嘩する子猫たちでぎゅうぎゅう詰めのバッグだった。俺はパンジャービーだ、パンジャービーが支配しているんだ、いや、タミルだ、と。六〇年代にかけて、インド国家はインドが実際に一五[*21]の違った国家に分裂することをとても恐れていた。パンジャービースターン、タミルスターン、ベンガーリースターンといったように。それでボリウッドが作られた。だからそれは大成功し、とても大きな木になっているのだと思う。

B氏がここで示すのは、一九四七年のイギリスからの独立後、多様な宗教や言語、民族を擁するインドが国民国家として統合する過程においてボリウッド映画ならびに音楽が果たした役割である。ボリウッド音楽とみなされる音楽は「映画音楽（filmi music）」だという点で一括りにされており、サウンド面での類似性は薄いが、ヒンディー語による歌詞という言語的共通性によって、緩やかにカテゴリー化されている。D氏もまた、ボリウッドの音楽的要素に関して、「今では何でもありうる（笑）。最近ではエレクトロニック、オーガニック、あらゆるものがあるので。でも言語はヒンディー語」と、言語を共通の形式として挙げる。インドの連邦公用語という位置づけを与えられているヒンディー語は、文法的に同一言語であるウルドゥー語を国家語とするパキスタンの人々や、バングラデシュのベンガル語やネパール語などを話す人々にとっても、比較的理解しやすい言語として、ボリウッド音楽へのアクセスを容易にしてきた。

この点は、在英南アジア系移民の間でも同様である。イギリスではヒンディー語、ウルドゥー語、パンジャービー語、グジャラーティー語といった言語が地域的なルーツの違いにもかかわらず広く用いられており（Modood 1997: 309-10）、ヒンディー語で歌われるボリウッド音楽が広く人気を集める背景のひとつには、第3章2・1でも指摘した「ポピュラー音楽的リンガ・フランカ」（Farrel with Bhowmick and Welch 2005: 109）としての性格があると捉えられよう。

ボリウッド音楽の位置づけをめぐる他のインタビューたちの発言にも、こうした「汎エイジアン」的な側面の一端が表れている。例えば、ロンドンで月一回のボリウッドのクラブナイトを続けているI氏は、グジャラーティー、パンジャービー、ヒンドゥー教徒、南インド系、バングラデシュ系、カリビアンやインド洋地域出身者などの客は、それぞれが自分たちの音楽が十分プレイされていないと言ってきたし、そうしたなかでバングラーやボリウッドを「かれら皆にとってわずかに共通の特徴」（強調点は引用者）とみなすようになったとの見解を示す。[*23] また、東ロンドンのコミュニティラジオ局で音楽番組のプレゼンターを務め、DJでもあるJ氏[*24]は、自身がDJとして南アジア系イベントでプレイする際、「グジャラーティーの人々はボリウッドが大好き」であるため、ボリウッド音楽を多く選んでプレイするという。DJのK氏[*25]はグジャラーティーとしての背景を持つが、ヒンディー語も習っており、両親が北ロンドンでボリウッド映画のレンタルビデオ店を開いていた影響でボリウッド文化に囲まれて育ったため、今でもボリウッド音楽を愛聴しているという。さらに、（インタビュー当時）西ロンドンのコミュニティラジオ局のプレゼンターだったL氏[*26]は、自身が両方好きだというボリウッド映画とハリウッド映画をテーマにした番組を担当していたが、自身の番組には幅広い背景を持ったエイジアンのリスナーがいると語っている。

2・3　「共通文化」への違和感

ただし、多様な属性を持つ在英南アジア系の人々が皆、バングラーやボリウッド音楽といった音楽的スタイルに何らかの「エイジアン」としての共通した文化的な意味を見出しているとみなすことには、やはり留保が必要である。

確かに、バングラー歌手のE氏やG氏に多くの非パンジャービーのファンがいることは事実であろう。また、G・ゴーピーナートは、移民第一世代のパフォーマーたちは音楽を、宗教、カースト、階級、国籍の差異を越えた「エイジアン性」を構築する手段とみていたと論じている（Gopinath 1995: 308）。一方ハクは、「『エイジアン』という用語は危険なほどに包括的である」（Huq 1996: 64）として、東ロンドン出身のバングラデシュ系音楽グループ、ジョイ・バングラ（Joi Bangla[*27]、現在はジョイ（Joi））のベンガル語による楽曲制作を例に挙げながら、「バングラーをイギリスのエイジアンの若者の異なるメンバーたちを連帯させる力としてみるのは単純すぎるところがある」（Huq 1996: 64）と主張する。ハクのこの視点は、バングラーを南アジア系にとっての共通的な音楽実践だとみなすことが、「エイジアンだからバングラーに親近感を持つ」といった形で南アジア系の人々の文化的アイデンティティを単純化することに容易に転化しうる可能性があることに、注意を促すものだと言えよう。このことに関連して、B氏は次のような見解を示す。

残りのコミュニティがバングラーに掴まったのだと思う。なぜなら正直なところ、バングラーが最初に来たから。……バングラーに何か特別なものがあったとは思わない。バングラーは、適切な新しい世代にとっての、適切な時期の適切なジャンルだったのだと思う。

B氏は、バングラーが「適切な時期」、つまり南アジア系コミュニティの発展において適切なタイミングで現れた最初の南アジア系ポピュラー音楽であり、ゆえに非パンジャービー・コミュニティの若者の多くもそれに同一化したとして、(自身がパンジャービーでありながらも)バングラーの「代表性」を客観的に歴史化して捉えている。また、I氏は、八〇年代に現れたバングラーが「ブリティッシュ・エイジアンの怒れる第二世代の若者の声」というような、エイジアンの政治的なエイジェンシーを発動する手段としての意味を付与されていたことは確かだが、それが「全てのエイジアンにとっての勝利の行進曲(champion marching tune)」になったというのは正しくないにもかかわらず、メディアはそのような物語を欲しておりそう描写したがるとして、それがある意味では作られた言説であるとの見解を示す。

この問題は、「パンジャービー」として一括りにされがちな人々の間にある差異に注目すると、より複雑な様相を呈する。第3章3・1でも確認したように、バングラーはパンジャーブ地方の音楽ならびにダンスではあるが、実際にバングラーのパフォーマーにはスィク教徒が多い。こうした文脈においては、パンジャービーのムスリムやヒンドゥーのリスナーとバングラーとの間には距離が生じうることとなる。I氏は、自身がイギリスの代表的なバングラーバンドの男性歌手にインタビューした際、バングラーが彼にとって「生き方」であるのに対し、ヒンドゥーである自分は「リアルなパンジャービーではない」ため、自分にとってはそれほど密接なものではないと感じたと語っている。なぜなら、この歌手をはじめバングラーのアーティストの大多数がパンジャービー・スィクであり、バングラーはスィク教とより密接な関係性を有しているというイメージを人々に与えているからだという。

また、サウソールのパンジャービー語コミュニティラジオ局の設立者であるM氏[*28]は、不可触民（ダリト）と音楽制作との強い結びつきを指摘し、エイジアン音楽産業においてもダリトの背景を持つパンジャービーのアーティストはかなりいるとの見解を示す。しかし、これも第3章3・1で指摘したとおり、ジャット（農民カースト）のアーティストが堂々とカースト名をシンボルに掲げた音楽を作れるのに対し、自身のダリトとしての背景をオープンにするアーティストはほとんどいない。このように、宗教的、カースト的な側面から、同じパンジャービーの人々の間にもバングラーの生産や消費の局面における距離感の違いが存在していると考えられる。

ボリウッド音楽に関しても、「北インド」と「南インド」という大まかな地域的な区分の観点からみると、それはイギリスにおいても（パキスタンも含めた）北インド文化圏に属するものとして認識されていることが多い。ボリウッド音楽が「ポピュラー音楽的リンガ・フランカ」として位置づけられるのは、もっぱらこの北インド文化圏に近い人々の間においてであり、南インド系やスリランカ系の人々にとっては必ずしも近しいと感じられるものではない。例えばキムは、ボリウッド音楽をよく知らないためにクラブで「居心地の悪さを感じた」というスリランカ系女性の語りを引用し、ロンドンのエイジアンのクラブナイトが北インド系（多くの場合パンジャービーで非ムスリム）の若者に支配される傾向があることを指摘している（Kim 2015: 110-1）。サブ・エスニシティの観点からボリウッド音楽をみた場合、それは「汎南アジア的」な音楽としてよりも、「北インド的」な個別的音楽として捉え直される必要があるだろう。

2・4 「象徴」としてのバングラーとボリウッド

バングラーはパンジャービーの音楽文化として、パンジャービー・コミュニティとの結びつきが強く、ボリウッド音楽もその北インド性によって、必ずしも「汎南アジア的」な音楽性を担保しえない。しかし、この二つの音楽的スタイルは、エイジアン音楽場においては、実際には「象徴」という向性からより「真正」な特性と性向を持った音楽実践として、支配的な地位を維持していると言える。対して、例えばグジャラーティーの代表的な表現様式であるガルバー[*29]、ベンガルやタミルといった地方にルーツを持つ楽器や演奏法、言語を用いた音楽実践（映画音楽も含めて）は、歴史的に確立されてきた「代表性」と人気によってエスニック・ビジネスとしての生産・マーケティング手法を発展させてきた——つまり、音楽場において文化的、経済的、社会的な資本を蓄積してきた——バングラーとボリウッド音楽に比べると、周縁的かつあまり目立たない位置に留まることとなる。

そこにおいては、バングラーとボリウッド音楽はある程度まではサブ・エスニシティ統合的な音楽文化――わずかな共通性を持った音楽的スタイル――として、娯楽性の高い汎エイジアン的な文化としての意味を付与される。これらの音楽的スタイルに具体的な「伝統」を感じ取る人々も存在するだろうが、むしろ、イギリス社会における「エスニック境界《バウンダリー》」の効果としての、想像された「南アジア的」なる文化という意味を持つと言えるだろう。ヒンディー語やパンジャービー語の歌詞は「非意味論的なインド性の指標」(Diethrich 1999: 49) としてより重要であり、多くの在英南アジア系リスナーの間でも、バングラーやボリウッド音楽は言語的な意味を越えた文化的コンテンツとして認識されている側面がある。ノリの良いバングラーのドール(両面太鼓)のサウンドを楽しんだり、ボリウッド音楽のビデオクリップやライヴにおける歌手やダンサーの民族衣装のスタイルに同一化したりと、オーディエンス自身のサブ・エスニックな文化的「伝統」とも結びつけた様々な受容の形がありうる。

「エイジアン音楽」というラベルはここにおいて、バングラーやボリウッド音楽を在英南アジア系コミュニティ全体に開かれた音楽のサブ・ジャンルとして提示する役割を果たす。例えば、イングランド北部のハダースフィールドでバングラーの楽曲を制作するN氏[*30]は、音楽を「世界と共有したい」と考えている自分にとって、自身の作るバングラーやスィク教の要素を含んだポピュラー音楽が「UKエイジアン音楽」という分類枠に包摂されるのは、パンジャービーのみならず全ての南アジア系リスナーにアピールできるので良いことだと語っている。このように、エイジアン音楽というカテゴリー自体が、アーティストや楽曲に(南アジア系メディアやイベントを介して)オーディエンスの注意を向けさせるための参照枠、すなわち南アジア系コミュニティに向けたエスニック・ビジネスとしての効果的かつ合理的なマーケティング手段として機能しているという側面があり、ここにおいてもバングラーやボリウッド音楽は汎エイジアン的な文化商品の代表として意味づけられることとなるのである。

3 〈伝統的象徴〉×〈アーバン〉の音楽実践の諸相

では次に、〈伝統的象徴〉に〈アーバン〉の方向性が加わった音楽的スタイルとして、エイジアン・アンダーグラウンドといわゆるデーシー・ビーツ／アーバン・デーシーの例から、エイジアン音楽場におけるそれぞれの音楽的スタイルの位置取りを検討する。

3・1 〈アーバン〉指標からの「エイジアン」の肯定的意味づけ直し

「新しいエイジアン音楽」としての再定義――エイジアン・アンダーグラウンド

南アジアの楽器のサウンドや音楽的スタイルをテクノやハウスなどのダンス・ミュージックと融合したエイジアン・アンダーグラウンドの音楽的ムーヴメントは、一九九〇年代半ばから二〇〇〇年代初期にかけて盛んとなった。DJのB氏は、自身がエイジアン・アンダーグラウンドに関わっていった理由を次のように語っている。

正直なところ、私やタルヴィン・スィング、ニティン・ソーニーが一部である全世代にとって、私たちは皆自分たちが交配種《ハイブリッズ》だとすごく理解していたと思う。そして、私たちはそれを音楽でやりたかった。私が九四年の初めに考えていたのはまず、もし何か新しいことをやろうとするなら、革新を手に入れるということ。革新はどこにあるか？　九四年のロック音楽にはなかった。それは、ケミカル・ブラザーズ（Chemical Brothers）*31のようなバンドやドラムンベース・シーンのなかにあった。……ダンス・ミュージック、その世界は真っ新なキャンバスだ。変化させる《ターン・ラウンド》ことができる。タルヴィンは「ボリウッドのヴォーカルを持ってこよう、タブラーを持ってきてダンスビートにかぶせよう」というふうに試して、それをエイジアンの感じのあるダンス・ミュージックと呼ぶだけでなく、実際にはこれが新しいエイジアン音楽なのだと言った。私はそう考えている。

このように、B氏は在英南アジア系としての自身の世代が「交配種」であることの反映としての「新しい」「革新の」音楽を、エイジアン・アンダーグラウンドの表現性に見出している。そこにおいて、南アジア的なサウンドという〈伝統的象徴〉は不可欠な要素ではあるが、それを「エイジアンっぽいダンス音楽」というよりもむしろ「新しいエイジアン音楽」だと再定義したところに、エイジアン・アンダーグラウンドの革新性があったと言えよう。

またI氏は、当時ステイト・オヴ・ベンガル（State of Bengal、バングラデシュ系のＤＪ）やバドマーシュ＆シュリー（Badmarsh & Shri、イエメン出身のインド系ムスリムのバドマーシュと南インドのベンガルール出身のシュリーによるエレクトロニック音楽デュオ）といったエイジアン・アンダーグラウンドのアーティストが東ロンドンから現れたことに言及する。I氏は、かれらが出現してきた理由のひとつに、「バングラーがかれらにとって意味を持っていなかった」ということがあり、ゆえにかれらはヒップホップやエレクトロ、ジャングル、ドラムンベースといったクラブ・ミュージックのジャンルにアプローチしたとの見解を示す。このように、エイジアン・アンダーグラウンドの発展の背景にはバングラーのような覇権的な〈伝統的象徴〉からの音楽的スタイルに同一化できない非パンジャービーのアーティストたちの存在が大きくあり、かれらはベンガーリーの要素などパンジャービー音楽やボリウッド音楽とは異なる〈伝統的象徴〉のスタイルに打ち込みのクラブサウンドをミックスすることで、エイジアン音楽場に〈伝統的象徴〉のサブ・エスニックな多様性を付加することとなった。I氏は、九〇年代にエイジアン・アンダーグラウンド文化を牽引する役割を果たしたある独立レーベルの活動に携わった経歴を持つ。彼女は、このレーベルの誕生の背景を次のように語っている。

フュージョンと呼べるような音楽を作っているエイジアンのアーティストが何人もいて、アパッチ・インディアンが九〇年代前半に有名になってIsland Recordsと契約した。バリー・サッグーが活動していて、彼は九五年までColumbia Recordsと契約していた。でも、その頃起こっていたのは、エイジアンのアーティストにはほとんど機会がなかったということ。……メジャーなレコードレーベルと契約しようとしても、とても難しかった。なぜなら、レコード会社は今でもそうだけど、当時はもっとそうで、かれらはブラウンの顔だけみて「バングラーに行け」と言っていたから（笑）。「お前がソウルを好きかどうかはどうでもいい」、と。「お前はエイジアンだから、ソウルは好きになったりやったりすべきじゃない」、と。そして、……ブラックになりたいギリシャ系の子たちやトルコ系の子たち、エイジアンの子たちが私の目に入っていて、自分自身のアイデンティティを誰も持っていないような感じだった。支配的でポピュラーなストリートカルチャーのスタイルは、服であろうと話し方であろうと音楽であろうと、明らかにアフロ・カリビアンだった。なぜなら、ブラックでいることがクールで、それ以外でいることはクールじゃなかったから。この会話を×××（引用者注：もうひとりのレーベルの設立者でオーナー）として、彼は私に「ブラウンでいることをポジティヴにするようなレコードレーベルをすごく設立したいんだ」と言った。私は「いいね、レーベル設立を決めたら教えてね」と言って、彼は「ああ、そうする」と言った。……彼が電話してきて、「レーベル設立の準備ができた、やろう」と言った時は嬉しかった。

ここからは、当時のメジャーなレコード会社が南アジア系アーティストを肌の色でステレオタイプ的に判断し、かれらの創造性を過小評価する、ある種の人種主義的な慣行が存在していたことが分かる。このことに加えて、当時の南アジア系――また他のエスニック・マイノリティもだが――の若者がアフロ・カリビアンの文化に同一化しており、南アジア系としての自己評価が低いと感じたことから、I氏たちは自身のエイジアンというエスニシティの価値をプラスに転換することを強く意図していた。それは、南アジア系の音楽的な〈伝統的象徴〉を打ち込みのダンス・ミュージックとの融合によって革新し、新たな価値を加える試みとなった。それはまた、エイジアン独自の文化の価値を「再発見」するための機会を提供する試みでもあったと言えよう。

ホールやギルロイの言う「ブラック」がエイジアンを包摂し（Hall 1991=1999; Gilroy 1993=2006）、ある意味でその差異を捨象する集合的な観念であったのに対し、I氏たちの狙いは黒人とは区別されるエイジアンの独自性を前面に押し出すことであった。そして実際に、エイジアン・アンダーグラウンドのムーヴメントは、ロンドンを中心としてバーミンガムにも広がり、定期的にクラブイベントが催されることで南アジア系の若者たちの社交場としても機能することとなった。つまり、エイジアン・アンダーグラウンドは第3章6・2で確認したように、白人の顧客による南アジア系文化の消費の対象として理解されうる一方で、その音楽実践は南アジア系移民第二世代の若者たち自身によっても自発的に引き受けられるという、両義的な性格を持っていたのである。

黒人音楽との融合によるオリジナリティの創造――デーシー・ビーツ／アーバン・デーシー

エイジアン・アンダーグラウンドの人気に取って代わるように、二〇〇〇年代になるとヒップホップやR＆Bとの融合という音楽形式が現れるようになった。その萌芽は九〇年代のアパッチ・インディアンによるレゲエとバングラーの融合や、いわゆるエイジアン・バンドによるヒップホップ色の強いパフォーマンスといった、「ニュー・エイジアン・ダンス・ミュージック」（Sharma, Hutnyk and Sharma eds. 1996）とひとまず総称されるような音楽の諸実践にある。デーシー・ビーツやアーバン・デーシーなどと呼ばれる二〇〇〇年代のR&Bやヒップホップとの融合は、こうした〈アーバン〉な音楽的志向性によって特徴づけられる。

D氏は、アーバン・デーシーについて次のように説明する。

アーバン・デーシーは実際、メインストリーム音楽を作るエイジアンをとても緩くリプリゼントしている。……アーバン・デーシーとはアーバンで伝統的な音楽を意味していて、それは実際には意味を成していない（笑）。でも、アーバン・デーシーとは基本的に、人が一般的にメインストリームなタイプと呼ぶような音楽を、インディペンデントなアーティストの類として作るエイジアンを意味する。

「アーバン」とは「西洋的」なヒップホップやR&Bを指し、「デーシー」は南アジアの「伝統」を指すという、ある種の矛盾した性質がこのカテゴリーには示されている。それはまた、「メインストリーム」な音楽でありながら「インディペンデント」なアーティストによって作られるという複雑さもはらんでいる。（第2章2で述べた）〈アーバン〉指標からの音楽表現の方向性――〈伝統的象徴〉と対置される、「白人性」の否定という契機を含んだ「現代性」としての性格――は、（商業的にはもはや）主流のヒップホップやR&Bでありながら、その音楽的スタイルが召喚するイメージは「黒人性」と結びついたものだというデーシー・ビーツ／アーバン・デーシーの特質に表れる。

こうした音楽実践はエイジアン・アンダーグラウンドと同様、イギリスにおけるエイジアンというエスニック集団の社会的布置と密接な関係性を有している。C氏は一〇代の頃に「黒人音楽」（ヒップホップ、ドラムンベース）のDJをしていたが、一九歳の頃にアメリカのヒップホップに含まれた南アジアのサウンド[*32]によって「エイジアンのルーツを再発見した」と語る。C氏は一九九九年から二〇〇六年まで南アジア系プロモーション会社を経営し、ジェイ・ショーンやラーガヴ[*33]といったアーティストのプロモーションなど幅広い活動を行っていた。彼はそうした活動の背景に、「自分の（引用者注：エイジアンの）人々を助けたかったから。かれらを西洋文化に統合する手助けをしたかったから」という思いがあり、エイジアンをミニキャブの運転手やショップのオーナー、医師などとして表象するイギリス（白人）社会のステレオタイプがあまりにも多く、クールな人々として描かれないことへの不満があったことが動機だったと説明している。エイジアンがメディアによって長年にわたって「ダサい《アンヒップ》」ものとされ、「服従的、勤勉、受け身、順応的だというステレオタイプなイメージ」で描かれてきたこと（Huq 1996: 63）が、C氏の様々な活動を動機づけてきたようである。

一方C氏によれば、そうした活動におけるエイジアンとしての自己主張は、「西洋からクールネス、東洋から古典的な感じのヴァイブを入手する」ことでなされる。そして興味深いことに、彼の語りにおいて、その際の「西洋」とは「アフリカ系の友人たちの文化」を指しているようであり、彼はそれを取り入れることで「エイジアンでいることをクールにしようとしている」という。C氏は、自身の祖父母や両親の世代は労働者階級としてアフロ・カリビアンと同じく工場労働に従事し、ヒップホップや黒人文化に近い環境にいたとして、エイジアンとアフロ・カリビアンの階級的な近似性やかれらからの文化的な影響を意識しながら、エイジアンとしての誇りを黒人文化の力を借用することで引き上げるという方向性を取っている。

第1章で確認したように、かつての政治的カテゴリーとしての「ブラック」への同一化は、南アジア系の人々の独自の経験を捨象するものでもあった。しかし第3章2・5でも論じたように、C氏の語りからは、デーシー・ビーツのような音楽的スタイルが、イギリスにおけるアフロ・カリビアンの――「黒い大西洋《ブラック・アトランティック》」(Gilroy 1993=2006)のディアスポラの歴史のなかに位置づけられ、アメリカ・ニューヨークの黒人スラム地区で生まれた――ヒップホップにおける「ブラック」な表現形式から影響を受けることで、ある種の対抗的アイデンティティとしての「エイジアン」アイデンティティを志向するという、複雑な様相が浮かび上がってくる。「アジア系の若者たちにとって、アフリカ系米国人とヒスパニックとカリブ海の文化の合流によってブロンクスでつくりだされた言語、象徴、芸術のレパートリーは、自分たちを組織する手段とともに連帯と快楽の力強い源泉を生みだすものだった」(Gilroy [1987] 2002=2017: 466)とギルロイが論じた一九八〇年代の西ロンドンにおけるエイジアン・コミュニティの状況は、C氏が活動を始めた九〇年代以降にも当てはまる。ここにおいて、黒人音楽としてのヒップホップやR&Bを取り入れたエイジアン音楽には〈アーバン〉指標の作動によって「クール」という肯定的な意味が付与されている。キムは、クールネスは黒人の周縁性や本質主義を利用している点で問題含みだとしているが(Kim 2015: 130)、ヒップホップという音楽的スタイルを、移民たちがエスニックな差異を越えて類似点を探求することを可能にする「共通語《リンガ・フランカ》」(エルータイエブ 2007: 225)として捉えるならば、その音楽実践はイギリス社会における他のエスニック・マイノリティの文化との結節点となりうるだろう。そして同時に、南アジア系サウンドという〈伝統的象徴〉指標によって、C氏が語るようにエイジアンとしてのルーツを「発見」し、エイジアンという社会的存在や文化を「クール」なものとして提示する効果ももたらしうるのである。

ヒップホップやR&Bのような「黒人音楽」と南アジア系サウンドとの融合は、実際に盛んに行われている。F氏は、自身がプレゼンターを務めていたコミュニティラジオ局のバングラー番組で、様々な(地元の)DJがスタジオでライヴ・ミックスをプレイする時間帯を設け、ヒップホップ世代の若いリスナーにアピールした。パンジャービー語のポップスを歌う歌手のO氏[*34]は、自身の楽曲で「東洋と西洋のミックス」を行っており、インタビュー当時発売したばかりの新曲ではカウワーリーの伝統的な要素に影響を受けたといい、それをR&Bなどの現代的な要素と融合させることで「私のサウンドを探そうとしている」と語る。バーミンガムのハンズワースにある音楽ショップの店員のP氏[*35]は、若手バングラー歌手のJKやプロデューサーのトゥルー・スクール(Tru-Skool)といったヒップホップ世代のアーティストの名を挙げ、かれらは音楽活動のなかで「自分たちのルーツに戻り」、伝統的な(引用者注:音楽の)「隠された逸品(hidden gems)」について学び、注目していることを示そうとしていると指摘する。

第3章2・2で確認したとおり、バングラーは八〇年代にディスコカルチャーとの融合によって、パンジャービーの音楽的要素をより幅広い若者にも親しめるポピュラー音楽へと変容させた。一方、二〇一〇年代のデーシー・ビーツ/アーバン・デーシーにおけるこうした西洋/東洋的要素の折衷的な利用には、アフリカ系によるダンス・ミュージック——そこには西洋発祥の打ち込みの電子音楽としての性格に、「伝統」と対置された「西洋」が象徴的に仮託されてもいる——の〈アーバン〉

性を南アジア系サウンドという〈伝統的象徴〉と結びつけて、「クール」な独自性を提示しようとする、ある種のねじれた様相を見出すことができる。音楽表現における「黒人性」――白人との差異化の象徴としての〈アーバン〉性――の利用はここにおいて「人種化された文化資本」となり、エイジアン音楽場におけるひとつの大きな方向性となっているのである。

このことはまた、ロックという表現方法にアプローチする南アジア系アーティストが少ない傾向にも現れている。[*36] I氏は、その理由について尋ねた筆者に対して次のように語る。

ここ（引用者注：イギリス）で作られたロックバンドはある。でも、それが支配的なジャンルではないと考える点であなたは正しい。あと、私がその理由の一部だと思うのは、おそらくそれが白人のサウンドの一種、白人のシーンと同一化されているということ。私たちの多くがここで育つと、ブラックのアーティストと手を結ぶ傾向があった、モータウン・ソウルだったり、その後はヒップホップ、R&Bだったり。同一化のプロセスが起こっていて、ヒップホップについて話をするなら、それはグローバルなレベルで起こっている。アフリカ系のヒップホップ・アーティストもいれば、トルコ系のヒップホップ・アーティストもいて、世界中にある。……ロックのジャンルは私たちに同じようには触れなかったのだと思う。

ヒップホップを「黒人音楽」とみなすこととロックを「白人音楽」とみなすことは、ちょうどコインの裏表のような一体性を持っており、音楽と結びついた強力な人種観が在英南アジア系の若者の多くに共有されていることが、この語りから推測できる。そしてこれは実際に、BBCエイジアン・ネットワークのような主要な南アジア系メディアの番組制作にまで影響を及ぼしている。第3章2・5で触れたように、BBCエイジアン・ネットワークは現在ヒップホップ――主にアメリカやイギリスのアフリカ系ラッパーによる――を多くプレイする番組をいくつか制作しており、それらの番組のプレゼンターたち（いずれも南アジア系）はイギリスのアフロ・カリビアンの若者が用いるような話し方でトークをすることがある。例えば、"brother"という単語を"bruv"と発音することは南アジア系の若者の日常会話でもしばしばみられる。[*37] I氏はBBCエイジアン・ネットワークを"bruv radio"と呼び、特定の種類の若者が用いる言葉が頻繁に番組で用いられていることで、かれら以外のリスナーが離れてしまうことに否定的な姿勢を示してもいるが、現在のエイジアン・ネットワークの主なターゲット層が三五歳未満の若者層であること[*38]を考えると、このような音楽番組に一定の需要があり、黒人的な音楽実践や振舞いの取り入れがまさにエイジアンの若者世代の多くにとって人種化された文化資本となっていることがうかがえる。

3・2 〈伝統的象徴〉の弱まりと維持

このような〈アーバン〉の方向が加わった音楽実践においても、〈伝統的象徴〉としての南アジア系サウンドが象徴的なエイジアン性を担保する。一方、〈アーバン〉性がより強く効いた音楽実践においては、〈伝統的象徴〉の要素は必然的に弱まることとなる。バングラーにおいては、この弱まりは「世代」による方向性の違いとして現れる。B氏は、〈アーバン〉化していくバングラーを嫌う年配の人々の存在を指摘し、次のように語る。

少しずつだが確実に、パンジャービーのより年配の世代、三五歳以上はより新しいバングラーが嫌いになっている。「ノー、その音楽は好きじゃない、それはもはやバングラーじゃない、ヒップホップが入りすぎている、リミックスが入っている」——そのようにして始まった。今では、「歌い方が嫌い、言葉を適切に発音していない」、こういった感じ。……かれらは、人がある国に四〇年間いたら、次の約二〇年のうちにこうした人々、祖父母のような人がいなくなり、ほぼ新しい種が出現してくることを受け入れる必要がある。そうだろう?……これらの同じ（引用者注：伝統的なスタイルを保っている）バングラー歌手たちは座って、必死に正しく発音しよう、人々を喜ばせようとしている。そして、あらゆる人を常に喜ばせようとして起こるのは、（引用者注：アーティストが）凡庸なものとともにやって来るということ。それは無を意味する。だから、それはリアルな問題。かれらはそこから先に進む必要があると思う。

世代交代がもたらす音楽表現の変化を年配の世代は認めたがらないが、〈伝統的象徴〉の方向性を保持した音楽は次第に凡庸なものと化してしまう。B氏にとって、「伝統」を貫くことは「革新」を放棄することであり、無意味ですらある。*39 リミックスという音楽加工の実践において古い楽曲を元ネタとして用いることで、若い世代が古いヴァージョンも聴くようになるという利点もあり（バリー・サッグーによる発言）(Housee and Dar 1996: 92)、〈アーバン〉の方向性から古い楽曲が現代的に「アップデート」されることには、若い世代が音楽を介して年配の世代とつながり、対話や交流が生まれるという可能性もある (Dudrah 2002: 378)。

一方、ベテラン・バングラーバンドのヴォーカルG氏は、音楽を作る際に非パンジャービーのリスナーのことは意識するかという筆者の質問に対し「ノー」と答え、「今でもパンジャービーらしさを保つようにしている。言葉は常にパンジャービー語」と自身の音楽的立場性を表明する。彼はまた、EDMを取り入れたイムラーン・カーン (Imran Khan)[*40] のようなアーティストの音楽は「バングラーではないが、パンジャービー音楽を新たなレベルへ持っていった。キッズたちは大好き」としながらも、「自分にとっては意味を成さない」と語る。ここにおそらく表れているように、若い世代のアーティストによる〈アーバン〉性の強まりという傾向に対峙して、音楽実践が〈伝統的象徴〉の維持に強く方向づけられる場合もある。

このように、〈伝統的象徴〉と〈アーバン〉という音楽的志向性の強さによって、アーティストや楽曲は差異化され、エイジアン音楽場における位置取りがなされていくが、そうした音楽的志向性の差異化のプロセスには世代という変数も大きく作用している。

4 〈伝統的象徴〉の消失した音楽形式が「エイジアン音楽」となる構造的要因

それでは、〈伝統的象徴〉を欠いた〈アーバン〉指標からの音楽実践、すなわち南アジア的要素がほぼ、もしくは全くない、いわゆる主流のR&Bやヒップホップは、どのような論理の作動によってエイジアン音楽場に包摂されるのだろうか。この点については次章で、音楽の担い手自身のエスニシティ——本書においては〈エスニシティ〉という正統性指標の方向性——が大きく作用する様相を、ジェイ・ショーンや非パンジャービーのアーティストの事例からも詳しく考察するが、ここではその構造的背景について検討しておきたい。

A氏は、二〇一一年にパキスタン系ラッパー、シッズィオが提唱した「バーバン」[*41]という南アジア系アーティストによるヒップホップ・R&Bのムーヴメントを気に入っており、それを支持しているとしながらも、かれらのようなアーティストや楽曲がかれら自身によって、あるいは音楽産業の構造的特徴によって「ゲットー化」してしまっている状況を次のように指摘する。

私はそのトレンドを心配している。……なぜなら、かれらは自分たち自身を分類する危険に陥っていると思うから。……再び別のサブ・ジャンルを作っている、自分自身をマイノリティのマイノリティにしている、それは危険だ、といった議論もある。人々はこう言っている、「アーバン・アーティストとして成功できないなら、R&Bシンガーになれないなら、バーバン・シンガーになる」と。……今誰が最高か、あるいはチャートに誰がいるか挙げてみて。ジェイ・ショーン、その他に誰がいる？　私は知らない。……ある人がエイジアンだという事実は、エイジアン音楽を作ることにはならない。するとかれらは向き直ってこう言う、「じゃあ、なぜ自分はアーバン・チャートに入らないんだ、白人や黒人たちと同じ音楽を作っているのに」と。それらのチャートにエイジアンはいない。では何が悪いのか？　分からないな。

ここで問題となっているのは、南アジア的な〈伝統的象徴〉の指標に則らないヒップホップやR&Bであり、この点でかれらの音楽実践は非エイジアン、すなわち主流のポピュラー音楽業界への参入に有利なはずである。にもかかわらず、実際にそれらはR&Bやヒップホップのチャートにランクインすることはなく、主流市場において周縁化されている。その結果、かれらとその音楽はエイジアン音楽場へと流れ込み、そこに留まることとなる。このことに関連して、A氏は次のように語っている。

この国で育ったかれらには選択肢があると思う。インド音楽で育つか、英語の音楽で育つか、両方のミックスか。かれらの好みが英語なら、アッシャー（Usher）や50セント（50 Cent）など、アメリカのラッパーなんかに夢中になる。かれらのようになりたい、でもかれらのようになろうとしていても、行く場所がない。現在私のところに来る全てのラッパーたちに私はこう言う、「私は君のやることが好きだ、君は歌えると思う。でも申し訳ない、私はリアリストだ。君はどこにも行けないだろう。今、君がメインストリームのラッパーになれる見込みは万にひとつ。……バングラー・ビートをやってみて、ヒンディー語の歌手やバングラーの歌手と共演して、英語のラップはその間でやりなさい。あるいは自分がパンジャービー語で歌って、ラップやR&Bの間に歌を入れなさい」とね。それがかれらにとって今、注目を得、注目を上げるための最も簡単なルート。そしてその注目によって、次のステップへと。おそらくね。

〈アーバン〉志向のヒップホップは、音楽のエスニック性を付与する〈伝統的象徴〉が希薄、もしくは全くないにもかかわらず、主流の音楽市場における成功が困難である。主流のヒップホップやR&B市場を意識した楽曲制作を諦めないことで、あわよくば白人やアフロ・カリビアンなどのリスナーを獲得しうるという期待もあろう。しかしA氏は、〈アーバン〉性を志向するイギリス生まれの移民第二世代以降のラッパーたちに対し、ヒンディー語やパンジャービー語の歌詞、バングラーの要素を取り入れた音楽を作ることで、エイジアン音楽の枠内でまずリスナーの支持を得るよう促している。ここには、北インド的なバングラーやボリウッド音楽といった〈伝統的象徴〉の効いた音楽的スタイルが「代表性」を獲得しており、これらに則ることでアーティストとしての存在感を確保しやすくなるというエイジアン音楽場の構成原理が、如実に表れていると言えよう。

一方、B氏はA氏のこの北インド的な〈伝統的象徴〉の部分的導入という方向性とは異なる形で、〈アーバン〉指標からの音楽実践をエイジアン音楽場に包摂している。B氏は、自身がかつてプレゼンターを務めていたラジオの夜間の音楽番組（最先端のエイジアン・アンダーグラウンドやアーバン・デーシー的なトラックを数多くプレイしていた）における楽曲選定の基準として、南アジア的なサウンドを挙げ、ある音楽がエイジアン音楽であるかどうかの八〇パーセントはサウンドで決まると語っている。[42] 彼のこのような立場からすれば、〈伝統的象徴〉を欠いた楽曲は原理的にはエイジアン音楽とはみなしがたいことになるだろう。しかしその一方でB氏は、「デーシー音楽をプレイしていない、やっていないエイジアンの人々」や、主流の産業でカバーされない人々を「少し手助けする」として、その理由として「イギリスのレコード産業、そして一般的に西洋には少し、レイシストなところがあると今も認識している」からと指摘する。このことを、自身の設定した「ルールを破る」と表現しながら、B氏は次のように語る。

私の番組との関係を示そう。私はジェイ・ショーンが（引用者注：音楽を）始めた時、彼をプレイした。なぜなら、彼はエイジアン音楽をやっていたから。[43] でも、彼をプレイしたのはまた、彼が非エイジアン音楽をやっている時もどこでもプレイされないエイジアンだったたから。……彼はそれほどポップなR&Bではなく、きちんとしたR&Bを作っていた。それはよりガチ《ストレイト・アップ》のR&Bで、リアルにポップなサウンドよりも少し信用できる。なので、私は彼をプレイした。“Down”[44]さえも、それが出た時に何度かプレイした。なぜなら、エイジアン・リミックスが少しあったから。

音楽産業は原理的には、才能のあるアーティストによる優れた音楽であれば誰でも参入できる領域であり、特定のエスニック・マイノリティを排除する物理的制度も存在していないはずである。しかし実際には、産業内の人々の慣習・慣行や特定の音楽ジャンルとエスニシティとの強固な結びつき（Negus 1996=2004）などの要因によって、南アジア系アーティストは主流のR＆Bやヒップホップ市場において周縁化される傾向がある。このため、南アジア系のウェブサイトやフェスティバル、ラジオ局といったエイジアン音楽場における諸制度は、「エイジアン音楽のメインストリームへの統合を妨げる一方で、従来のメディアに無視されていたアーティストたちのプロモーションや配給を促進している」（Van der Heijden 2010: 75）という役割を担っており、南アジア系メディアはこうした音楽に光を当てて紹介する、一種の「救済措置」を提供する機能も有している。つまり、アーティスト本人の南アジア系としての属性、すなわち〈エスニシティ〉という正統性指標の作動により、こうした音楽はA氏が重視する北インド的な〈伝統的象徴〉を必ずしも有していない場合でもエイジアン音楽場に包摂されることとなるのである。これについては、南アジア系のサブ・エスニックなマイノリティの歌手やＤＪのエイジアン音楽場における包摂と周縁化について取り上げた次章の後半で改めて論じたい。

5　まとめ

以上、本章ではエイジアン音楽場の構成に作用する参与者の価値基準として、〈伝統的象徴〉と〈アーバン〉という音楽の真正性指標の観点から、エイジアン音楽の主要な音楽的スタイルが場の参与者たちにどのように解釈され、かれらの有する慣習や論理の作動を通して場の境界の維持に作用しているかを、詳細に検討してきた。

バングラーとボリウッド音楽は、南アジア的な〈伝統的象徴〉の音楽実践のなかで、常にヒエラルキーの上位に位置取られるサブ・ジャンルとなっている。そしてこれらには、イギリス社会におけるエイジアンの社会的プレゼンスを象徴的に示したり、エイジアン・コミュニティ内部の多様なサブ・エスニシティを緩やかにつなぐ結節点として機能したりする、汎エイジアン的な音楽としての役割もまた期待されてきた。バングラーやボリウッド音楽に与えられたこうしたサブ・エスニシティ統合的な性質は、「エイジアン音楽」という包括的なジャンル枠組を根拠としたマーケティングと親和性が高い。エスニック・ビジネスの視座からみると、それはエスニック財としての文化コンテンツを同胞に提供する〈エスニック市場のコア〉（樋口 2012: 9）型として、確立されたビジネスモデルとなっていると言える。

一方、〈伝統的象徴〉×〈アーバン〉指標の組み合わせから南アジア的サウンドと打ち込みのダンス・ミュージックのサウンドを融合したエイジアン・アンダーグラウンドは、「エイジアンっぽいダンス音楽」というよりもむしろ「新しいエイジアン音楽」として再定義されたが、それは〈伝統的象徴〉に基づく差異化によってブラックとは区別されるエイジアンの音楽的「伝統」を刷新し、その価値を「再発見」する試みでもあった。それはまた、バングラーのような既存の〈伝統的象徴〉からの音楽実践に同一化できないアーティストが採用する表現方法でもあった。いわゆるデーシー・ビーツ／アーバン・デーシーのような音楽実践における〈アーバン〉性は、黒人音楽としてのヒップホップやR&Bの取り入れによってアフロ・カリビアンとの社会的（階級的）同一性――それと同時に白人との差異化――を担保するが、そこに南アジア系サウンドという〈伝統的象徴〉を接続させることで、イギリス社会におけるエイジアンの「誇り」や「クールさ」を導出する手段として機能している。

ここで顕在化するのが、音楽の担い手の〈エスニシティ〉がもたらすイギリスの主流の音楽産業との関係性である。デーシー・ビーツ／アーバン・デーシーは、表現内容における〈アーバン〉性が強まると〈伝統的象徴〉を欠いたヒップホップやR&Bとなり、この点においてかれらの音楽は主流の音楽産業への参入資格を有している。しかし実際にはかれらのそこでの成功は困難であり、結果的にかれらの音楽はエイジアン音楽場に留まることとなる。ラジオ局に代表される南アジア系メディアは、こうした音楽を〈伝統的象徴〉指標からではなく、アーティストの南アジア系としての属性を根拠に〈エスニシティ〉指標からエイジアン音楽場に包摂する一種の救済措置を提供しているが、こうした「ゲットー化」によってかれらのビジネスモデルは結果的にバングラーやボリウッド音楽と同様に〈エスニック市場のコア〉型としての性格を帯びていると言える。*45

以上の議論を踏まえ、次章ではこの〈エスニシティ〉――エイジアン音楽場の参与者自身のエイジアンという包括的エスニシティ、ならびに個別的なサブ・エスニシティ――という正統性指標が作動するメカニズムについて、パンジャービーのR&B歌手ジェイ・ショーン、ならびに非パンジャービー（スリランカ系、バングラデシュ系、グジャラーティー）の歌手やラッパー、DJの事例から検討していく。

第5章　交錯するエスニシティの力学

本章では、エイジアン音楽場の参与者自身の（サブ・）エスニックな属性に照準し、エイジアン音楽場における正統性指標としての〈エスニシティ〉の作動の様相を検討する。

南アジア的なサウンドを含んだ音楽がエイジアン音楽として認識されるというのは、一見自明のように思われる。しかし、白人アーティストやロックバンドが南アジアの楽器や言語などを象徴的に用いるパフォーマンスや、[*1]バングラーのビートやサウンド、ヒンディー語の楽曲をサンプリングしたアフリカ系アーティストのヒット曲[*2]がエイジアン音楽の実践として場に包摂されることはあまりない。一方、明確な南アジア系のサウンドを有しなくてもエイジアン音楽に含まれる音楽実践もある。ここにおいて作動するのが、音楽の作り手がエイジアン音楽の「正統な」担い手かどうかを判断する、作り手のエイジアンとしての〈エスニシティ〉指標である。

第1章で整理したように、本書ではエスニシティを（1）他のエスニック集団と弁別される「エイジアン」という包括的エスニシティと、（2）南アジア系集団の内部におけるサブ・エスニシティ――パンジャービー、ベンガーリー、グジャラーティー、タミル、スリランカ系、パキスタン系などの個別的なカテゴリー――の二種類に区別する。本書における正統性指標としての〈エスニシティ〉は、この二種類の性格を含み込んだものである。

〈エスニシティ〉はエイジアン音楽場への参入資格を判定する前提的な指標となり、第一段階として、エイジアンとしての包括的エスニシティをクリアしているかが判定される。しかし、これをクリアしても第二段階として、サブ・エスニシティによるスクリーニングがかかりうる。エイジアン音楽産業はバングラーをはじめとしたパンジャービー音楽によって牽引され発展してきたこともあり、エイジアン音楽産業にはパンジャービーの作り手が非常に多い。その一方で、非パンジャービーのアーティストは相対的に少ないという状況が存在している。

本章では、〈伝統的象徴〉指標に則らないR&Bによって世界的な人気を獲得した歌手のジェイ・ショーンと、エイジアン音楽産業の内部で活動するサブ・エスニックなマイノリティであるスリランカ系シンハラのDJと音楽ビデオ監督、バングラデシュ系の歌手二名、グジャラーティーのラッパーの五名の事例を取り上げる。そして、〈エスニシティ〉指標が包括的エスニシティないしサブ・エスニシティの性格から、状況に応じて二つの真正性指標と絡まり合いながら作動することによって、かれらやその音楽活動のエイジアン音楽場における位置取りにいかなる形で作用しているかを分析していく。

1　「非エイジアン音楽」を演じるエイジアン・アーティストの布置
——ジェイ・ショーンの音楽実践とその解釈から

ジェイ・ショーンは、自分の音楽に「エイジアン」という形容詞がつきまとうことへの抵抗を表明し、後にアメリカに活動拠点を移してポップなR&B[*3]で多大な成功を収めた。しかし、エイジアン音楽産業の一部からは、なおもエイジアン音楽としての意味を与えられている。彼の音楽、そして彼自身が有するこの曖昧な立場性は、逆説的に「エイジアン音楽とは何か」という問いを投げかけている。この点に着目し、インタビューデータからショーンの活動や彼の音楽性がエイジアン音楽産業においてどのように位置づけられるか、またそこに〈エスニシティ〉指標がいかなる形で作動しているかを検討し、音楽場の構成原理を浮かび上がらせることを試みたい。

1・1　ジェイ・ショーンの音楽実践にみる「エイジアン」要素の変遷

はじめに、ジェイ・ショーンがエイジアン音楽産業の内外でいかなる音楽実践を行ってきたのかについて概観しておく。ジェイ・ショーン（本名カマルジート・スィング・ジューティー、Kamaljit Singh Jhooti）は、一九八一年西ロンドン出身のパンジャービーである。[*4] 二〇〇四年のデビューアルバム *Me Against Myself* は、ボリウッド音楽をサンプリングした曲やパンジャービー語の歌詞を含んだ曲も収録されている一方、ヒップホップ色の強いR&Bを志向していた。ショーンはまた、アーティストとして追求したいと考える表現方法（いわゆる主流のR&B）と周囲から求められる音楽（南アジア的なサウンドやビート、パンジャービー語で歌うことなど、〈伝統的象徴〉指標に則った音楽）とのズレという問題を楽曲において提起し、その葛藤をラップの形で吐露している。[*5]

その後、ショーンはプロデューサーを一新して、二〇〇八年にアルバム *My Own Way* を発表する。ここで彼は、インド的なサウンドやパンジャービー語の歌詞といった〈伝統的象徴〉を排したR&

Bを提示した。[*6] さらに彼は、アメリカの大手ヒップホップ・レーベルCash Money Recordsに移籍し、二〇〇九年にはアルバム*All or Nothing*で全米デビューを果たす。[*7] そのファーストシングル“Down”(featuring Lil Wayne)が、ビルボードHot 100チャート(総合ソングチャート)で一位を記録する大ヒットとなった(二〇〇九年一〇月一七日付)。これ以降、彼はアメリカのR&B・ヒップホップに音楽表現の方向性をシフトし、活動拠点もアメリカに移して、イギリスでの音楽活動をあまり行わなくなった。渡米後には在英南アジア系新聞*Eastern Eye*の記事で、イギリスの主流の音楽産業で成功できない苛立ちを語り、エイジアン音楽業界のマネジメント体制を暗に批判する(Badshah 2010)などしている。[*8] アメリカでの成功が、自分の音楽が狭いエイジアン市場でばかり取り上げられることへの彼の不満をさらに募らせたことは、想像に難くない。

Seanはイギリスの新聞*The Independent*(ウェブ版)で、自分の音楽に「エイジアンR&B」というラベルが貼られてきたことへの違和感を示し、そうした分類枠やラベルを壊したいと語っている(Egere-Cooper 2008)。また同紙の別のインタビューでは、インド系人口の多い地元の西ロンドンよりも(人種的に)多様性のある環境を望んでおり、ロンドン中心部の私立学校に通う機会を父親から与えられたことで黒人や白人の子たちと接する機会を得て、「そこで全てが開けた。それが私を形作った」(Duerden 2009: para. 6)と語っている。

しかしその一方で、ショーンは下積み時代に西ロンドンの南アジア系フェスティバルやコミュニティのイベントに数多く出演しており、アメリカでの成功後も折に触れてエイジアン・コミュニティへの愛着を表明している。例えば、二〇一一年九月のBBCエイジアン・ネットワークによるインタビュー（写真8）で彼は、自分のステージデビューの場所は西ロンドンのSouthall Parkだったことや、サウソールに程近いハウンスローでの少年時代について語り、故郷に戻って来たこと——それは南アジア系、とりわけパンジャービーの人々が集住する西ロンドンへの帰郷をも意味する——の喜びを強調した。

彼はまた同インタビューで、「アメリカにいると、イギリスだけでなく自分のコミュニティを代表していると感じる。私は良い模範でいたいし、若い子たちに私のことを誇りに思ってほしい。自分たちの一員がアメリカにいて、きちんと発言し、行動し、歌っており、それが自分たちのコミュニティにとって良いことだと感じてほしい」*9と発言している。ここで彼は、「自分のコミュニティ」がより幅広い「エイジアン」コミュニティなのか、より限定された「パンジャービー」コミュニティなのかを曖昧にしているが、インタビューではパンジャービー語を短く交えたり、同日のライヴではパンジャービー語で歌ったりして、オーディエンスを喜ばせた。これらからは、南アジア的な環境だけに身を置くことへの違和感や、自分の音楽が他者によって常に「エイジアン」として範疇化されることへの抵抗感を表明し、脱エイジアン化されることを志向しながらも、一方では自分の帰属するコミュニティへの愛着をも公言する——しかも、BBCエイジアン・ネットワークによるインタビューでそれを行うことによって、パンジャービー語というサブ・エスニックなマーカーをエイジアンという包括的エスニシティへと接続している——ことでエイジアンとして自己ラベリングするという、一見矛盾しているかのような言動をショーンが取っていることが分かる。

もっともこれは、イギリスの主流メディア向けの発言と、エイジアン・メディア向けの発言を器用に使い分けるという「コード・スウィッチング」(Ballard 1994a: 32) をショーンが行っていることの表れともみなせるだろう。実際に主流メディアでは、彼の音楽をなおも「エイジアン」と形容するような論調と同時に、例えばBBCホームページのレビューでは、*Me Against Myself* について、「エイジアン的なタグはポイントを外してしまう。これは才能ある人々[*10]による、越境のヴィジョンと音楽への純然たる忠誠を持ったアルバムである」(Hatfield 2004: para. 4) として、彼の音楽をエイジアン音楽として捉えることの限界が指摘されている。また、同サイトの *All or Nothing* についてのレビューでは、「*All or Nothing* はショーンが夢見てきたポップスターとしての地位を決定づけている。しかし、長年のファンは彼がブリティッシュ・エイジアンのルーツを犠牲にしてアメリカの市場に臆面もなく喜んで移ったことに、確実に失望するだろう」(Diver 2009: para. 5) と、彼がアメリカのR&Bに方向性をシフトしたことが指摘されている。

写真８：ロンドン・メーラー（2011年9月）の会場で行われた、ジェイ・ショーンの公開インタビューの様子。（撮影：筆者）

　一方、エイジアン音楽業界では、ショーンの音楽はなおもエイジアン音楽の枠組のなかで評価されることが少なくない。例えば、二〇一〇年のUK Asian Music Awardsで、彼は最優秀アルバム賞（*All or Nothing*）など全四部門にノミネートされ、それら全てを受賞した。また、同年一〇月には新曲“2012 (It Ain't the End)” (featuring Nicki Minaj) がBBCエイジアン・ネットワークの*The Official Asian Download Chart*で初登場一位、八週連続一位となり、同番組の年間チャート(二〇一〇年一二月三一日放送)でも一位となった。ショーンの音楽は南アジア系サウンドの使用をいわば否定する形でヒットしたにもかかわらず、なおもエイジアン音楽としての意味を業界の一部から与えられたのである。これは、南アジア系アーティストによる音楽実践を「エイジアン音楽」とみなす範疇化の力が、白人中心の主流の音楽業界のみならず、当のエイジアン音楽業界によっても働いていることを示している。もっとも、その働きは前者の場合主流産業からのエイジアンの「排除」や「周縁化」、後者の場合エイジアンの「取り込み」という反対のベクトルに向かうが、どちらにおいても音楽の表現内容は問題にならず、アーティストのエスニックな属性という本質主義的な判断基準が採用されていることが分かる。

1・2 ジェイ・ショーンの音楽はエイジアン音楽か？——インタビュー調査から

それでは、ショーンのこうした脱エイジアン的な音楽的志向性は、実際にエイジアン音楽産業内で活動する人々にはどのように捉えられているのだろうか。インタビューデータから検討していく。まず、ショーンの音楽はエイジアン音楽かどうかという筆者の直接的な質問に対しては、インタビュイーの多くから、「いまやピュアなポップ。……彼はもうデーシー音楽は作っていない。完全にやめた」(B氏)、「R&B。歌の内容とサウンドがそうだから。彼はエイジアンだけど、彼の音楽はソウル、R&B。ストレートなR&B」（DJのQ氏[*11]）といった、現在の彼の音楽はポップなR&Bであるという認識が示された。[*12] I氏は、ショーンのエイジアンという包括的エスニシティと結びつけて、彼の音楽をエイジアン音楽とみなすことへの違和感を、次のように表明している。

人によって定義は違うと思うけど、私の定義ではそれ（引用者注：エイジアン音楽）とは音楽のサウンドのこと。なぜなら、ジェイ・ショーンがこれからもずっと「いけてるソウルフルなR&Bシンガー」のジェイ・ショーンではなくて「エイジアン・シンガー」のジェイ・ショーンと呼ばれるとしたら、すごく残念なことだと思うから。……彼をデーシー・シーンに含めている人たちもいるし、特に彼のことを所有したがっている人たちもいる。……「私たちはスパニッシュ音楽を作っている、レゲトンを作っている、コンゴのルンバを作っているけれど、真面目に受け取ってもらえない。なぜなら私たちは白人で、そのバックグラウンド出身ではないから」と×××（引用者注：I氏が当時プレゼンターをしていたラジオ局）にいる私のところに来て言った人たちも確かにいた。……基本的にかれらはよくやっているし、とても真正なやり方をしている。でも、「そんなの全然真正ではない。その文化的バックグラウンドの出身でないなら、どうやって真正になれるのか」と言う人もいる。トリッキーだと思わない？

I氏は、あるジャンルの音楽を高いレベルで演奏したり歌ったりすることとアーティスト自身のエスニックな属性は無関係である（べき）と考える。彼女のこの主張は、音楽ジャンルとエスニシティは必然的に結びつく――音楽ジャンルの弁別的判断を下す際の指標として、アーティスト本人の〈エスニシティ〉が常に参照される――という本質主義的な認識枠組を明確に否定するものであり、彼の音楽を「エイジアン音楽」として範疇化しようとするエイジアン音楽産業に対する遠回しの批判ともみなせるだろう。

一方、C氏は、ショーンが渡米していわゆる主流のR&Bを作っていることについて、次のように語っている。

エンリケ・イグレシアス（Enrique Iglesias）、シャキーラ（Shakira）、リッキー・マーティン（Ricky Martin）、クリスティーナ・アギレラ（Christina Aguilera）、[13]かれらは皆スペイン語アルバムを作った。セリーヌ・ディオン（Celine Dion）[14]はフランス語アルバムを作った、クロスオーヴァーする前に。私はこれを「裏庭を沸かせる（blowing up your backyard）」と呼んでいる。まずはコミュニティがやってほしいいと思うことを何でもやらなければならない。コミュニティが自分のこと、自分のやり方を寛大に受け入れてくれたら、自分のやり方でやる。英語でやる必要があるなら英語でやればいい。自分の裏庭を沸かせられなければ、今日の音楽産業ではクロスオーヴァーは難しい。インド系、南アジア系――パキスタン系、タミルなど――の熱狂的なオーディエンスがいなければ、ジェイ・ショーンは彼が今いる場所にいなかっただろう。

この語りには、アーティストは自らのコミュニティを「代表」すべきだというC氏の信念が示されている。そして、彼の言うコミュニティとは、ルーツのある国・地域、言語、宗教などの差異を抱えながらも、在英南アジア系であるという点で共通の属性を有するとみなされうる、包括的エスニシティに基づく共同体である。一九九〇年代に人気を博した「エイジアン・バンド」のメンバーたちは、「表象／代表の重圧」を強く感じ、エイジアンのロールモデルとしてみられることから距離を置いたが（Hyder 2004: 115）、C氏はこうした表象／代表の役割をショーンに期待しているとも言える。すなわち、彼はショーンの集合的な「エイジアン」としての属性を重視し、〈エスニシティ〉指標から彼の音楽を「エイジアン音楽」として範疇化しようとしているようにもみえる。ジェイ・ショーンはパンジャービー・スィクであり、その点でヒンドゥーやムスリム、またグジャラーティー、ベンガーリー、タミルなどの人々を代表しえない。しかし、そうした人々とショーンはエイジアンだという点において共通性を有しており、C氏が重要視するのもその点なのである。もっとも、彼は必ずしも音楽と共同体との関係性を固定的かつ本質主義的に捉えているわけではない。彼の考える両者の関係性は、多様な属性を有する南アジア系コミュニティに受け入れられる限りにおいて、その音楽の方向性は自由であってよいとする、あくまで部分的なつながりである。

B氏とQ氏は、渡米後のショーンのR&Bが二〇一〇年のUK Asian Music Awardsを受賞したことについて、次のような違和感を表明している。

> 個人的には、彼は来年はノミネートされるべきではないと思う。……前回ノミネートされたのはとても重要なことだった。彼が我々のシーン出身であり、ブリティッシュ・エイジアンのコ

ミュニティとブリティッシュ・エイジアン音楽シーンが全米一位シンガーを生み出した、といった認識があったから。しかし、全米一位にはなったが、彼はボブ・マーリー（Bob Marley）ではない。世界中でナンバーワンであるボブ・マーリーは、彼の人々や音楽を常にリプリゼントしていた。ジェイ・ショーンはボブ・マーリーではない。……彼が全てのカテゴリーにノミネートされないことを望んでいる。なぜなら、単純にアンフェアだと思うから。それに、彼の次のアルバムはストレートなポップになるのは明らか。皆、彼が望んでいるとおりに、自由にしてあげるべきだと思う。彼はもうエイジアンの男の子や女の子に向けてプレイしたがっていないだろう。それは彼がレイシストだからでも、かれらを好きでないからでもなく、彼にはCash Money Recordsと契約したアメリカのポップスターでいるという使命があるから。自由にしてあげよう。ケージを開けて、飛び立つよう彼に伝えよう。（B氏）

すごくおかしいと思う。彼を祝福するため、それとおそらく、イベントにメディアの注目を集めさせるためだったのだと思う。……ジェイ・ショーンはクロスオーヴァーによってメインストリームに入っていった。四つの賞を与えることで、彼を認めたのだと思う。よくやった、おかえり、と。まぁいいよね。……でも、彼には別の種類の賞をあげられたはず。（Q氏）

ショーンのR&Bがなおもエイジアン音楽として範疇化され、高い評価を与えられている背景には、南アジア系であるショーンが全米チャート一位を獲得したことへの祝福と、そうした前人未到の成功と名声を手にした彼を〈エスニシティ〉指標から業界に取り込むことで、エイジアン音楽産業全体の価値上昇を図ろうとする意図がみて取れる。しかし、B氏とQ氏はそのような傾向に批判的である。なぜなら、B氏によれば、ラスタファリ運動[*15]と結びついたレゲエによってアフロ・カリビアンのディアスポラを「代表」したボブ・マーリーとは違って、ショーンの音楽が南アジア系コミュニティを「代表」していないからである。しかしそれは、エイジアンだからエイジアン音楽をやるべきだという本質主義的音楽観の表明ではない。I氏と同様、かれらも音楽ジャンルとアーティスト本人のエスニシティとの必然的な結びつきに否定的であり、ショーンの音楽をエイジアン音楽とはみなさないものの、彼の音楽的才能には高い評価を与えている。

一方、ショーンが自身のエスニシティを曖昧にすることで、非南アジア系リスナーの獲得に成功したという意見も聞かれた。B氏は「彼は故意で曖昧な人種的背景に特徴づけられている」と、C氏は「私は今でも、アメリカ人の半分は、彼がインド系だと知らないと思っている。かれらは彼がラティーノかメキシカンだと思っていると思う。……それは故意に恣意的。いいマーケティング」とそれぞれ語っている。[*16]

このショーンの曖昧なエスニシティに関して、A氏は次のような重要な指摘をしている。

アメリカでは、人々は彼がヒスパニックだと思っている。イタリアンだと思っている。かれらは彼が誰かを知らない、なぜならアメリカではエイジアンであっても関係ないから。自分が望む何者にもなれる。私は彼をエイジアンとして思い描くのが好きだ。私の仕事は、彼がエイジアンだと人々の心に留めておくこと。……人々はこう言いたがる、「我々のボーイが成功した、我々のパンジャービー、我々のヒーロー。……自分たちも彼のようになりたい、彼はアイドル、彼はアイコン」と。それが私の仕事。……つまり、彼は自分が必要な時にエイジアンなのだ、と答えておこう。……ジェイ・ショーンがエイジアンだから彼を楽しみたいなら、そうすればいい。優れたR&Bやポップ、商業的な音楽を作るから彼を好きなら、楽しめばいい。……美は見る人の目のなかにある。それは人がそうあってほしいと思うものだ。（強調点は引用者）

PR会社のディレクターとしてショーンのメディア広報活動を担当したこともあるA氏は、ショーンの曖昧化するエスニシティを再びエイジアンとして範疇化し、彼を「エイジアン・アーティスト」として宣伝することを自身の仕事として捉えている。しかし、それでもショーンの立場性は決してエイジアンに固定化されるわけではない。A氏自身がいみじくも語るように、ショーンはある時はパンジャービーであり、ある時はエイジアンであるというように、エイジアン音楽場の参与者たちの眼差しによっても様々に変化している。それは、〈エスニシティ〉指標が包括的エスニシティの方向に作用したりサブ・エスニシティの方向に作用したりするという、文脈依存的な幅を持っていることを示している。

1・3　小括

以上で検討してきたように、いかなる音楽実践がエイジアン音楽に含まれ、また除外されるかという選別をめぐる問題のなかで、ジェイ・ショーンの音楽的な位置づけは曖昧なものであり続けている。インタビュイーのなかには、エイジアン音楽は必ずしも担い手の〈エスニシティ〉や表現内容の南アジア性という〈伝統的象徴〉指標から規定されるわけではないと考える人もいる。また、イギリスにおけるエイジアンとしての社会的布置に基づいた、南アジア系コミュニティのある種の一体性を想定したり、〈エスニシティ〉指標からショーンをエイジアン音楽場へと引き戻す範疇化により、ショーンの成功を介して南アジア系の人々に誇りを与えることを試みたりしているインタビュイーもいる。

ショーン自身、音楽表現においては〈伝統的象徴〉に則らない、脱エイジアン化されたR&Bを志向する一方で、マーケティングにおいては南アジア的なものを取り入れてもきた。二〇一一年九月のロンドン・メーラーにおけるBBCエイジアン・ネットワークのインタビューとライヴはその一例であり、彼が自身のエイジアンとしての〈エスニシティ〉を（パンジャービーというサブ・エスニシティをエイジアンという包括的エスニシティに接続する形で）表明する場所だったと言えるだろう。[*17] ショーンは、主流のメディアではエイジアンという記号を積極的に提示しないことで「エイジアンR&B」というラベリングに抗い、南アジア系メディアではエイジアン、あるいはパンジャービーとして自己ラベリングすることでエイジアン音楽産業にむしろ同一化しようとするといったように、エイジェンシーの行使によってイメージの自己管理を行っている。

エスニシティとは「客観的文化的特殊性によっては定義されず、その社会的・政治的構築によって、および社会的行為者たちが社会的相互行為において有利であるよう展開する諸行為によって定義される」（強調点は引用者）（Martiniello 1995=2002: 108）ものとして捉えられる。すなわち、それは人々の相互作用による象徴的な境界形成のプロセスから、文脈依存的に生じるという可変性を有する。ショーンはまさに、エスニシティをこうした状況主義的なツールとして、異なる状況において自身のイメージに有利となるよう巧みに利用することで、戦略的本質主義（Spivak 1990=1992: 27）に基づいた強いアイデンティティを一時的に措定するというよりは、文脈に応じた部分的かつ操作的な、いわば記号としてのエイジアン・アイデンティティをより軽やかに、パフォーマンス的に提示している。それはまたある意味では、エイジアン性を経済的に合理的なものとして利用するエスニシティの商品化の論理としても捉えられ、エスニシティが経済活動や特定の目的遂行の手段として操作的に用いられるという手段主義的な性格（吉野 1997: 28-9）をここに見出すこともできるだろう。

そして、もうひとつ重要なことは、ＤＪのリミックスという行為によって、ショーンの脱エイジアン的なR&Bの音楽実践にバングラーなどの南アジア系サウンドが付加されることがあるという点である。[*18] ＤＪは、クラブにおいて既存の楽曲をプレイすることでアーティストとオーディエンスをつなぐ「文化仲介者」（Negus 1996=2004: 103）として位置づけられるが、同時に既存の楽曲をつなげたり、テンポを変えたり、新しい音を加えたりすることによって新たな楽曲を生み出す「意味の編集者」（増田・谷口 2005: 174）としての側面も持っている。[*19] 実際に、ショーンの音楽はクラブでバングラーとミックスされたり、そうしたリミックスがBBCエイジアン・ネットワークのクラブ・ミュージック番組でプレイされたりすることによって、今もエイジアン音楽場における存在感を維持している。つまり、DJの音楽加工の実践は、南アジア系サウンドとのミックスによって〈伝統的象徴〉指標を作動させ、ショーンのR&Bを容易にエイジアン音楽の枠組へと引き戻すという範疇化をもたらすのである。これにより、エイジアン性は着脱可能で、歌手本人の意図にかかわらずリミックスの実践に委ねられうる、柔軟かつ操作性の高いものとなった。

写真９：東ロンドンの南アジア系集住地域アプトン・パークにあった（現在は移転）、南アジア系ファッションブランドKhubsoorat Collectionの店舗のショーウィンドーに飾られたショーンの写真。彼は2010年にモデルを務めていた。（撮影：筆者、2010年8月）

　以上の考察から、エイジアン音楽場においては南アジア的サウンドという〈伝統的象徴〉が欠如していても、アーティスト本人の南アジア系としての属性という〈エスニシティ〉指標の作動によって包摂されるという場の論理が浮き彫りとなった。ただし、それは（A氏の発言にみられるように）アーティストあるいはマネジメントチームが、南アジア性に基づいたプロモーション――南アジア系メディアへの露出、エイジアン音楽イベントへの出演など――を積極的に行うかどうか、つまりかれらがエイジアンとしての自己ラベリングによるエイジアン音楽産業への包摂を意識的に試みているかどうかという点にも大きく依存する。また、第4章4でみたように、南アジア系メディアによる救済措置がなされることによっても音楽場への包摂は生じうる。

一方で、エイジアンという〈エスニシティ〉は、他の南アジア系の人々からの期待や圧力――エイジアンとしてのルーツを忘れず、その思いを何らかの形でコミュニティに向けて表明するように、という――をも生み出すことがある。それゆえに、表現内容において〈伝統的象徴〉が欠如している状態を〈エスニシティ〉の表出によって補填することで、エイジアン性を示すといった事態も考えられる。〈エスニシティ〉やそれと結びついた〈伝統的象徴〉の「消去」や「否定」も、アイデンティティ交渉の、またアーティストのイメージ戦略の一形態ではあるが、それらを行えばかれらは時に「自身のルーツに忠実でない者」としてマイナスの評価を受けることもある。〈アーバン〉指標が重要となるエイジアン音楽場では、黒人性の強く効いた音楽実践は白人受けするような実践ほど否定的評価を受けないが[*20]、エイジアンとしての背景を反映した音楽を作るよう他の南アジア系の人々から期待や圧力を受けることで、あるいは「文化的裏切りや自己否定といった非難」(Hyder 2004: 149)を回避するために、〈エスニシティ〉指標の方向性から(南アジア系メディアへの露出といった形で)南アジア系コミュニティにいわば「忖度する」必要性も、場合によっては出てくるだろう。ゆえに、エイジアン音楽場はイギリス社会におけるエスニック・アイデンティティ交渉が繰り広げられる現場ともなっているのである。

2 サブ・エスニックなマイノリティのエイジアン音楽場への参入をめぐって

以上のような場の構成原理は、参与者のサブ・エスニシティを越えて同様に適用されうるものである。しかしながら、〈伝統的象徴〉志向の楽曲を制作するかどうかにかかわらず、エイジアン音楽場におけるアーティストのサブ・エスニシティにはかなりの不均衡がみられ、特にパンジャービーとしての背景を持つアーティストの存在感が大きい。パンジャービー以外の様々な南アジア系言語やサウンドに則った音楽実践も包含しうるはずのエイジアン音楽場でこうした事態が生じる背景には、一体どのようなメカニズムがあるのだろうか。ここからは、サブ・エスニックなマイノリティのアーティストたちとその音楽活動に着目し、この問いにアプローチしたい。

2・1 サブ・エスニックなマイノリティの業界内における位置づけ

サブ・エスニックなマイノリティで知名度のある南アジア系アーティストは、数は少ないながらもこれまで存在してきた。その例として、一九八〇年代から活動するバングラデシュ系グループでベンガル語を用いたパフォーマンスを行うジョイ・バングラ（現在はジョイ）、九〇年代からイギリスのみならず世界中で人気を獲得しているバンド、エイジアン・ダブ・ファウンデーションの初代ヴォーカリストでバングラデシュ系のディダル・ザマン（Deeder Zaman）、ザマンの兄でステイト・オヴ・ベンガルの名でDJ活動を行い、九〇年代のエイジアン・アンダーグラウンドのムーヴメントを牽引したサイフッラー・ザマン（Saifullah Zaman、二〇一五年に死去）などがおり、かれらは皆バングラデシュ系ベンガーリーである。しかし、バングラーや（アパッチ・インディアンに代表される）バングラーとレゲエをミックスしたハイブリッドなサウンドを作るアーティストたちが、パンジャービーとしての背景によってエイジアン音楽産業における一大勢力となる一方、前記のアーティストたちは相対的な数の少なさから、ベンガーリーというサブ・エスニシティに基づいてまとまることはほとんどなかったと言ってよい。そもそも、かれらの音楽スタイルは多様であり、バングラーのようなパンジャービーの民俗音楽と同様の〈伝統的象徴〉の要素を必ずしも持ち合わせていないこと、（異なるレーベルやマネジメント体制に所属するがゆえの）マーケティング規模の違い、他のエスニック音楽のアーティストとの共演といった点から、むしろグローバルなロックやワールド・ミュージックの枠組に位置づけられ、国際的に活動して人気を得るケースが多かった。[*21]

こうした状況に対して、二〇〇〇年代以降、サブ・エスニックなマイノリティの歌手やラッパー、DJの登場が目立つようになってきた。例えば、スリランカ系では、コロンボ出身で後にイギリスに移住したR&B歌手アルジュン（Arjun）が、二〇一二年頃から頭角を現してきている。歌詞の言語は主に英語だが、時にはタミル語に加えてヒンディー語やパンジャービー語でも歌っており、[*22]南アジア系移民の多い北米やオーストラリア、UAE、マレーシアなどでもライヴを行って幅広い人気を博している。バングラデシュ系では、東ロンドンのバングラデシュ系集住地域タワー・ハムレッツ出身の歌手マムズィー・ストレンジャー（Mumzy Stranger）がデビュー以来人気を集めている。また、マムズィー・ストレンジャーの成功により、その後もジュナエド・ミア（Jernade Miah）、シャー・アヴェル（Char Avell）、ニシュ（Nish）、ビラル・ショヒド（Bilal Shahid）といった若いバングラデシュ系R&B歌手がロンドンから次々と現れてきた。グジャラーティーでは、BBCエイジアン・ネットワークでクラブ・ミュージック番組のプレゼンターを二〇一二年まで務めるなど、エイジアン女性DJの代表的な存在として国内外で活動するDJケイパー（DJ Kayper）や、ラッパーのスワーミー・バラカス（Swami Baracus）、RKZ、ラウール（RaOol）、歌手のジャイデン・ラーイチュラー（Jayden Raichura）などがいる。[*23]

こうした歌手やラッパーのなかには、それぞれのサブ・エスニックな言語（タミル語、ベンガル語、グジャラーティー語）をそれほど、もしくはほとんど用いないケースもみられる。また、かれらは時にはパンジャービー語やヒンディー語でも歌ったり、自分は英語で歌うが共演する歌手やラッパーがパンジャービー語やヒンディー語を用いたりすることもある。これは、パンジャービーの歌手の多くがバングラーやパンジャービー・ポップをパンジャービー語で堂々と歌っているのとは対照的である。イギリス生まれの第二世代が主流を占めてきている南アジア系アーティストが、母語としての英語で歌うのは何も不思議なことではない。しかし、自分のサブ・エスニックな背景にはないパンジャービー語やヒンディー語を取り入れるという状況は、エイジアン音楽場における北インド的な音楽実践の影響力の大きさを端的に物語っている。音楽ジャーナリストのR氏[*24]は、バーミンガムやロンドン、サウソールといった地域のパンジャービー・スィクの人々が「ブリティッシュ・エイジアン音楽が現在フォローしているテンプレートを設定した」と指摘しているが、[*25] パンジャービー・北インド系というサブ・エスニシティの優越は、このような南アジア系移民やエイジアン音楽の歴史的背景からも強固に維持されていると言えよう。

それでは、サブ・エスニックなマイノリティのアーティストたちはエイジアン音楽場が歴史的・構造的に内包するパンジャービー・北インド的な音楽実践と、パンジャービー・北インド系アーティストの優位性をどのように捉えており、場への参入に際していかなる難しさを抱え、それにどのように対処しているのだろうか。ここからは、スリランカ系シンハラのDJでラジオ番組プレゼンターのS氏[*26]、バングラデシュ系歌手のT氏[*27]とU氏[*28]、スリランカ系シンハラの音楽ビデオ監督・歌手のV氏[*29]、グジャラーティーのラッパーのW氏[*30]の五名へのインタビュー調査から、この問いを検討していく。サブ・エスニックなマイノリティの業界関係者へのインタビュー調査を行った先行研究は多くなく、そのデータ自体が貴重な資料となりうる。またそれと同時に、スリランカ系、バングラデシュ系、グジャラーティーそれぞれのサブ・エスニシティを背景とした語りの固有性も尊重する必要がある。このため、まず各事例のインタビュー内容をまとまった形で提示し、その上で内容の分析・考察を行うこととする。

2・2　インタビュー調査から

（1）S氏の場合

S氏は一九九〇年代半ばにDJ活動を始め、二〇〇二年から二〇一四年まで BBC Radio 1 でエイジアン音楽番組のプレゼンターを務めたことで、イギリスでは有名な存在である。二〇〇四年から二〇〇九年頃にかけては南アジア系R&B歌手やラッパーたちが出演するクラブナイトを主催しており、二〇〇七年から二〇一六年にかけてはBBCエイジアン・ネットワークの番組のレギュラープレゼンターも務めた。

S氏はシンハラとしての背景を持つが、子どもの頃に両親とシンハラ語で会話しなかったため今もうまく話すことができず、スリランカのもうひとつの公用語であるタミル語も話さないという。S氏によると、スリランカで人気のある音楽としてはバイラー（Baila、かつてスリランカを植民地統治したポルトガルの文化的影響を受けた音楽）があり、「パーティー音楽」という点でバングラーに相当するという。彼は、子どもの頃はブリティッシュ・ポップを聴いており、そこからエレクトロやヒップホップ、レッド・ツェッペリン（Led Zeppelin）などの音楽へと広がっていき、「その点で自分の基礎はエイジアン音楽にはない」としながらも、バイラーや両親が聴いていたラター・マンゲーシュカル（Lata Mangeshkar、ボリウッド音楽の代表的な歌手）、ラヴィ・シャンカル（Ravi Shankar、世界的なシタール奏者）などの音楽を知りながら育ったと振り返っている。また、「私たちはパンジャービーではないので、バングラーには誰も夢中にならなかった」という。

S氏は、「ブリティッシュでいることに誇りを持っている」と同時に「私はインド系ではなく、バングラデシュ系でもパキスタン系でもなく、スリランカ系」であり、また「エイジアンであり、私たちは共通のものを持っている」と自らの複数の帰属意識を語り、エイジアン音楽産業においてスリランカ系としての自らの背景を「決して否定しない」と強調している。

このように、エイジアンであると同時にスリランカ系であることを常に意識しているというS氏は、BBCエイジアン・ネットワークにおける音楽面の偏りを次のように指摘している。

エイジアン・ネットワークはパンジャービー的すぎると批判されてきた。でも、バングラーはとてもポピュラー。グジャラーティーの人たちは音楽を作らない。*31 でも、エイジアン・ネットワークはタミル音楽をもっとプレイすべきだ。かけるべきなのに、やっていない。なぜなら、タミル音楽について知っている人が誰もいないから。そうするべき、でないと、「エイジアン・ネットワーク」ではなくて「ノース・インディアン・ネットワーク」になってしまうから。……南インドやバングラデシュをもっと代表すべきだ。

バングラーの人気と影響力を明確に認めながらも、BBCエイジアン・ネットワークの番組でプレイされる音楽が北インド系音楽に偏っているというS氏の見解は、エイジアン・ネットワークが実際には南アジアの特定の地域にルーツを持つ音楽を優遇してきたことへの鋭い批判となっている。

彼はさらに、バングラーが南アジア系の人々に与えた影響力について、次のように語る。

それ（引用者注：バングラー）は、パンジャービーたちがパンジャービーであることに誇りを持つのを助けたとは思う。でも、その他の人たちに影響を与えたとは思わない。バングラーに合わせてダンスしている人をみると、彼がブラウンだろうが何であろうが素晴らしいと思う。でも、ワオ、とは思わない。なぜなら（引用者注：自分の背景とは）完全に違うから。……君は（引用者注：日本人である筆者に対して）香港出身の人をテレビで見たら、ワオ、すごい、自分たちのひとりだ、とは思わないだろう？

このようにS氏は、非パンジャービーのエイジアンたちがバングラーに同一化し、それを「自分たちの文化」として取り入れたという考え方を否定している。これはバングラーに関する先行研究、また第4章2・2で検討した、バングラーは様々な差異を持つエイジアンたちにも支持されたとする見方とは対照的である。これに関連して、彼は「デーシー」という観念を北インド的なものと捉えており、「私にとってはそれほど意味がない、なぜなら『デーシー』は自分には当てはまらないから。……多くのタミルは自身を『デーシー』とは呼ばないと思う。私は（引用者注：自身をデーシーと呼ぶタミルに）確実に出会ったことがない」と語っている。ここには、「デーシー」が「エイジアン」と同義として南アジア系の人々に用いられているものの、そこにすでにサブ・エスニックなヒエラルキーが内包されており、南インド系やスリランカ系の人々や文化がその枠組から排除されているというS氏の見解が示されている。S氏のこうした語りからは、エイジアン音楽場の中心的な人物として活動してきながらも、同時に音楽場がはらんでいる楽曲やアーティストのパンジャービー・北インド中心主義的な傾向を彼が強く感じ取っていることがうかがえる。サブ・エスニックなマイノリティを周縁化するこうした力学のなかでは、スリランカ系のような人々が産業に参入することは容易ではない。しかし、S氏はこの状況に次のような肯定的な意味も与えている。

私がパンジャービーやグジャラーティーでないことは、実際には利点になっていると思う。なぜなら、私は（引用者注：エイジアン音楽産業内で）起こっているあらゆる政治に興味がないから。だから私はその全てから離れて座っている。……エイジアン音楽産業が必要としているのは懸け橋。かれらには、非常にエイジアンな人と、その文化について何も知らない人（引用者注：非南アジア系の人々）との間の懸け橋が必要。そして私は自分自身を、うまく活動している人々（引用者注：パンジャービーなどのエイジアン）が自分たちの知らない世界へと旅をすることができる懸け橋だとみなしてきたし、逆にそれ（引用者注：エイジアン音楽）について何も知らない人がその世界に入るために、私を橋として使っていい。とてもデーシー的な人はその懸け橋になることは難しい、やや視野が狭いので。

S氏は、自身が産業内でマイノリティであることで、パンジャービーを中心にして展開される政治のしがらみから距離を置くことができ、加えてイギリス社会においてエイジアン音楽に馴染みのない白人やアフロ・カリビアンなどがその文化に接する上での「懸け橋」になれると考えている。[*32]このように、S氏はエイジアン音楽場における自身の立場を積極的に意味づけ、北インド系音楽に偏りがちなエイジアン音楽にバランスをもたらす存在として自身を位置づけている。

（2）T氏の場合

バングラデシュ系R&B歌手のT氏は、二〇〇五年にBBCエイジアン・ネットワークが行った音楽コンテストの決勝進出者のひとりとして、審査員だったパンジャービーの某有名プロデューサーに見出され、二〇〇九年にデビューした。レゲエの要素も取り入れ主に英語で歌っているが、パンジャービー語やヒンディー語も交えて歌ったり、ステージで人気パンジャービー歌手たちと共演したりすることもある。後にセルフプロデュースに転じてからはプロデューサーとしても活動しており、パンジャービーやバングラデシュ系歌手の楽曲を手がけている。

このように、T氏はバングラデシュ系でありながら、パンジャービー音楽とも近い関係性を維持している。T氏は元々、パンジャービーのプロデューサーに見出されてデビューし、彼のもとで楽曲を作っていたが、パンジャービー語で歌うようになったのはこのプロデューサーの影響ではなく、彼から独立しセルフプロデュースを始めてからだという。「三、四年間パンジャービーたちと毎日つるんで、その間に習った」と語る彼は、産業内のパンジャービーの多さからパンジャービー語を覚える機会を得、それが契機となってパンジャービー語でも少し歌うようになった。バングラー歌手たちとの共演でパンジャービー語でも歌う時はどのような気分かという質問に対し、彼は次のように答えている。

バングラー歌手たちとステージに出ることを最初に始めた時は、居心地が悪かった。なぜなら、（引用者注：パンジャービー語を）理解できなかったから。それに少し怖かった。なぜなら、パンジャービー語で話せなかったから。……でも、（引用者注：人気バングラー歌手で、第4章でも登場したE氏）と一緒にインドに行って、かれら（引用者注：ライヴのオーディエンス）が彼を好きなのと同じように私を好きになってくれたのは素晴らしかった。明らかに彼のおかげ。一緒に仕事したかれらアーティストの皆が、ファンベースへのドアを開いてくれたし、自分も同じことが逆にできたことを願っている。しばらくすると（引用者注：パンジャービー語を用いることに）慣れた。心配なのは、そこに囚われることだと思う。R＆Bアーティストにとって、その（引用者注：バングラーの）市場に囚われるのはより心配なこと。なぜなら、いつかはアーバンのイベントに行って、自分のやっていることを始めるわけだから。

バングラー歌手の共演やパンジャービー語の使用によってファンベース拡大が可能となったというT氏の語りからは、エイジアン音楽場におけるバングラーのシェアの大きさがうかがえる。このことはサブ・エスニシティの観点から言えば、バングラーを作るための技能（パンジャービー語の運用能力、楽器の演奏能力やアレンジのセンスなど）という文化資本を獲得しやすく、かつそれを業界人とのネットワーク形成に必要な社会関係資本に変換しやすいパンジャービーのアーティストが、参入に有利であることをも示している。一方彼は、バングラデシュ系としてパンジャービー音楽を続けることの抵抗感からではなく、最終的にはアーバン音楽、すなわちコンテンポラリーR&Bを歌うという志向性から、バングラー市場に留まることへの抵抗感も示す。

また、それと同時にT氏が強調するのは、自身がベンガル語で歌う必要性のなさである。[*33] 彼は、「それはインド系にも、パキスタン系にも、かれらの誰にでも当てはまる。なぜなら、私たちは人々がメインストリームのアーティスト（引用者注：ニーヨ（Ne-Yo）やクリス・ブラウン（Chris Brown）のようなアメリカの人気R&B歌手）に与えるのと同じサポートを得るべきだから。私たちがエイジアンだというだけで、かれらのやっていることができないことにはならない」として、ジェイ・ショーンのように英語によるR&Bを志向している。また、自身が「ベンガーリーでいることで、すでにかれら（引用者注：バングラデシュ系）を代表していると思う」、「バングラデシュ音楽を歌えばメインストリームに届かない、かれらはバングラデシュ音楽を理解しないから」と語り、バングラデシュ系コミュニティを「代表」する上では自身のベンガーリーというサブ・エスニシティさえあればよく、[*34] また主流のR&B市場に参入するためにも、ベンガル語という〈伝統的象徴〉は必要ないとの立場を示す。

その一方でT氏は同時に、エイジアン音楽の将来の見通しについて尋ねた筆者に対し「皆が協力し互いにサポートすれば、将来は明るい」と語り、[*35] エイジアン音楽のアーティストたちによる協力関係の必要性も強調している。彼によれば、グライムやアーバン音楽のアーティストたちがツイッターで互いにツイートしているのに対し、エイジアン音楽のアーティストたちは皆「自分の小さなかごのなかにいて、自分のことをやっている」状況にあり、彼はこれを変えていくべきだと語っている。

このシーンが協力し合えば、人々は自分がエイジアンであることを誇りに思える。なぜなら、そうすればかれらはそこに到達するよう（引用者注：成功するよう）一緒に努力するから。でも、アーティストが自分だけで始めてそこに到達し、成功することを考えたとしても絶対ダメ、それは起こりえない。なぜなら、他のエイジアンのアーティストが必要だから。他の若者たちが成功するよう、ドアを開いておかないといけない。

この発言には、バングラー歌手との共演といったT氏自身の経験が裏打ちされている。南アジア系アーティストが成功するには、音楽性や活動の方向性の違いを越えてひとつの産業として連帯しなければならないという彼の見解は、エイジアン音楽産業の規模の小ささと活動場所の少なさ、さらに言えばパンジャービー・北インド系音楽やアーティストの支配と他のサブ・エスニックなマイノリティのアーティストが抱える成功への困難を裏づけるものである。こうした背景から、彼は「最善を尽くして他のアーティストを連れてきて、サポートする」ようにしているといい、実際に（この後取り上げる）U氏をデビューさせるなど、若手アーティストへの協力を積極的に行うことで、自身が業界で受けた恩恵を還元することを実践している。

（3）U氏の場合

東ロンドン出身のバングラデシュ系R＆B歌手であるU氏は、地元でヘッドフォンをつけて歌っていたところT氏と偶然出会い、スタジオに招かれてそこから音楽業界に入るという劇的なキャリアのスタートを切っている。彼は他の多くのインタビュイーとは違って、子どもの頃にバングラーやボリウッドなどの音楽は聴いていなかったといい、歌手としてもR＆Bを志向している。しかしながら、「レーベルのアイデア」で古典的なボリウッド音楽（ヒンディー語の歌詞）をサンプリングした楽曲も制作したこともあり、それによって「エイジアン市場の要求を満たした」という。彼はサンプリングされたヒンディー語の意味を理解できないまま、自分は全て英語で歌ったと明かしている。また、自身がベンガル語で歌う可能性はないといい、その理由として、母親とはベンガル語でコミュニケーションを取るが、歌えるほどのベンガル語の能力を持っていないためと語っている。

その一方で、より伝統的な南アジア系サウンドによる曲作りは考えているかという筆者の質問に対し、U氏は「より多くのエイジアン・ギグをやると、それは明らかに不都合なことではない。……そこに市場があるなら、フィットしないといけない」として、R＆Bを志向しながらもエイジアン音楽の既存の市場構造に適応することを前向きに捉えている。

（4）V氏の場合

スリランカ出身のV氏は経営学の勉強のために渡英したが、スリランカ時代に数年間メディア会社で働いていたこともあり、渡英後にビデオ制作とプロモーションの仕事を始めた。そして、同じスリランカ系の歌手アルジュンをはじめ在英南アジア系の人気歌手や、トルコやガーナ、パキスタンなどの多くの歌手の音楽ビデオ監督を務めるようになる。V氏はまた、スリランカ時代から音楽も作っており、レコードレーベルとの契約はしていないものの歌手活動もしていて、シンハラ語で歌ったビデオをYouTube上で発表したこともある。本人曰く、「今のところ、この国（引用者注：イギリス）で唯一のシンハラ語の歌手」とのことである。[*36]

V氏によれば、スリランカの人々はパンジャービー音楽も好きで、「スリランカ人はパンジャービー音楽をスリランカ音楽に変えるし、両方を使ってトラックを作ったりもする」。実際に、シンハラ語でバングラー的な楽曲を作るアーティストの例もあるという。[*37] しかし、V氏にとってバングラーとスリランカ音楽はやはり別のものである。V氏は自身のスリランカ系としての強い自己認識と、スリランカ音楽への思い入れを次のように語っている。

ここ（引用者注：イギリス）では、バングラーがエイジアンを代表している。なぜなら、私の（引用者注：スリランカ系の）音楽はビッグではないから。……インド系の人は皆、「あなたはバングラーをやるのか」と訊いてくる。私が出て行って「私は歌手でもある」と言うと、「おお、ボリウッドやバングラーを歌うのか」と言われる。私は、「いやいや、私はシンハラ系、スリランカ系だ」と言って、説明しないといけない。……私が思うに、かれら（引用者注：バングラーのアーティストたち）はトップに立った。かれらを負かすのは正直とても難しい。だから私とブラザーたちは、業界に入り込み、スリランカ音楽がどんなものかを示し、自分たちのやっていることや自分たちに何ができるかをかれらに見せるため、懸命にやっているんだ。……アルジュンは英語で、私はシンハラ語で、チャールズ・ボスコ（Charles Bosco）[*38]と彼のブラザーはタミル語でやっている。

シンハラ音楽の実践は、エイジアン音楽場においてはほぼ皆無と言ってよい。V氏にとってシンハラ音楽はサウンドの点でも新しく、魅力的なものである。彼はその先駆者となろうとしていることについて、次のように語る。

私がシンハラ（音楽）を初めてやろうとしていることを人々に示したい。人々は音楽を気に入って、「ワオ、いいね、いい音楽だ。何語なの？　聞いたことない」みたいに言ってくれる。……新しいサウンドだからね。人々は新しいサウンドを聴きたがる。それが、私のやろうとしていること。[*39]

このように、スリランカ系音楽、特にシンハラ音楽への強い思い入れを持つV氏は、「エイジアン音楽とはよりバングラー、デーシー」であり、バングラーには「正直飽きている」といい、S氏と同様、エイジアン音楽場は北インド的で、特にパンジャービー音楽に偏っていると考えている。そして、スリランカ系というマイノリティとしての背景のために産業内で被る不利として、「自分がボリウッドやメインストリームのことを分かっていないと思われる」ことだとして、スリランカ系ゆえに「主流」のエイジアン音楽についての知識がないとしばしばみられていることを「レイシズム」という言葉で表現する。しかしV氏はS氏と同様、マイノリティであるがゆえの利点もそこに見出している。

スリランカ系でいることは常に良いこと、なぜならあちこちに行けるから。……人々は私たちの音楽をよく知らない。自分がパンジャービーで、英語で歌っているとしたら、……メインストリームでの成功は難しすぎる。でも、……「私の国の音楽はR&B、ヒップホップ」と言えば、人々は「そうなんだ、クール、その曲いいね」となる。分かる？　すぐにね。でもパンジャービー（引用者注：音楽）はよりパンジャービー、ボリウッド的なので、好きでない人もいる。……私たちはそうではない。より自由がある。

スリランカ系音楽は一般的に馴染みの薄いものであるため、パンジャービー音楽やボリウッド音楽よりも人々に先入観を持つことなく聞いてもらえるというV氏の考え方は、先ほどのS氏とも共通して、パンジャービー中心の産業内での人間関係やしがらみから距離を置いて自由に音楽を制作できるという考え方ともつながるだろう。しかし、パンジャービーと違って、かれらは産業内部で大きな後ろ盾となる存在を持っていない。V氏は、「私は他のスリランカ系アーティストが業界で成功するよう助けてもいる。……私たちは皆ブラザー、とても良いブラザー、そして家族のようなもの。私たちはひとつの家族として仕事をする。……不和はない。何があっても」と語り、業界内で生き残るために他のスリランカ系アーティストと協働することの重要性も強調している。

（5） W氏の場合

サウソール出身のW氏はインディペンデントで活動するグジャラーティーのラッパーで、英語で楽曲を制作しており、二〇一〇年代前半の「バーバン」ムーヴメント[*40]の一翼も担った。W氏は、パンジャービーが集住するサウソールでパンジャービー文化に囲まれながら育ったが、言葉を理解できないバングラーには同一化できなかったと明かす。「ヒップホップを始めると、自分自身の苦悩について語るようになった」と語る彼は、パンジャービーの友人たちとの関係のなかで覚えた疎外感などをラップで表現し始めたという。

W氏はまた、「パンジャービーなら、バングラーをやりたくなる。グジャラーティーなら、ほぼラッパー。たくさんのアーティストが同時期に出てきて、ラッパーは皆グジャラーティー。クレイジーだろ」と語り、グジャラーティーのラッパーの多さを指摘している。こうした状況は、パンジャービーに比べてグジャラーティーの若者が同一化できるような「自分の」音楽を持ってこなかったということを示していよう。W氏は、バングラーが「クール」なものであり続けてきたのに対して、ベンガーリー音楽やグジャラーティー音楽はそうではなかったと語る。また彼によれば、グジャラーティーの人々にはガルバー[*41]があるものの、グジャラーティー音楽が「クール」だと人々が思うのは、ガルバーが行われるナヴァラートリ（九月から一〇月に九日間行われる、ドゥルガーをはじめとした女神を祀るヒンドゥー教の祭礼）の間だけだという。このような背景が、W氏自身も含め、英語のヒップホップを志向するグジャラーティーのアーティストが多い大きな理由として考えられる。

W氏は、英語でヒップホップをやる上では「私がエイジアンだという事実は、ほぼ脇筋」、つまり重要でないと語っている。また、グジャラーティー語で音楽を作っていないことについて、「グジャラーティー・ラップを聴くオーディエンスが十分にはいないと思う」という理由も挙げている。[*42] しかし同時に、W氏は「私は常に全てのエイジアン・コミュニティのそばにいるけれど、私自身のコミュニティをすごくリプリゼントしたい。グジャラーティーのオーディエンスが共感するような音楽を作れたら、それが私にとって前進するベストな方法だろう」と語り、今後グジャラーティー語でラップする可能性も示唆している。自分のコミュニティをリプリゼントするというヒップホップ的メンタリティにおいて、グジャラーティー文化への愛着を表現することはW氏にとって重要な要素と考えられているのだろう。また、W氏は次のようにも語っている。

グジャラーティーの人々は、残念なことに今はガルバーを聴いているとは言えない。なぜなら、それはあまりクールなことではないから。[*43] 徐々に変わり始めたが、ほぼ二五年間バングラーがナンバーワンの音楽形式であった後にようやく起こった。なので、他のあらゆる文化から他の音楽をどう前進させるかということになる。ベンガーリー音楽にはそれ自身のシーンがあり、グジャラーティー音楽にも自身のシーンがあり、南インド音楽シーンにも自身の音楽とムーヴメントがある。だから、全てのコミュニティが助けることが必要。互いのコミュニティが発展するよう助ける。それが前進する唯一の方法。

W氏はここで、イギリスにおいて近年ガルバーが肯定的に意味づけ直されるようになってきたという変化の兆し[*44]を指摘する。そして、サブ・エスニックなマイノリティのアーティストがバングラーの人気に対し、自分たちの〈伝統的象徴〉に基づいた音楽実践を根づかせていく上では、エイジアン音楽場におけるそれぞれのサブ・エスニシティの人々がサポートし合うことが不可欠との考えを示している。

2・3 考察――「参入資格」としてのエスニシティの二重性

インタビューにおける五人の語りからは、それぞれが自身のマイノリティとしての立場性に意識的であり、場の構造に適応するための試みを行ったり、あるいは自身の存在意義を積極的に意味づけたりしていることが分かる。エイジアン音楽場においては、場への参入資格としての二種類の〈エスニシティ〉指標、つまり包括的エスニシティとサブ・エスニシティが作動し、演じ手の南アジア系としての包括的エスニシティから参入資格を有していても、それと同時に作動するサブ・エスニシティからのスクリーニングによって、場内部の周縁に置かれやすい。スリランカ系のS氏とV氏はそうした「パンジャービー・北インド系音楽偏重主義」とも呼べる業界の風潮に不満を抱いており[*45]、タミル音楽やシンハラ音楽などのスリランカ系・南インド系音楽の必要性を感じている。ある面ではエイジアン音楽場に取り込まれ、また別の面では不利な立場に置かれるというこの矛盾した様相は、包括的エスニシティとサブ・エスニシティという〈エスニシティ〉の二つの性質が交錯しながら作用することで立ち現れるのである。

北インド的な〈伝統的象徴〉の導入による、サブ・エスニシティ面での不利の補填

エイジアン音楽産業というエスニック・ビジネスは、南アジア系アーティストという「人的資本」が流入する場として捉えられよう。人的資本――生産活動の元手となって価値を生み出す人間の能力（樋口 2012: 12）――はエスニック・ビジネスへの進出を規定する条件のひとつとなっており、一般労働市場へのアクセスの機会を増やす方向に作用する一方、主流社会で求められる言語能力を十分有しないことやマイノリティへの就職差別などによって生かせない場合も生じる。本書の事例で言えば、第4章4で論じたように、南アジア性を欠いた音楽実践であっても、アーティスト本人のエイジアンというエスニシティが参入障壁として作用するために、主流の音楽産業から排除あるいは周縁化されうる。このようにして埋もれた人的資本が、エスニック・ビジネスの創出へと向けられることとなり（樋口 2012: 12）、エイジアン音楽というビジネスは発展していくこととなる。

一方、エスニック・ビジネスにおいては、商売を成功させるだけの消費市場という「機会構造」（樋口 2012）があるかどうかが大きな問題となる。サブ・エスニックなマイノリティのアーティストたちは、かれらの〈伝統的象徴〉としての言語やスタイルに則った音楽実践を志向する限りにおいては需要が少なく、この機会構造に恵まれていないと言える。さらに、そうした実践を消費する市場構造がパンジャービー・北インド的な音楽実践のように十分確立されていないために、売れることがなおさら困難である。

こうした状況のなかでかれらが取る戦略のひとつが、北インド的な〈伝統的象徴〉の採用——バングラーなどのパンジャービー音楽へのアプローチ、パンジャービー語やヒンディー語の歌詞の部分的な取り入れなど——による、既存の市場構造への適応の試みである。これは、エスニック・ビジネスにおける「借り傘戦略」（山下 2016）、すなわちマイノリティとしての自身のサブ・エスニシティを明示せず、同じエスニック集団のなかで成功したマジョリティのビジネスモデルを借用するという方法の一種とみなせよう。こうした状況はつまり、パンジャービー語やバングラーに関する知識がエイジアン音楽場参入にあたって重視される文化資本となっていることを意味しており、そのためこの文化資本の獲得によって、場におけるサブ・エスニシティ面での不利を補填するという方向性が採られるのである。この文化資本を多く保有しないアーティストは、その代替として、本人が英語のヒップホップやR&Bを作り[*46]、共演（フューチャリング）する歌手やラッパーがパンジャービーや北インド系のサブ・エスニシティを提示したり、それらの〈伝統的象徴〉に則った実践を行ったり（パンジャービー語やヒンディー語で歌う、それらの言語で歌われる楽曲のサウンドを部分的に取り入れる、など）することとなる。これによって、〈伝統的象徴〉と〈エスニシティ〉の両方の指標をクリアすることが可能となり、エイジアン音楽場における位置取りを有利なものとする。こうしたメカニズムにより、エイジアン音楽場における北インド系中心主義的な規範は維持されていくのである。

この借り傘戦略は、例えば韓国のKポップのアーティストが、日本語の歌詞によるポップスを歌うことで日本のポピュラー音楽市場に参入して成功を収めるように、ある種のパッシング（ここではサブ・エスニシティの隠蔽）やカヴァリングによる有利性の獲得、あるいは有利性のいわば「借用」

ともなっている。これによってファンベースを拡大しつつ、同時に主流のR&Bも作ることでバランスを取るという方法は、主流の音楽市場とエイジアン音楽市場の双方において周縁化されるリスクを回避する手段ともみなせるだろう。さらに、ジェイ・ショーンの事例でもみられるようなDJの音楽加工やリミックスといった実践によって、エイジアン性は着脱性の高いものとなり、アーティストのサブ・エスニシティの不利を補完する手段ともなる。〈伝統的象徴〉要素を付加しない場合でも、第6章で取り上げるメーラーのような南アジア系音楽イベントや南アジア系メディアに登場することで、エイジアンとしての〈エスニシティ〉指標をクリアしていることをパフォーマンスを通して示し、エイジアン音楽場における位置取りの確保を試みる場合も見受けられる。

主流の音楽産業への参入を志向するサブ・エスニックなマイノリティのアーティストたちの音楽実践もまた、北インド系中心主義的なエイジアン音楽の枠組へと回収されていくという様相からは、結果的に「文化の保護」(Parzer and Kwok 2013)——エスニックな音楽実践の独立した立場を保持し、もっぱら南アジア系コミュニティに閉じられた形で流通し消費される形態——に類似したマーケティングの性格を有するという、エイジアン音楽場の特質を見出すことができよう。

社会関係資本としての(サブ・)エスニシティ

T氏やW氏の語りにみられるように、他の音楽産業のアーティストと同様、エイジアン音楽のアーティストたちにとっても、エイジアンという共通の枠組のなかで、産業内で互いの成功のために相互扶助することが重要だと考えられる。ここにおいて、エイジアンという包括的エスニシティは社会関係資本としての機能を有する。

主流社会の産業から距離を置いた〈エスニックな市場のコア〉型のエスニック・ビジネスにおいて、エスニック・マイノリティが独力でビジネスを成功させるには、インフォーマルな資金調達の手段やビジネス関連の情報などを同胞社会における人間関係から調達する必要がある。つまり、エスニック集団内部における社会的ネットワークの強さが、ビジネスへの進出や成功の程度をある程度まで規定することとなり、このネットワークは個別具体的な社会関係に支えられるがゆえに、社会関係資本とみなされうる（樋口 2010a: 6）。

これは、パットナムの言う社会関係資本の二つの種類――「橋渡し型《ブリッジング》」と「結束型《ボンディング》」（Putnam 2000=2006: 19）――のうち、結束型の性格として捉えられるだろう。結束型社会関係資本は、「内向きの指向を持ち、排他的なアイデンティティと等質な集団を強化していく」形態で、「特定の互酬性を安定させ、連帯を動かしていくのに都合がよい」（Putnam 2000=2006: 19）という性格を有する。これに対し、橋渡し型社会関係資本は「外部資源との連繋や、情報伝播において優れて」おり、「より広いアイデンティティや、互酬性を生み出すことができ」（Putnam 2000=2006: 20）るという性質を持つ。結束型は橋渡し型の欠如を補い、主流社会から与えられない機会を同胞コミュニティから得るという機能を有する*[47]（Giddens 2006=2009: 523-4）。イギリス社会において周縁化され自己完結性の高いエイジアン音楽産業においては、主流の音楽産業と結びつくための橋渡し型社会関係資本を蓄積する必要性はそれほど高くない。エイジアン音楽場の参与者たちはまず、エイジアンという包括的エスニシティの共通性を結束型社会関係資本として蓄積することで、主流の音楽産業とは別個の産業を形成・維持することになる。しかしここには、サブ・エスニックなマイノリティの参与者たちがパンジャービーなどの北インド系マジョリティとの関係性を構築・維持するという橋渡し型社会関係資本の必要性も同時に存在している。これによって、かれらの有する北インド的な〈伝統的象徴〉という文化資本の獲得や取り込みも可能となるからである。ここにおいて、社会関係資本は文化資本へと変換されることとなる。

さらに、結束型社会関係資本の蓄積においても、その内部におけるサブ・エスニシティが大きく作用する。V氏が、同じスリランカ系アーティストどうしで助け合う関係性を「家族」に例えて説明しているように、サブ・エスニックなマイノリティの参与者は相互扶助を通じて結束型社会関係資本を蓄積することで、音楽場における機会の獲得へと向かうのである。このように二種類の社会関係資本が重層的に作用することで、かれらのエイジアン音楽場における位置取りは状況依存的な形で決定していくことになる。

一方、スリランカ系であることによって業界における政治のしがらみから自由でいられると語り、エイジアン音楽場に多様な音楽実践を導入できるというメリットを見出しているS氏の例は、マイノリティとしてのサブ・エスニシティを利点とみなすという発想の転換を示している。これはつまり、パンジャービーの参与者を中心に取り結ばれるネットワーク構築によって得られる社会関係資本の蓄積が、別の角度からみるとアーティストの音楽表現の多様性を狭めるというマイナスの方向にも作用しており、そこから自由であることでオルタナティヴなエイジアン音楽の実践がもたらされるという可能性を示唆していると言えよう。

B氏が自身のラジオ番組で、主流の音楽産業において周縁化される南アジア系アーティストの「救済措置」を提供している例に第4章4で触れた。かれらの音楽は〈アーバン〉指標によって、ヒップホップやクラブ・ミュージックに特化した南アジア系メディアではプレイされることがある。一方で、南アジア系のサブ・エスニシティに特化したラジオ番組でも、楽曲の内容が〈伝統的象徴〉要素を欠いていても、アーティスト本人のサブ・エスニシティを根拠にその曲をプレイすることがあり、産業内部で不利な位置にあるアーティストの救済措置となっている。ここには、同一のサブ・エスニシティを基盤とする社会関係資本によって協力し合う業界関係者たちのネットワークのありようがみて取れる。

南アジア系のコミュニティ・商業ラジオ局ではパンジャービー語やヒンディー語、ウルドゥー語の番組を放送する局は多く、サウソールの Desi Radio、ウエスト・ブロミッチの Raaj FM（第6章で紹介）のようなパンジャービー語専門局も存在し、グジャラーティー語やベンガル語の番組を放送する局も少数ながらある。東ロンドンの Nusound Radio は、パンジャービー語やウルドゥー語、グジャラーティー語の番組に加えて二〇一四年一月からはマラーティー語*[48]の番組も放送している。*[49] BBCエイジアン・ネットワークにも少数ながら南アジア系のサブ・エスニシティに特化した番組があり、二〇一四年一〇月には南インド・スリランカ系番組 *Ashanti Omkar*[*50]が放送を開始した。この番組では、イギリスのみならず、インドやスリランカ本国、さらに世界中の南インド・スリランカ系ディアスポラのアーティストによる音楽が紹介されている。*[51] 南インド・スリランカ系音楽に特化した番組はBBCエイジアン・ネットワークでは初めてであり、S氏が語っていた「エイジアン・ネットワーク」が実質的には長らく「ノース・インディアン・ネットワーク」と化していた状態は、この番組によってある程度は改善したことになる。*[52] BBCという全国規模の放送において南インド・スリランカ系音楽の番組がスタートしたことの象徴的な意味も大きく、エイジアン音楽場の論理を長年にわたって規定していたパンジャービー・北インド中心主義という「慣習」にもたらされた変化の兆しとも言えるだろう。*[53]

3 まとめ

本章では、〈伝統的象徴〉に基づかないR&Bを志向するジェイ・ショーンと、サブ・エスニックなマイノリティの業界関係者の事例から、〈伝統的象徴〉と連関しながら作動する〈エスニシティ〉指標の持つ作用の実際について考察した。音楽の担い手本人の南アジア系という包括的エスニシティは、エイジアン音楽場への参入にとっての必要条件となっている。極端に言えば、エイジアンとしての背景を有していれば、そのアーティストがどのような形の音楽実践を行っても、理論上はエイジアン音楽に包摂されることになる。

しかし、実際にはさらに三つの条件が指摘できる。まず、何らかの形で南アジア的な〈伝統的象徴〉——歌詞の言語、サウンド、あるいはステージ上の衣装、アルバムのアートワークのデザインなどの面で——を部分的に含むことである。これはアーティスト本人が行ってもいいし、共演するアーティストがいわば代理で行う形でもよい。また、ジェイ・ショーンの例で指摘したように、DJの音楽加工やリミックスの実践によって、アーティスト自身の意図とは無関係に本人の脱エイジアン的な音楽に南アジア的な意味が付与されることもある。二つ目は、アーティストが自らのエイジアンとしての背景を何らかの形で表明する、すなわちエイジアンとしての自己ラベリングを行うことである。これはメーラーなどの南アジア系音楽イベントへの出演や、ラジオ番組やウェブサイトなどの南アジア系メディアへの露出によって可能となる。また、南アジア系の独立レーベルやマネジメントチームに所属して活動するだけでも、象徴的な意味でのエイジアンと結びつくため、この条件をクリアしうるだろう。

しかし、それらだけでは（少なくとも現在の）エイジアン音楽場への参入は容易なものとはなりにくい。三つ目の条件として、本人のサブ・エスニシティあるいは楽曲で取り入れる〈伝統的象徴〉の要素が、よりパンジャービー・北インド的であるということが挙げられる。このことが、サブ・エスニックなマイノリティのアーティストが不利を被りやすい大きな要因となっている。包括的エスニシティ（エスニック集団間の弁別としての差異）とサブ・エスニシティは相補的な関係にあり、有利なサブ・エスニシティは包括的エスニシティに接続されることによって、「代表性」（と同時に主流社会におけるエスニックなステレオタイプ）を生み出す。こうした図式が複合的に作用することで、パンジャービー・北インド系の参与者は自身のサブ・エスニックな属性によって、実際に〈伝統的象徴〉に則った音楽を志向していなくてもエイジアン音楽場に包摂されやすくなる。

主流のR&Bにこだわり、アメリカの大手ヒップホップ・レーベルへの移籍によってこれを貫いたジェイ・ショーンは、彼の人気にあやかろうとする一部の業界関係者によってエイジアン音楽として範疇化され、場に包摂されているという面もある。しかし同時に、彼が時にパンジャービー語を用いる、かつてパンジャービー語で楽曲を制作していたなどの背景によって、本人のパンジャービーとしてのエスニシティが召喚されるのに加え、ショーン自身が象徴としての（サブ・）エスニシティをパフォーマンス的に利用するという形でエイジアンへの同一化を行うことによって、エイジアン音楽場に包摂されやすい。つまり、ショーンは実際にこれら三つの条件を全てクリアしている。

一方、音楽場の参与者たちのサブ・エスニシティは、楽曲の〈伝統的象徴〉指標とともに作動することで、マイノリティによる音楽実践の場への参入を相対的に難しくする。そもそもサブ・エスニックなマイノリティのアーティストの多くはR&Bやヒップホップを音楽的に志向しているが、主流の音楽産業におけるレイシズムなどの背景により、そこへの参入は容易ではない。ゆえに、こうしたアーティストたちはバングラーへのアプローチや北インド系アーティスト・関係者たちとのネットワーク構築を通して、橋渡し型社会関係資本ならびにかれらの有する北インド的な〈伝統的象徴〉という文化資本を獲得し、同時に同じサブ・エスニシティを有するマイノリティのアーティストたちとの密接な関係性によって結束型社会関係資本を蓄積する。

このようにしてかれらは音楽場における位置取りを確保するが、自身のサブ・エスニックな〈伝統的象徴〉を志向する音楽実践もここ数年目立つようになってきた。例えば、歌手のプリーティ・ヴァルサニー（Preeti Varsani）とユーチューバーのパールレー・パテール（Parle Patel）が二〇一六年八月にリリースした"Rangeeli Raat"は、作詞・作曲・プロデュースを手掛けたパテール曰く「初のブリティッシュ・グジャラーティーの曲」(Radia 2017)である。また、ラッパーのラウールが二〇一七年九月にリリースした"Kem Cho"はグジャラーティー語のリリックを含み、音楽ビデオでもグジャラーティー文化への愛着が表現され、「ナヴァラートリ・アンセム」として話題となった。ラウールが二〇二〇年一一月にリリースしたEP"Gujarat Stand Up"の収録曲"Gujarati Nasha"では、客演したパンジャービー歌手のジャズ・ダーミー(Jaz Dhami)が初めてグジャラーティー語で歌うという、いわば「逆転現象」が起きている。バングラデシュ系シンガーソングライターのニシュは二〇一七年のデビュー以来、コンテンポラリーR&B調の曲をベンガル語と英語で歌っており[*54]、二〇一九年一月に発表したファーストアルバム*Identity*[*55]はBritAsia TV Music Awardsの最優秀アルバム賞にノミネートされた。タミル語でラップするMCサーイ(MC Sai)は、二〇一八年に自身のレコードレーベルOru Nation Entertainmentをロンドンで立ち上げ、タミル語で歌う他の所属アーティストたちとともにタミル音楽を積極的に発信している。

若い世代のアーティストやリスナーにおける〈アーバン〉指標からのサウンドの重要性を考えれば、こうしたベンガル語やグジャラーティー語を用いたR&Bやヒップホップの実践が、今後さらなるパフォーマンスの機会と一般的な人気を獲得する可能性もあるだろう。それは場内部の中心と周縁を往還・横断し、場の論理を攪乱するパフォーマティヴな試みでもあり、そうした実践の蓄積は、中心と周縁の境界を再考する重要な契機となる。

第6章　「媒体」がつくるエイジアン音楽——音楽チャートとメーラー

第4章では、エイジアン音楽場の〈伝統的象徴〉と〈アーバン〉という真正性指標に注目し、それぞれの指標の方向性が具現化したエイジアン音楽の音楽的スタイル——バングラー、ボリウッド音楽、エイジアン・アンダーグラウンド、いわゆるデーシー・ビーツ／アーバン・デーシー、〈伝統的象徴〉を欠いた〉ヒップホップ・R&B——についての業界関係者たちによる意味づけの検討から、音楽場の構成原理を浮かび上がらせた。また、第5章では正統性指標としての〈エスニシティ〉がエイジアン音楽場への参入資格として、アーティストやかれらの音楽実践のエイジアン音楽場での位置取りにおいてどのように作動しているかを考察した。

これらの議論を受けて、本章ではエイジアン音楽が流通する「媒体」に焦点を当て、エイジアン音楽がリスナーに受容される上で重要な役割を果たしている南アジア系ラジオ局などのメディアによるエイジアン音楽チャート、そして、エイジアン音楽が実際に演じられる代表的な南アジア系イベントであるメーラーの音楽ステージに着目する。音楽チャートのランキングや、イベントの音楽ステージに登場するアーティストのラインナップならびにそのパフォーマンスは、第4章で検討した主要な音楽的スタイルに基づいた楽曲を業界関係者がプロモーションする上での媒体として機能するものであり、そうしたスタイルがエイジアン音楽を「代表」する実践であるという印象をリスナーやオーディエンスに発信する効果を生じさせていると考えられるからである。つまりこれらの媒体は、セグメント化されたエイジアン音楽のサブ・ジャンルをひとつの文化的編制へとまとめ上げると同時に、「エイジアン音楽」とそうでない音楽を仕分ける制度として機能しており、音楽に付与されるエイジアン性とエイジアン音楽の「代表性」の問題を考える上で重要である。本章では、音楽チャートとメーラーという二つの事例をもとに、エイジアン音楽の特定の音楽的スタイルやアーティストが優位性を獲得し、それ以外のスタイルが周縁的な位置に留まりやすい傾向の背景について検討していく。

1 音楽チャートにみるエイジアン音楽としての「代表性」

1・1 音楽産業におけるチャートの機能

文化産業における商品化とは、「使用価値を交換価値へと変容させるプロセス」(Mosco 1996: 141)である。収益性の高い商品の制作や販売を行うなかで、この商品化は不可避的に市場のセグメント化をもたらすが、音楽産業においてそれはジャンルの細分化という形で現れることとなる。「音楽ジャンルは、特定の組織部門の、市場やターゲットとなった販促の方法に関する狭い憶測の形にコード化され、これが娯楽企業によって戦略的に取り扱われる」(Negus 1999: 28)。この音楽ジャンルは、特定の音楽的なスタイルをもとに形成されると同時に、音楽のパフォーマーとエスニシティとが結びつくことによって、「特定の人々と特定の種類の音楽とのあいだの繋がりを意味するもの」(Negus 1996=2004: 155) としての「黒人音楽」(レゲエ、ラップなど) や「ラテン音楽」(サルサ) といった包括的なカテゴリーを生み出すこととなった。こうしたジャンルと消費者の嗜好の細分化に大きく作用するのが、「特定の嗜好・ジャンルに特化した編成フォーマットを採用し、そうしたジャンルの音楽に興味をもつ特定のリスナー層に絞り込むことで差異化をおこな」う (Negus 1996=2004: 128)、ラジオ局をはじめとする南アジア系メディアである。そして、こうしたエスニック・メディアにおいてエイジアン音楽というジャンルの境界の維持に重要な役割を果たしているものが、音楽チャートである。

音楽チャートとは、「現代のポップ・ミュージックの意味を形成するのに作用する編成のひとつ」(Parker 1991: 205) として捉えることができる。売るための「商品」であるポピュラー音楽の楽曲を宣伝し、収益を上げげたいプロデューサーやアーティストにとっては、「願わくは今後より高額で収益を生む音楽商品を買う方向に誘い込むよう、オーディエンスをアーティストと引き合わせる」(Parker 1991: 208) 手段となる音楽チャートの上位に楽曲をランクインさせることが不可欠となる。楽曲がチャートの高いランクに入れば、メディアでの露出が増し、それに伴って売上のさらなる増加も見込める。さらに、ラジオ局における楽曲のプレイリスト (番組でプレイする音楽を事前に決めたリスト) は、多くの場合チャートにランクインした楽曲から構成されるため (Parker 1991: 208)、エアプレイの機会が増えることで宣伝効果が上がり、さらなる売上のアップに結びつきうる。また、チャートは順位の上下によって常にそのランキングを変化させており、翌週のデータがあることによって、「次に来るもの」への期待は満たされることがない（Huber 2010: 149）。こうした順位の上下の変化は、「消費者がその先に注目することを止めさせない」（Parker 1991: 213）のと同時に、その楽曲の「ヒットチャート内での今後の行方とメディア一般にとっての今後の重要性を予測することを可能にする」（Parker 1991: 209）。商品としてのポピュラー音楽の楽曲は、短期間のうちに消費され、次第に忘れられていくが、音楽チャートは消費者に今後の人気の動向を注視させ続けることができ、またランキングの変化によってメディア業界がその楽曲の商品価値を予測するための材料を提供するのである。

さらに、音楽チャートは、音楽的な嗜好性の「集団的意思の視覚的指標を提供」（Toynbee 2000=2004: 284）するという重要な機能を持つ。エイジアン音楽のような特定のエスニック集団と結びつけられた音楽に特化したチャートはもっぱら、そのエスニック集団に属する消費者が支持しうる音楽的スタイルを用いた楽曲によって構成される。ここではチャートは、そのチャートに含まれるべき音楽とそうでない音楽との間に境界線を設定するという弁別的機能――エイジアン音楽場における文化的真正性ならびに正統性の指標に則った――を果たすこととなる。それはさらに、そこに包摂された楽曲のなかで売上の高いものの順にランキングすることで、南アジア系リスナーたちの「嗜好の民主主義」（Parker 1991: 210）を担保しうるのである。

音楽チャートには、イギリスのシングルチャートのようなCDやビニール盤の売上、ダウンロード数、ストリーミング（動画を含む）[*1]数に基づくものや、アメリカのビルボードHot 100チャートのようなラジオでのエアプレイ回数も加えるもの、またApple MusicやSpotifyのようなストリーミング配信サービスが楽曲のストリーミング数を独自にランキング化したものなどがある。ラジオやテレビなどの音楽チャートでは、リスナーや視聴者からのリクエスト数や局でプレイされた回数なども重要な要素となってくるが、こうした数量的に計測できる「客観的」な要素が番組制作の便宜上操作されている可能性も皆無とは言えない。[*2]

1・2　エイジアン音楽チャートの現在

それでは、エイジアン音楽のチャートにはどのようなものがあり、そのランキングはどのように決定されているのだろうか。

二〇二一年六月現在、イギリスにおける現在の主なエイジアン音楽チャート番組としては、BBCエイジアン・ネットワークの*The Official Asian Music Chart*、Asian Star Radio の *Top 40 Show*、Sabras Radio の *Sabras Chart Show*、Asian Sound Radio の *Top 20 Chart* などがあることが、各局のウェブサイトで確認できる。[*3] BBCエイジアン・ネットワークのチャートを除くこれらのチャートは、楽曲の売上やエアプレイの回数、リスナーからのリクエストなど様々な指標を参考にそれぞれ独自にコンパイルされていると思われるが、その具体的な基準については必ずしも明らかではない。エイジアン音楽では常にバングラーやパンジャービー・ポップのようなパンジャービー語で歌われる楽曲や、主にヒンディー語で歌われるボリウッド音楽が中心的な位置を占めていることをすでに確認したが、チャートにおいてもたいていの場合、こうした音楽が順位をほぼ独占している。

BBCエイジアン・ネットワークの *The Official Asian Download Chart*（現在は *The official Asian Music*

Chart）は、こうしたランキングの決定基準が不明で、信頼性が必ずしも高いとは言えないようなチャートが乱立するなかで、二〇一〇年三月二七日に放送が開始された。これは、楽曲のダウンロード数ならびにストリーミング数に基づく初の公式なエイジアン音楽チャートである。二五以上のデジタルリテイラーの一週間のデータをもとに、イギリスのThe Official Charts Companyがチャートをコンパイルしている（BBC 2021）。ダウンロードという性格上、オンラインで音楽を消費しない年齢層の人々などの嗜好はチャートには反映されない。それでも現在のところ、「客観的」な数量的データに基づく点で、最も信頼に足るとされるエイジアン音楽のチャートとなっている。*[4]

1・3　BBCエイジアン・ネットワークのチャート番組のコンピレーション基準

では、このチャート番組におけるランキングの決定の舞台裏はどのようになっているのだろうか。BBCでの放送開始当時、The Official Charts Companyでシニア・ライセンシング・マネージャーを務めていたフィル・マッチャム（Phil Matcham）は、エイジアン音楽プロダクションTerry Mardi Group代表のテリー・マールディ（Terry Mardi）によるインタビューのなかで、次のように答えている。*[5]

まず、このチャートがリテイラーからデータを取ってきた純粋に音楽の売上に基づくランキングだということである。エアプレイやプレイリストに入った曲といったデータを参照する他の音楽チャートもあるが、このカンパニーは完全に独立した立場でやっており、クオリティ・コントロールはしない、とマッチャムは強調する。これは逆に言えば、エアプレイの回数――それはしばしば、番組プロデューサーやディレクターの個人的な好みによっても増減する[*6]──やリスナーからのリクエストといった、ラジオ局にとっていわば操作可能な数字に基づく音楽チャートがいかに多いかという指摘とも取ることができるだろう。一方 The Official Charts Company によるチャートは、レコードレーベルの人間との関係性のなかである特定のアーティストを優遇するようなことはない。

マッチャムはまた、ファンやレコードレーベル自身によるいわゆる「大量買い」についても言及している。このような大量購入によってある楽曲をチャートにランクインさせようとする試みが時にみられるが、The Official Charts Company は購買のパターンをチェックしており、おかしなパターンを発見した場合はそのセールスを除外することで、チャートの信頼性を確かなものにしているという。[*7] このように、The Official Charts Company によるランキングのコンピレーション作業は純粋に音楽の売上数に基づいている点や、組織的な大量購入を認めずチャートに反映させない点で厳格なルールに則っている。

しかしながら、ある楽曲を「エイジアン音楽」のチャートに含めるのにふさわしいかどうかという判断の必要性が生じる。マッチャムは例として、ジェイ・ショーンの音楽性を「クロスオーヴァー」だと形容し、どのようなチャートにも「グレーエリア」があり、ケースバイケースでみていく必要があると述べている。そして、こういったアーティストの楽曲をエイジアン音楽のチャートに含めるかどうかについてのアドバイスをランキング発表の前にエイジアン・ネットワークの何人かから得ているという。第5章でみた、サウンドに南アジア的な要素が一切ないショーンの英語詞の楽曲がエイジアン音楽チャートにランクインするという事態には、このような背景があったことになる。

ここで重要となるのは、ある楽曲をエイジアン音楽の枠組に含めるかどうかの弁別的判断を下す上では、音楽産業内部の人々の意向が大きく作用しているという事実である。その点からも、エイジアン音楽というジャンルは自明のものでは必ずしもなく、エイジアン音楽とみなされる楽曲は現場の人間たちによって選別され、また時には排除されるというある種の恣意性をはらんでいるということが分かる。[*8]

1・4　チャートに対する業界関係者の認識

では、エイジアン音楽チャートはエイジアン音楽業界の人々にとって実際にどのように認識されているのだろうか。インタビュー調査の結果をもとに考察していく。

まずJ氏は、「チャート番組を放送している大部分のエイジアンのラジオ局は、主に自分たちの友人のアーティストを一位にランクインさせるためにやっている」との認識を示している。[*9] J氏はここで、アーティストのマネージメントをめぐる政治について指摘する。それによれば、音楽業界では多くの関係者、とりわけ同じマネージメントチームに所属するアーティストたちが、ツイッターなどのソーシャルメディアを利用して互いの音楽を宣伝し合っている。しかし、J氏はこれを「あまりフェアではない」と考えている。なぜなら、アーティストが適切なマネージメントやPR会社の協力を得ればしっかりとしたプロモーションを行えるのに対して、それらが得られないアーティストは楽曲が良いものであっても機会にあまり恵まれず、チャートに入る可能性も低いからだという。

J氏の話からは、エイジアン音楽業界におけるアーティストのマネージメント体制の規模にばらつきがあり、プロモーションの協力者——そこにはラジオ局の音楽チャート番組の制作チームも含まれる——に恵まれ、親密な関係性を構築できた——すなわち、社会関係資本を蓄積した——アーティストがより多くのプロモーションを円滑に行う機会を得て、楽曲がチャートにランクインする可能性も高くなる一方、協力者のいないアーティストには楽曲を聴いてもらうチャンスさえないという不均衡な状況が立ち現われてくる。こうした事態は、エイジアンのアーティストの多くが独立レーベルから作品をリリースし、規模の小さなマネージメントチームによってプロモーション活動を行っているという現状から生じていると考えられる。J氏はまた、リスナーのオンライン投票によってランキングを決めるエイジアン音楽のチャート番組もあるが、アーティスト本人が何度も投票できてしまい、そうした楽曲が上位に入ってしまうという問題点を指摘している。*10

A氏は筆者のインタビュー当時より一五年以上前に、イギリスのある代表的な南アジア系週刊新聞で音楽ジャーナリストとして働いており、当時紙上で発表されていたエイジアン音楽チャートを担当していた。当時はまだ公式なチャートが存在しておらず、A氏は自身の見解——彼自身の言葉では「商業界に基づいた第六感のようなもの」——に基づいて、CDセールスなどの限られた情報源を用いてチャートをコンパイルしていたが、「なぜ自分の曲が五位なのか」「なぜ三位なのか」といった、アーティストからの文句の電話が毎週かかってきたと当時を振り返っている。ここからは、チャートが操作可能であり、メディアに働きかけることで自分の楽曲を少しでも上位にランクインさせようというアーティストの思惑をA氏が感じていたことがうかがえる（A氏による音楽チャート作成が、そうしたアーティスト側からの圧力に影響されていたかどうかは定かではない）。そしてA氏によれば、彼がコンパイルしていたこのチャートは「唯一の公式のようなもの」であり、また彼は当時、ある民放テレビ局のエイジアン音楽を紹介する番組に出演しており、エイジアンだけでなく白人の間でも有名であったために、このチャートは他の多くの雑誌や新聞にも用いられていたという。A氏はさらに、BBCエイジアン・ネットワークのチャートが始まった現在でも、音楽チャートのランキング一般をめぐっては多くの論争があると語っている。またD氏も、エイジアン・ネットワークのチャートが売上に基づいている点で本物だとみなしており、他のチャートは数人のパネルが自分たち自身で決めているため、良いコンピレーションの仕方だと思わないとの見解を示す。

B氏は、BBCエイジアン・ネットワークのチャート番組のプレゼンターを放送開始から二〇一二年一一月まで務めた。この *The Official Asian Download Chart* が始まる前、エイジアン・ネットワークでは *Album Chart Show* というエイジアン音楽のアルバムのチャート番組が放送されており、B氏は二〇〇五年にエイジアン・ネットワークに入ってからこの番組のプレゼンターを担当していた。彼によると、このアルバムチャートは他の南アジア系ラジオ局のチャートと同様、リスナーからのリクエストのテキストメッセージや、音楽ショップで収集した情報などをもとに局内の委員会によってコンパイルされたものであり、正確性はそれほど高くなかったようである。それに対し、二〇一〇年から始まった新しいチャートは「ついに現れた、人々の好みの真の反映」だとB氏は語る。

以上でみてきたように、業界の中心にいるかれらは一般的なエイジアン音楽チャートをかなり冷静な眼差しでみているが、それはかれらがチャートの操作性、つまり何を含め何を除外するかという判断がそれぞれの現場の人間によって都合良く決められていることをよく知っているからだと言えよう。加えて、すでに何度も指摘しているとおり、エイジアン音楽においてはバングラーが常に代表的な音楽的スタイルとして前面に出される傾向がある。こうした状況に作用するもののひとつが、音楽チャートである。例えば、イングランド中部のあるBBCのローカルラジオ局で南アジア系住民向けの週一回のニュース・情報番組のプレゼンターを（インタビュー当時）務めていたX氏[*11]は、その番組は音楽の専門番組ではないため、番組内でプレイする音楽は「ポピュラーな曲にこだわって」おり、テクノのようなものはかけなかったと語る。そして、現在よくプレイされている曲を選ぶため、多くの場合はBBCエイジアン・ネットワークのチャートにランクインした曲になり、音楽面ではエイジアン・ネットワークにガイドしてもらっていたという。[*12]

1・5　小括

ここまで、楽曲のランキングを決定する要素や、ラジオ局とアーティストが取り結ぶ関係性などに注目しながら、エイジアン音楽場のネットワークに関わる業界関係者たちによって音楽チャートがどのように捉えられているかについて考察してきた。音楽チャートはある音楽ジャンルにおける楽曲やアーティストの人気を測るためのバロメーターのひとつであり、エイジアン音楽においても重要な役割を果たしうる。なぜなら、ラジオでエアプレイされるアーティストや楽曲、また音楽イベントに出演するアーティストが、チャートにランクインしていることを根拠にそこから選ばれる可能性があるからである。これは他の音楽ジャンルにおいてもある程度同様にみられる傾向ではあるが、エイジアン音楽はその業界の規模の小ささゆえに、メディアでの露出がさらなる人気を生む循環的な構造を端的にみることができる。また、そこには包摂と周縁化の構図もみられ、パンジャービー・北インド系音楽以外のアーティストにとっては相対的に不利な状況が続いている。

しかし、M・パーカーも指摘するように、チャートとは単に一枚岩的なポピュラー音楽の消費者を常に注目させ、資本主義経済の従属者としてつなぎ止めておくための装置ではない。消費者はチャートそのものを楽しんだり批判的にみたりすることができるし、またチャートは多くの人々から嘲られてもいる（Parker 1991: 214-5）。また、もちろんそれを無視することもできる。普段はそれほど注目していないが、時に注意を向けてチャートを信頼するような受容の形――例えば、スリランカ系のリスナーが普段はチャートに対して冷ややかでありながらも、「同胞」であるスリランカ系歌手のアルジュンがストリーミングチャートの上位にランクインしたら喜ぶ、といったような――も考えられる。また、ソーシャルメディアによってリスナーがプロモーションの裏事情――どのアーティストがどのレーベルやプロダクションに所属しており、より効果的な宣伝の恩恵を受けているか、といった――を目にする機会が増えたと推測されるし、リスナー自身がチャートのコンピレーション基準の操作性を自覚している可能性もあろう。

全ての人々が納得する音楽チャートというものは存在しないがゆえに、チャートはある音楽ジャンルの枠内において象徴闘争が繰り広げられる媒体となりうる。しかし、チャートにはランクインしないが音楽的に優れている楽曲を志向する関係者も存在している。B氏はBBCエイジアン・ネットワークで番組プレゼンターを務め、いわば主流のエイジアン音楽業界に身を置く一方、DJとしては実験的なクラブ・ミュージックを志向しており、エイジアン・ネットワークの局内の委員会によって作成されたプレイリストに関して「あらゆる人を喜ばせようとすれば、皆を凡庸なもので喜ばせることになると思うから、それには関わりたくない」と語り、メインストリーム志向の楽曲を積極的にプレイする局のスタンスからはやや距離を置く姿勢をみせている。しかし、こうしたB氏のスタンスもまた、エイジアン音楽場において一定の位置を占めているのである。音楽的スタンスの相違がありながらも、場の一体性は〈アーバン〉指標の作動によって緩やかに維持されていると言えるだろう。

2 南アジア系イベントにおける音楽ステージの象徴的機能——メーラーを事例として

このエイジアン音楽場の境界をめぐってさらに考察を深めるため、次に音楽イベントの出演アーティストのラインナップという側面から、エイジアン音楽の「媒体」にアプローチしたい。バングラーがエイジアン音楽場の中心的な実践として位置づけられていることを何度も論じてきたが、そこにおいて重要となる媒体が、エイジアン音楽の代表的なイメージをオーディエンスに発信する、音楽ステージでのアーティストのラインナップである。

音楽が実際に演奏され聴取される具体的文脈としての「場所」は、そこに集うオーディエンスとパフォーマーとの相互作用を通して、ある種の一体性を醸成すると考えられる。ギルロイは、「黒人」のアイデンティティがパフォーマティヴに構築される場所として、音楽の演奏という状況を挙げる。ここにおいて、「パフォーマーと群集の親密な相互作用から生まれる同一化と認識という特定のメカニズムを通して、身体に働きかけることによって」、「人種内部の核心や本質に関する想像上の効果」が生み出されるとギルロイは主張する（Gilroy 1990: 127）。これこそが、音楽が集団的アイデンティティ形成の媒体になりうる大きな契機であろう。一方、クラブに集まる若者たちが「サブカルチャー資本」を共有していると論じるS・ソーントンによれば、オーディエンスはフライヤーや雑誌、ポスターといった「コミュニケーション・メディア」によってナイトクラブという場所に「誘導」されているという点で「あらかじめ取捨選択されている」（Thornton 1995: 22）。

もっとも、ある音楽が演奏される場所に集まる人々が、同じような形で音楽を消費しているわけではない。例えば、あるアーティストのコンサートに来る人々は、単なる息抜きのために来ているかもしれないし、恋人や友達がそのアーティストを愛好しているからという理由で一緒に来ているだけかもしれない。しかし、その理由がどのようなものであっても、そうした人々とその場所との結節点となるのが音楽であるというのは紛れもない事実である。この点で、多くの人々はそのアーティストや音楽ジャンルに対するある程度の知識やイメージ、期待を緩やかに共有しているとみなすことができるだろう。ジャンル性の維持は、こうした音楽の演じられる場所に集うオーディエンス、さらにはラジオやインターネットといったコミュニケーション・メディアによって結びつく、音楽を介した総体的なネットワークのなかで、人々の相互交渉の効果として理解される必要がある。

そこで、ここからはイギリス各地で夏に開催される南アジア系フェスティバル、メーラーを事例として、そのラインナップにおいてパンジャービー音楽が前面に押し出されやすい背景を、メディアパートナーや文化団体、アーツカウンシルなど様々なアクターが取り結ぶ関係性のなかで検討する。この作業を通して、音楽イベントという媒体を介してエイジアン音楽の境界が維持されるメカニズムについて考察していく。

2・1　メーラーの歴史と特徴

まず、メーラー(Mela)とはどのような音楽イベントなのかについて簡単に紹介したい。「メーラー」とはサンスクリット語で「集まり」を意味し、インド亜大陸の広い地域で宗教的・文化的なイベントに用いられる名称である。[*13]南アジア系人口の多いイギリスにおいても、ヒンドゥー教の新年(ディーワーリー)やスィク教の記念日(ヴァイサーキー)、[*14]イスラーム教の断食月(ラマザーン)明けのお祝い(イード)などの宗教的な要素を持つイベントが、ディーワーリー・メーラーやヴァイサーキー・メーラー、イード・メーラーといった名称で行われることがある。[*15]一方、南アジアの文化を呼び物とするイベントとしてのメーラーが、一九八〇年代からイギリス各地で開催されるようになった。[*16]その最も早い例が、一九八六年のレスター・メーラー、一九八八年のノッティンガム・メーラーならびにブラッドフォード・メーラーである。その後もエディンバラ[*17]（一九九五年〜）、ロンドン（二〇〇三年～)、カーディフ(二〇〇七年～)、ベルファスト(二〇〇七年～)、ケンブリッジ(二〇一〇年～)、バーミンガム[18](二〇一一年～)など、イングランドのみならずスコットランドやウェールズ、北アイルランドの主要都市でも開催が始まり、現在に至っている。地元のシティカウンシルやアーツカウンシル・イングランドからの助成を受けるのが一般的で[19]、南アジア系を中心とした企業がスポンサーとなることも多い。近年では、ケンブリッジ(Big Weekend)やブラッドフォード(Bradford Festival)[20]のように、自治体が主催する文化フェスティバルの一環として行われるといった形式もある。

開催時期は毎年六月から九月にかけての週末の一日ないし二日間で[21]、主に地元の公園が会場となる[22]。メインステージが設置され、複数のステージで異なる出し物を行うこともあるが、ポピュラー音楽はほぼ例外なくメインステージで演じられる。入場料はかつては無料の会場が多かったが、近年では数ポンドかかる場合もある。動員数は、二〇一二年を例に取ると、ロンドンが約八万二〇〇〇人、バーミンガムが約一二万五〇〇〇人、ベルファストが約二万五〇〇〇人などとなっている[23]。

プログラムとしては、音楽(ポピュラー、DJ、古典など)、ダンス(ボリウッド、古典など)、コミュニティのグループによる発表、子どものためのワークショップ(絵、工作など)、移動型遊園地、ストリートアーツ(大道芸、パレードなどで、会場によって異なる)といった催しがあり、全体的には家族向けイベントの性格が強い。音楽に特化したイベントというわけではないが、音楽はメーラーのプログラムにおいて非常に大きな位置を占めている。会場にはまた、メーラーのスポンサーやパートナー(メディア、携帯電話会社、チャリティ団体など)、南アジア料理、衣料品、宗教グッズ・書籍、CD・DVD、南アジア系企業（旅行会社、食品会社、メディア、海外送金取扱業者、弁護士事務所など）、地元の大学、ボランティア団体などのテントが数多く立ち並び、一日中楽しめるようになっている。

イギリスにおけるエスニック・マイノリティの大規模なフェスティバルとしては、他にもカリブ諸国出身者（カリビアン）のカーニヴァルがある。一九六四年から八月の最後の週末に催されているロンドンのノッティングヒル・カーニヴァルは、一九五八年にノッティングヒル地区で起こった白人によるアフロ・カリビアンへの暴力事件を契機として、アフロ・カリビアン・コミュニティの連帯と地域内の良好な関係性構築のために地域市の開催が呼びかけられたのが起源となっている（浜井 2000: 57）。また、レスターで一九八五年から毎年八月第一土曜日に催されているレスター・カリビアン・カーニヴァルは、奴隷制廃止一五〇周年を祝って始められた（佐藤 2014: 88）。E・カーネギーとM・スミスは、こうしたカリビアンのカーニヴァルが帝国主義や奴隷制などの抑圧的な文脈から生まれた政治的起源を持つのに対し、メーラーはもっぱら南アジア系コミュニティの文化を楽しむイベントのようにみえるが、開催先の自治体が地元の宣伝のためにメーラーを利用するような場合には文化の流用が懸念されると述べる。二人はまた、エスニックな緊張が高い地域ではメーラーは政治的なイベントになりうると指摘する（Carnegie and Smith 2006: 260）。

飯田剛史は在日コリアンの民族的なフェスティバルについて検討し、そこにみられる特徴として「地域性」「定期性」「公開性」「非宗教性」「創造性」の五つの要素を指摘し、加えて京都市で催される「東九条マダン」の主テーマが（日本人、被差別者を含む多様な）地域住民との「共生」にあると論じている（飯田 2002: 309, 323）。先にまとめた概要と照らし合わせると、これらの要素は在英南アジア系のメーラーにもある程度当てはまると言えるだろう。ただし、在日コリアンのフェスティバルが「朝鮮民族」という「単一」のエスニック集団の文化的アイデンティティを表現し確認する場所となっているのに対して、イギリスのメーラーが（少なくとも理念的に）示そうとするのは「南アジア」という包括的な地理的カテゴリーに含まれる様々な文化だという違いがある。このため、メーラーは南アジア系コミュニティ内部の多様性、さらにイギリス社会

写真10：マンチェスター・メガ・メーラー（2010年7月）の会場の様子。市の南にあるPlatt Fields Parkで、写真中央の奥にあるのがメインステージである。（撮影：筆者）

写真11：レスター・ベルグレーヴ・メーラー（2012年7月）のメインステージ。他の都市におけるメーラーの会場がもっぱら公園なのに対して、レスターの会場は市の中心部のショッピングエリアにある広場である。（撮影：筆者）

全体のエスニックな多様性を讃えるというメッセージ性を発信するイベントであると同時に、汎南アジア的な包括的エスニシティをも提示する場所になっていると捉えられよう。

2・2　ポピュラー音楽ステージの特徴と、アーティストにとってのメーラーのメリット

多くのメーラーでみられるポピュラー音楽のステージの特徴としては、まずパンジャービー音楽の存在感の大きさが挙げられる。二〇一二年の場合、例えばロンドン・メーラーではメインステージのラインナップ八組中七組が、バーミンガム・メーラーでは一日目のラインナップ一一組中一〇組が、バングラーもしくはパンジャービー語を用いるパフォーマンスを行った[*24]。また、ステージのトリを務めるのは大物バングラー歌手であることが多い[*25]。家族向けというフェスティバルの性格上、過度にダンス・ミュージック的なパフォーマンスはそれほど行われない。しかしロンドン・メーラーでは（少なくとも筆者が現地調査を行った二〇〇九年から一二年までは）、メインステージとは別にダンス・ミュージックに特化したBBC Asian Network Mix Tentというステージが設けられ、若い世代のオーディエンスの〈アーバン〉嗜好に対応していることもあった（写真12）[*26]。さらに、大規模な会場では歌手やDJと地元オーケストラとの共演が催されることもあるなど[*27]、多様なプログラミングの試みもなされている。

パフォーマンスは生演奏を伴う場合もあるが、録音済みの音楽に合わせた「カラオケ」のような形も多く、完全に「口パク」の場合もある。また、パンジャービー音楽に加えて、エンターテイン

メントとしての性格が強いボリウッド音楽の楽曲が流れ、複数のダンサーたちがダイナミックに踊るパフォーマンスが繰り広げられることも多い。その場合も録音済みの音源を流すだけの形となるが、メーラーの会場は騒がしくオーディエンスは飽きっぽくなるため（ブラッドフォード・メーラーのプロデューサー、ベン・ヒュー（Ben Pugh）の発言より）（Qureshi 2010: 62）、ボリウッド・ダンスはオーディエンスの注意を引きつけるのに有効のようである。アーティストの交代時間のつなぎとしても、DJがバングラーやボリウッド音楽のヒット曲を流してオーディエンスを盛り上げている。

写真12：ロンドン・メーラー（2012年8月）のBBC Asian Network Mix Tent。（撮影：筆者）

　永井純一は日本のフジロック・フェスティバルの事例から、音楽フェスティバルに集まる聴衆の音楽の受容を、T・アドルノの言う「構造的聴取」（Adorno 1962=1999: 24）、すなわち音楽を芸術として捉え、楽曲においてあるフレーズやメロディーなどの要素が全体にどのような作用を及ぼしているかを理解しようとする教養主義的な聴き方に対して、「断片的聴取」（永井 2008: 175）と捉える。これは、「環境としてライブがある（どこにいても音楽が聴こえる）ような状況で、その雰囲気を楽しむ」、つまり「いくつもの体験（断片）を紡いでいく」（永井 2008: 188）受容の形である。ライヴ以外の多様なアトラクションや体験の場所が用意されているメーラーは、このような断片的聴取による音楽の楽しみ方ができる文化的空間として理解できるだろう。これは、必ずしも音楽を主目的として会場に来ているわけではない参加者にはより当てはまる。

また、先述したように、メーラーは一般的な音楽フェスティバルとは様相が異なり、音楽以外にも様々な南アジア系文化――ダンス、ファッション、食など――に触れることができる、いわば総合的な文化イベントとしての性格を持っている。こうしたエスニックなフェスティバルにおいて、音楽的なパフォーマンスはどのような意味を持っているのだろうか。T・トゥリノはブルデューの社会的場（social fields）の概念をもとに、音楽のパフォーマンスを「参与型パフォーマンス」と「上演型パフォーマンス」の二種類に区別している（Turino 2008=2015: 56）。前者はアーティストとオーディエンスの区別がなく、参加者自身がパフォーマンスに携わるような形式である。後者は音楽やダンスなどのパフォーマンスに加わらないオーディエンスのために音楽を提供する形式で、従来のアーティストとオーディエンスの区別のある形はこちらに分類できる。

磯田三津子は京都市で催される在日コリアンのフェスティバル、東九条マダンにおける韓国の伝統音楽の演奏に着目しているが、この事例では在日コリアンと日本人がともに練習し演奏する演目が盛り込まれており、「共生」というテーマ性がフェスティバルのプログラムとして実践されている*28（磯田 2013）。フェスティバルの開催を介して在日コリアンと日本人との交流の機会を作り、多文化共生というメッセージを地域に発信する上で、音楽の演奏がパフォーマティヴな役割を果たしていることがうかがえる。これはトゥリノの分類では参与型パフォーマンスに該当するだろう。一方、イギリスのメーラーは、地域社会に開かれた文化交流の場所という性格を有し、観客参加型のプログラムも盛り込まれてはいるものの、音楽の演奏に関してはアーティストがオーディエンスに向けた一方向的な上演型パフォーマンスの形が圧倒的に多い。

一般的に言って、移民文化のマーケティング戦略はホスト国家や自治体の政策にも大きく影響される。第2章4で検討したパルツァーとクォックの四象限モデルのうち、「文化の融合」と「文化の架橋」を志向する起業家たちのマーケティングは「多様性《ダイヴァーシティ》」や「メルティング・ポット」、「多文化主義」といった政治的理念と関連しうるが (Parzer and Kwok 2013: 273)、イギリスのメーラーをみると、むしろ「文化の保護」、すなわち移民コミュニティ内部に向けた音楽的パフォーマンスが多く、その一見すると閉じられた文化実践に対して地元自治体やアーツカウンシルからの助成が多文化主義的なスローガンのもとで行われているといった状況もみられる。シティカウンシルやアーツカウンシルからの助成を受けるメーラーというイベント自体は、「多様性」や「地域社会における文化交流」といったスローガンのもとで催されるエスニック・イベントであり、白人やアフロ・カリビアンなどあらゆる属性を持つ人々に開放されてはいるが、音楽ステージに関してはもっぱら南アジア系のオーディエンスを想定したプログラミングがかなりの場所で行われている。

では、アーティストにとって、メーラーの音楽ステージにはどのようなメリットがあるのか。まずは何と言っても、パフォーマンスの機会が得られるということである。初期のメーラーはバングラーのバンドに、大学やスィク教徒の結婚式など以外での演奏の機会を提供し、これによってバンドどうしが切磋琢磨する場所となった (R・ダドゥラーならびにチャンニー・スィングの発言より) (Qureshi

2010: 82)。また、エイジアンのアーティストは組織的に全国ツアーを行うことは稀で、通常は単発的にコミュニティ行事やクラブイベントなどに出演することが多い。このため、全国的に催されるメーラーへの出演は、とりわけ若いアーティストにとってはプロモーションのための良い機会ということになる。[*29] これにより、バングラーのようなパンジャービー音楽をパンジャービー以外のオーディエンスにも聴いてもらうことができるし（チャンニー・スィングの発言より）(Qureshi 2010: 83)、音楽を目的に来ているわけではない人にも「お試し」に聴いてもらえる機会ともなる。加えて、週末の日中に催されるので子ども（一〇代の少女）が来やすく、音楽を楽しむ場所としてはクラブよりも適切である（Akademi Dance のアーティスティック・ディレクター、ミーラー・カウシク（Mira Kaushik）の発言より）(Qureshi 2010: 93-4)。こういった理由により、メーラーはアーティストたちにとって、新たなファンを開拓するための絶好の機会となっているのである。

2・3　ラインナップ決定の背景

それでは、メーラーの出演アーティストはどのように決定するのだろうか。筆者が現地調査を行った二〇一二年時点の状況から整理すると、これには大別して二つの場合が考えられる。

まず、メディアパートナーとの連携により、主にそのパートナーが音楽ステージのラインナップを決める場合である。その例として、Raaj FM（バーミンガム・メーラーのメディアパートナー）やＢＢＣエイジアン・ネットワーク（ロンドン・メーラー、マンチェスター・メガ・メーラーなどのメディアパートナーを務めてきた）などがある。もっとも、このパートナーシップは毎年必ず同じメディアと結ばれるわけではなく、他のメーラーの日程との兼ね合いやラジオ局側の都合によっても変わってくる。[*30]

もうひとつは、地元の南アジア系文化団体がシティカウンシルのイベントチームと協力してラインナップ決定に関与する場合である。その例として、ブラッドフォード・メーラーを手がけてきたOriental Arts がある。[*31] ブラッドフォード・メーラーでは、二〇一二年の時点ではシティカウンシルのチームがメーラーを計画し、Oriental Arts がアーティストのプログラミングを行う契約をカウンシルと結んでいる（後述）。

写真13：バーミンガム・メーラー（2012年6月）の音楽ステージ。1960年代から活動を続ける地元バーミンガムのベテラン・バングラーバンド、プチャンギー・グループによるパフォーマンス。頭にターバンを巻いた男性の観客が目立つことから、オーディエンスにおけるスィク教徒の多さが分かる。（撮影：筆者）

ここからは、Raaj FM、BBCエイジアン・ネットワーク、Oriental Arts の担当者へのインタビュー調査から、それぞれのメーラーにおける出演アーティストのラインナップ決定の背景について整理していく。なお繰り返すが、以下に記す状況は全て二〇一二年時点のものであり、本書の刊行の時点とは事情が異なっている点もあることを付け加えておく。

（1）Raaj FMのディレクター、Y氏[*32]の話（バーミンガム・メーラーの場合）

バーミンガム・メーラーは二〇一一年に始まったばかりの、比較的新しいメーラーである。イングランド中部に位置するバーミンガムは、インド系（なかでもパンジャービー・スィク）やパキスタン系ムスリムの人口が多いことで知られているが、宗教的なメーラーではない地域に開かれた文化的イベントとしてのメーラーは、二〇一一年に至るまで開催されてこなかったという。そうした状況のなかで、バーミンガムでのメーラーの実現に向けて大きな役割を担ったのが、バーミンガム郊外のウエスト・ブロミッチにあるパンジャービー語専門コミュニティラジオ局、Raaj FM[*33]である。ウエスト・ブロミッチも、メーラーの会場となるSmethwick Parkのあるスメスウィックも、パンジャービー、とりわけスィク教徒の人口の多さで知られており、先述のとおりバーミンガム・メーラーの音楽ステージではバングラーのようなパンジャービー音楽のパフォーマンスが圧倒的に多い。

音楽ステージのラインナップ決定を担当するひとりであるY氏によれば、メディアパートナーとしてはRaaj FMの他に南アジア系衛星テレビ局Star Plusも名を連ねており、Star Plusのチャンネルを通じて世界中でメーラーの模様が放送されるが、メインステージの企画はRaaj FMが行う。このため、出演アーティストを決定するのはY氏を中心としたRaaj FMのスタッフである。その選定基準としてY氏が強調するのは、オーディエンスにとって魅力があるかどうかだということである。メーラーはパンジャービーだけでなく地域のあらゆる人々のためのイベントであるため、オーディエンスの文化的な多様性はラインナップ決定の際に考慮すると、Y氏は語る。

実際に、筆者が参加した二〇一二年のメーラー（一日目）の場合、ステージでのポピュラー音楽のパフォーマンスが始まったのは午後二時頃からで、メーラーの開始からそれまでの時間帯は、地元の白人やアフロ・カリビアンの子どもたちや学生たちによる「西洋的」なダンスやバングラー・ダンス、知的障害者施設の入所者たちによる旗を使ったパフォーマンスなどが次々と行われた。こうしたエイジアン以外の人々による出し物は、オーディエンスを南アジア系の人々に限定せず、文化を通じた地域社会の人々の交流をより促すものであり、フェスティバルを通じた多様性の理念の実現を十分に意識するものであったと言える。一方、それらのプログラムが終了してポピュラー音楽のパフォーマンスが始まると、それまで多かった白人やアフロ・カリビアンのオーディエンスは次第に減っていき、最後（午後七時頃）にはほとんど残っていなかった。ここには、ポピュラー音楽のアーティストたちの多くがパンジャービー語で歌うのに加え、曲の合間にもパンジャービー語でオーディエンスに話しかけたり、スィク教の挨拶を（パンジャービー語で）したりするなど、言語がエスニックなマーカーとして作用したために、それを理解しない人々が一種の疎外感を覚えたという理由が大きくあると考えられる。

先の音楽チャートについての議論のなかで、ラジオ局などのメディアと関係性を構築することで楽曲のプロモーションが有利になりうることを指摘したが、Y氏はRaaj FMとアーティストやマネージメントチームが密接な関係性を築いていることを認めている。こうした関係性は、例えばアルバムを発売する際にかれらからラジオ番組で宣伝を頼まれることなどから生じるという。そしてY氏は、このような関係性がメーラーの音楽ステージのラインナップ決定にも影響しうると語る。なぜなら、どのアーティストが信頼でき、出演時間に柔軟に対応できるかが分かるし、あるいは予算の関係でどのアーティストなら引き受けてもらえるかが分かりやすいからだという。実際に、二〇一二年のバーミンガム・メーラーにはRaaj FMとの結びつきが強い地元のパンジャービーの歌手たちが多く出演しており、こうした関係性を結んでいることがアーティスト決定のプロセスにおいて考慮されたことがうかがえる。

（2）BBCエイジアン・ネットワークのイベントチームスタッフ、Z氏[34]の話（ロンドン・メーラー、マンチェスター・メガ・メーラーなどの場合）

Z氏によれば、BBCエイジアン・ネットワークの局内にあるライヴイベントのチーム――メーラーをはじめ、コンサートやアーティストトークなど、局と連携した文化イベントの運営を行う――には二〇一二年の時点で基本的に三名のスタッフがおり、かれらがメーラーの開催において中心的な役割を担っている。メーラーのラインナップには過去一二ヶ月間に局の番組がサポートしてきた、また今後数ヶ月間にサポートするであろうアーティストが反映されるという。[35] Z氏は、新たな才能のサポートは重要だとして、その例として二〇一二年のニューカッスルやケンブリッジのメーラーでは新人アーティストのアリー・アッバース（Ali Abbas）を出演させたことを挙げている。また、メーラーが催される地域出身のアーティストを選ぶようにしており、例えばマンチェスター・メガ・メーラーでは、地元出身のアーティストであるメッツ・ン・トリックス（Metz N Trix）やDJのスリンダル・ラタン（Surinder Rattan）をラインナップに加えているという。

Z氏はユニークで独特なプログラムを目指しており、その例として二〇一二年のロンドン・メーラーのメインステージで若手パンジャービー歌手のジャズ・ダーミーとフィルハーモニア管弦楽団の共演を実現させたことを挙げる。Ｚ氏が語るとおり、イギリスを代表するオーケストラを出演させるような大規模な企画はまさにＢＢＣだからこそ可能であろう。一方、前記のように地元のタレントを積極的に出演させているということは、パンジャービー人口の多い地域のメーラーであれば必然的にパンジャービーのアーティストが選ばれる可能性が高くなるということになろう。この点に関連してＺ氏は、エイジアン音楽ではパンジャービーのアーティストが支配的だとして、メーラーのアーティストの多くがパンジャービーになりがちなのは避けられないと仄めかしている。

またＺ氏は、局はアーティストやプロデューサーなど業界関係者とのネットワークを築いてはいるが、メーラーにおいてはオーディエンスにとってどんなラインナップが良いかが最も重要なので、そうした関係性に影響はされないとしている。ただ、プログラムチームがメーラーにふさわしいと判断したアーティストがたまたま局のスタッフと旧知の仲であった場合は、スケジュール調整やブッキングが容易になるということはありうるだろう。

（3）Oriental Artsのアーティスティック・ディレクター、ＡＡ氏[*36]の話（ブラッドフォード・メーラーの場合）

ＡＡ氏が一九七六年に設立したOriental Arts[*37]の主な活動は、あらゆる種類の南アジア系音楽——古典音楽、民俗音楽、ポピュラー音楽など——や演劇などの文化イベントの制作やプロモーションで、それに加えて音楽やダンス（古典舞踊も含めた）のワークショップの開催、アーティストの手配なども行っている。ブラッドフォード・メーラーは一九八八年九月に始まったイギリスで最も歴史のあるメーラーのひとつであり、Oriental Arts はその立ち上げ段階から開催に携わってきた。また、その後イギリス各地——マンチェスター、グラスゴー、エディンバラ、ベルファスト、リーズ、レスター、ロンドンなど——で始まったメーラーの立ち上げに際し、指示やアドバイスを与える形で協力した。

AA氏は、ブラッドフォード・メーラーは開始以来、多様性を重視しており、メーラーはエイジアンのイベントではあるが南アジア系のみならず、地域の全てのコミュニティに開かれたものであるべきだと強調する。[*38] そしてそのためには、多様なオーディエンスに合わせてプログラムもクリエイティヴでバランスの取れたものでなければならず、毎年バングラーとボリウッド音楽ばかりなのは良くないという。実際に、AA氏は南アジア本国のタミルやスリランカの音楽グループをプログラムに加え、他のエスニック・コミュニティの人々がかれらの演奏を観る機会を提供したこともある。また、ブラッドフォード・メーラーではステージの出演者の約五〇パーセントをエイジアンのアーティストに、残りの五〇パーセントをその他の様々なエスニシティを背景に持つアーティストにするよう心がけているとのことだった。

AA氏は出演アーティストの選び方の例として、二〇一二年のメーラー[*39]のヘッドライナーに選んだドール・ファウンデーション（Dhol Foundation）を挙げる。このグループは、バングラーに用いられるドール（両面太鼓）を中心とした演奏で有名なバンドである。AA氏がドール・ファウンデーションを選んだのは、ライヴバンドとして優れているからだけでなく、一九八九年にバンドを結成した中心メンバーのジョニー・カルスィー（Johnny Kalsi）が世界トップのドール奏者のひとりであり、学校でのワークショップや国内外で様々なアーティストやバンドと数多く共演している、素晴らしいクリエイターだからだという。ここでは、バンドがバングラーと密接に結びついていながらも、決してパンジャービーというエスニックな枠組の内部に留まらず、音楽を通じた他のエスニック集団や文化との相互交流を積極的に続けている点が重視されている。加えてAA氏は、メーラーが将来も続いていくためには、アーティストからオーディエンスへの一方向的な（＝上演型）パフォーマンスだけでなく、ワークショップやストリートアーツといった観客参加型や相互交流型（＝参与型）のプログラムを組み込むことが必要だと強調する。

一方AA氏は、長年にわたって築かれたアーティストやマネージャーとの個人的・職業的な関係性が音楽ステージのプランニングに影響することはないと語る。ただ、あるグループをブッキングしたいと持ちかけると、正式な契約を交わす前からスケジュールに組み込んでもらえることもあるという。

2・4　パンジャービー音楽が採用されやすい背景

以上で検討したように、メーラーの出演アーティストのラインナップ決定には様々な要素があり、会場またはプログラミングの担当者によっても異なってくる。しかし、先に指摘したとおり、全体的な傾向としてバングラーなどのパンジャービー音楽のアーティストがかなりの割合を占めており、非パンジャービーのアーティストやDJが出演する機会は相対的に少ない。では、そうした背景にはいかなる事情が見出せるだろうか。

そもそも多くの場合、メーラーは「多様性」や「多文化主義」といった国や自治体の政治的理念を基盤としており、とりわけメーラーの開始初期から続いているブラッドフォードのような場合では、南アジア的な内容に限定しないプログラミングが心がけられてきた。Oriental Arts のようなメーラーを企画するイギリス各地の南アジア系文化団体は、アーツカウンシルがスポンサーであることが多い。H・オムによれば、アーツカウンシル・イングランドによる助成において南アジア系の古典音楽や民俗音楽、ワールド・ミュージックなどは近年優先されていて、こうした文化事業がメーラーをはじめとする南アジア系のパフォーミングアーツに明らかにプラスの要素をもたらしている(Um 2012: 64)。ここからは、アーツカウンシルがエスニック・マイノリティの古典音楽や民俗音楽の振興を通じた社会の多様性の実現という方向性から南アジア系文化団体を助成し、その文化団体がメーラーのラインナップ決定を行うことによって、アーツカウンシルが南アジア系のポピュラー音楽のパフォーマンスにも間接的に影響を及ぼしていることがうかがえる。つまり、アーツカウンシルの助成を受けた文化団体がプログラミングを担当することで、ステージでのパフォーマンスの多様性が意識されやすくなるとも考えられる。

一方、サハは在英南アジア系の演劇関係者たちへのインタビューから、アーツカウンシルによる南アジア系劇団への助成の判断は、作品の芸術性よりもその劇団が多様性に関する期待を満たしているかどうかに基づいており、作品が単にエイジアン的だから助成するというトークニズム(見せかけだけの多様化）的なものになりうると論じる*40（Saha 2009: 134）。メーラーもまた演劇などと同様、こうしたアーツカウンシルや自治体による助成の対象として、多様性と同時に分かりやすい南アジア性を提示することを期待されていると言えるだろう。T・E・ホグソンはブラッドフォードの例から、地元のカウンシルによって多文化主義の理解がまずなされ、それをプロダクションチームが実行するというメーラーの企画プロセスを「多文化主義の『トップダウン』ヴァージョン」（Hodgson 2014: 203）と表現する。「どんな出し物を、多文化政策を最も明瞭に表しているものとして公金を使ってブッキングすべきかという点に基づいて、決定が下される」（Hodgson 2014: 207）ということの状況においては、バングラーのようなすでに知名度が高く人気のある音楽形式は、南アジア性を象徴的に提示する「代表性」の意味を帯びやすくなると考えられる。芸術の生産においては、政府による助成のような「公式の障壁」は部分的に市場の障壁に依存しており（政府の委員会のメンバーは一度も作品を見たことのないアーティストよりも、すでに見たことのあるアーティストを優先的に助成する）、またその逆もあるとH・アビングが論じるように（Abbing 2002=2007: 448）、市場における評判とアーツカウンシルなどからの公的助成の対象は互いに影響を与え合うと考えられる。

メーラーの理想形は、パルツァーとクォックの四象限モデルに則して言うと、多様な音楽実践をイギリス社会における「文化の架橋」として提示する――「多文化主義の概念に依拠し、文化を合流させるのではなく、文化間の差異の享受と社会における多様性の共存を目指す」（Parzer and Kwok 2013: 269-70）――ことと、「文化的境界の解消」として提示する――エキゾティシズムや西洋文化との差異ではなく、文化的な親しみやすさやハイブリディティを強調する（Parzer and Kwok 2013: 271）――

ことのバランスを取ることによって実現する、とも言えるかもしれない。両者のどちらの性格が強くなるかは、「オリジナリティ」（エスニックな独自性）と「ハイブリディティ」（異種混淆性）のどちらにより力点を置いたプログラミングを行うかや、オーディエンスのエスニシティに依存する。非南アジア系のオーディエンスからは、オリジナリティの強い音楽実践は異質性の高い表現形式として受容され、南アジア系の人々の文化的他者化を招きうる。

しかしながら先に触れたとおり、実際のポピュラー音楽のステージでは、南アジア系コミュニティ内部――なかでも、パンジャービーのオーディエンス――に向けた「文化の保護」としての性格を有するものも少なくない。第3章でも確認したように、パンジャービーは在英南アジア系の三大グループのひとつであり（Ballard 1994a: 19）、どの都市においてもパンジャービーのオーディエンスがある程度の割合を占めることから、パンジャービー音楽の需要が大きいという現実的な事情がまずは挙げられよう。さらにバーミンガムの場合は、パンジャービー人口の多さという地域的な要因に加え、メディアパートナーのRaaj FMがパンジャービー語専門ラジオ局であること、さらに局と関係性を築くアーティストが必然的にパンジャービー語で歌うといった要因がある。歴史的にみても、ブラッドフォードとノッティンガムのメーラーが開始された一九八〇年代後半は、イギリスにおけるバングラーの黄金期と重なっていた（Qureshi 2010: 80）。このため、バングラーのアーティストの音楽ステージへの出演はメーラーの主催側（人気アーティストをブッキングしやすい）とアーティスト側（大きな会場でのパフォーマンスの機会を得られる）の双方にとって好都合だったであろうし、歴史的に確立されたバングラーの存在感ゆえに、現在もなおこうした状況が続いていると考えられる。

　また、バングラーはそのリズミカルなサウンドゆえに、ＤＪプレイにおいて選ばれやすいという点も指摘できる。ロンドンなどのメーラーの会場では、ＤＪがアーティストの交代時間中に重低音をきかせたバングラーをプレイしてオーディエンスを盛り上げる光景がしばしばみられるが、かれらを飽きさせないという点でもバングラーは重宝する音楽スタイルということになろう。さらに、録音済みの音楽に合わせた「カラオケ」のようなパフォーマンスが多いことを先に指摘したが、これはもっぱらステージの設備の都合上あるいは予算の都合上、バンドを使うことができないという事情によるものである。[*41] しかし、そのような諸事情で生演奏ができない、あるいは意図的に行わない場合であっても、ドールの奏者やダンサーを入れることは比較的容易であり、これらが入ればライヴ感のあるパフォーマンスが可能となる。

写真14：ケンブリッジ・メーラー（2012年7月）におけるバングラーのステージの例。ガプスィー・オージュラー（Gupsy Aujla）＆サイニー・スリンダル（Saini Surinder）によるパフォーマンス。テントの内部ゆえにステージが狭いが、録音済みの音源とドールを叩くオージュラー、ヴォーカルのスリンダルと若い男性ダンサーたち――しかも全員がカジュアルな私服――で躍動感のあるパフォーマンスが成立している。（撮影：筆者）

　このようにして蓄積されていったバングラーの有利さという「慣習」は、第5章でも論じたように、パンジャービー・北インド系の関係者たちを中心とした結束型社会関係資本（Putnam 2000=2006）がエイジアン音楽場におけるかれらの優位性とともに作用することで、音楽ステージにおけるパンジャービー音楽のパフォーマンスの多さを招いていると考えられる。そして、このことと表裏一体なのが、パンジャービー以外の音楽的・言語的な要素を取り入れたパフォーマンスをしている（ある程度のキャリアのある）ポピュラー音楽のアーティストが相対的に少ないという現実である。こうしたアーティストの発掘や、コンタクトを取ることの手間を考慮すると、現実的に既存のパンジャービー音楽のアーティストに依存しやすい傾向が生じてこよう。そうした現状に加えて、ＡＡ氏の指摘によると、不況による予算の削減がプログラミングの規模縮小を招き、多様性あるステージの実現を困難しているという側面もある。メーラーの開催を続けるための取り組みとして、ブラッドフォードの場合は、地元で活動する比較的無名のアーティストを積極的に起用するなど、予算減のなかで少しでも多様性のあるプログラミングを目指しているということである。

2・5　小括

メーラーの会場を訪れる非南アジア系のオーディエンスの間では、南アジア系内部の多様性という現実が把握されているわけでは必ずしもなく、「南アジア系フェスティバル」という枠組のなかで演じられる音楽の多くが実際にはパンジャービー音楽であることで、「エイジアン音楽」＝「パンジャービー音楽」といったステレオタイプなイメージがもたらされる可能性がある。しかしながら、多くの会場でオーディエンスの相当数をパンジャービーの人々が占めているという現実のなかでは、非パンジャービー音楽のアーティストのソロでの起用はそれなりの決断力を要するであろう。実際には、パンジャービーのアーティストとの共演をパフォーマンスに含む非パンジャービーのアーティストも散見される。

佐藤清隆によれば、ロンドンやレスターなど多文化・多民族都市としての性格を国内外に盛んにアピールしているようなイギリスの都市では、スィク教徒のヴァイサーキーのような宗教的なフェスティバルも自治体から財政的援助を得ており（佐藤 2005: 76-7）、自治体の多文化政策のなかで社会統合の一環としての役割を期待されている。ここでもまた、スィク教徒は単一のコミュニティとして表象され、内部におけるカースト間の関係性といった問題は捨象されやすくなるが、文化的なメーラーもそれと同様で、南アジア系全体を代表／表象する包括的なフェスティバルとしての性格が強調されることで、その内部のサブ・エスニックな多様性が捨象される可能性を常に内包していると言える。

メーラーは、将来エイジアン音楽産業に参入するかもしれないタレントを養成する機会ともなっている。メーラーのコミュニティ・ステージに出演した一〇歳や一一歳といった年齢の子どもが、数年後にメインステージやクラシカル・ステージに出演するという例もある（ロンドン・メーラーのアーティスティック・ディレクター、アジャイ・チャーブラー（Ajay Chhabra）の発言より）（Qureshi 2010: 36）。それゆえに、バランスの取れたプログラムで多様なオーディエンスを引きつけ、人材育成としての機会を提供することも期待される。

3　まとめ

音楽チャートとメーラーという媒体の事例からは、狭いエイジアン音楽市場において特定の音楽形式が前景化しやすく、露出が増えることでさらなる人気に結実するという、循環的な構図が浮かび上がってくる。音楽チャートとは必ずしも、実際の楽曲の売上や人気を忠実に反映しているわけではない。楽曲のダウンロード数やストリーミング数という客観的数字に基づいたBBCエイジアン・ネットワークのチャートへの信頼性は相対的に高いものとなっているが、それゆえに、そこにどういったアーティストのどのようなサウンドの楽曲を含めるかという判断は、エイジアン音楽場への参与資格の付与というある種の政治的な意味合いをより帯びやすいと言えよう。

またメーラーは、家族向けイベントという性格ゆえに、オーディエンスは必ずしも音楽を主目的としているとは限らないものの、イギリス全国で多くの人々――その圧倒的多数が南アジア系――に自分の楽曲を披露することのできる音楽ステージはアーティストにとって絶好のプロモーションの機会となっている。サブ・エスニックなマイノリティのアーティストがリスナーを獲得する上でも重要であり、パンジャービー音楽の部分的取り入れのような「借り傘戦略」（山下 2016）がみられることもある。メーラーはエイジアン音楽がオープンにイギリス社会と接点を持ちうる数少ない機会であり、ゆえにラインナップは重要になる。しかし現実には、サブ・エスニシティの指標からの選別によって、そのステージはパンジャービーにとっての「文化の保護」といった性格が強くなることも少なくない。このようにして、南アジア系メディアや文化団体やアーツカウンシルなどメーラーの開催に関与するアクターたちもまた文化仲介者として、多様な背景を有するオーディエンスを緩やかに「エイジアン音楽」という包括的な音楽実践が演じられる「場所」へと誘うのである。

しかし、パンジャービー音楽のエイジアン音楽としての「代表性」は、音楽チャートやメーラーなどの媒体を通じて再帰的に強化されうると同時に、リスナーやオーディエンスの態度、アーティストのマネージメント体制、メディアの取り扱い方の変化などによってそれに揺らぎがもたらされる可能性もある。文化的真正性とは、音楽場の構成原理を強固に規定する一方で、それが場の参与者に承認され共有されなければ機能しないというある種の不安定さをも有しているからである。音楽産業内の力学は「場合によっては、意図的にあるいは非意図的に、既存の資源配分や慣習に挑み、そして／あるいはそれを変容させることが十分できる」(Crossley 2009: 30) という側面を有している。そうした場の両義性が、今後グジャラーティーのガルバーやタミル音楽などの要素を含んだ、サブ・エスニックなマイノリティのアーティストによる多様な音楽実践をさらに包摂することにも作用しうる。実際に近年では、数としてはまだ少ないながらも、第5章で言及したベンガーリーやスリランカ系などのアーティストも音楽チャートやメーラーのステージに登場してきているし、それが契機となって南アジア系メディアへの露出が増えることで、かれらが幅広いエイジアンのファンを獲得する可能性もあるだろう。エイジアン音楽場内部にもパンジャービー・北インド系音楽が常に前景化される現状に対して疑問を呈する人々は存在しており、こうした声が今後南アジア系の多様なサブ・エスニシティに根差した〈伝統的象徴〉の方向性からの音楽実践をどれだけ増やすことにつながるか、注目される。

終章　「エイジアン」カテゴリーはいかにしてつくられるか——その可変性／不変性

前章まで、〈伝統的象徴〉、〈アーバン〉、〈エスニシティ〉の指標を用いながら、エイジアン音楽場の維持において各指標がもたらす方向性と場の構成原理、また参与者たちの関係性や相互作用が場に及ぼす影響や、メディアや音楽イベントなどの媒体の果たす機能について検討してきた。エイジアン音楽とは、その下に多様な音楽的スタイルや実践を抱える包括的な枠組であるが、だからこそそれは音楽的な多様性をひとつにまとめ上げる機能を有している。ゆえにエイジアン音楽場は、産業内部での位置取りをめぐる様々な相互交渉が繰り広げられる現場となる。「コンフリクトや闘争は場の構造の様々な位置のなかで異なって配置され、様々な形で資本とハビトゥスの両方を与えられた人々の間で生じ」(Santoro 2015: 134)、参与者たちは経済資本をはじめ、かれらのエスニックな文化資本や移民コミュニティにおける社会関係資本の多寡から、場における位置取りを行うこととなる。〈エスニシティ〉の指標によって音楽場に包摂されながらも、同時にサブ・エスニシティが(時に〈伝統的象徴〉と同時に)作動することで、かれらやその音楽実践が場の中心から周縁にかけて配置されていく。

本書では、こうした位置取りが展開されるエイジアン音楽場を、エスニック・ビジネスやエスニシティの商品化の視座からも捉え、その構成と参与者間でなされる相互作用への着目から、エイジアン音楽という境界の維持や場の内部で共有される論理の実相を捉えることを試みた。本章ではそのまとめを行う。

1　音楽産業とメディアを介した場の「一体性」／「代表性」をめぐる象徴闘争

エイジアン音楽は当然のことながら、ホスト国家であるイギリス社会における南アジア系移民の社会的布置と密接に連関している。それは、エイジアン音楽場の下部構造であるイギリスのマクロな社会構造の分割原理（社会空間の配置構造）のなかに埋め込まれると同時に、南アジア系コミュニティ内部のサブ・エスニシティ――これ自体が、イギリスへの南アジアの特定の地域からの連鎖移住やコミュニティ形成といった歴史的・社会的背景によって規定されている――の布置や相互作用の結果として発展してきた。BBCエイジアン・ネットワークのような「主流メディア」や、地元自治体やアーツカウンシルの協賛によるメーラーなどには、イギリスの公的機関によるメディア編制や国家のトップダウン型の多文化主義的な理念、いわゆる「公定多文化主義」（塩原 2014: 254）の制度や政策が大きく関与している。[*1] 国家による芸術への助成や公共放送などの政策は、文化資本へのアクセスを提供すると同時に、選抜と除外のメカニズムを創出するという二重の性格を有することとなり（モーリス＝スズキ 2002: 254）、そうした政策がエイジアン音楽の諸実践のイギリス主流社会における周縁化に作用することもある。[*2] ブリティッシュ・エイジアンの文化商品の生産プロセスにおいてエスニックな差異の商品化が起こるメカニズムを考察したサハの言葉を借りれば、こうした公定多文化主義を基盤とした諸制度のもとで行われる文化商品の商品化は、「ポストコロニアルな意味の生産のプロセス」(Saha 2009: 253) として捉えられるだろう。

一般的にエスニック・マイノリティの重要な文化資本となるのが、ホスト社会における主流文化の獲得である。また同時に、自身のルーツとしてのエスニック文化を体得・維持することも、エスニックな文化産業への参入の場合は有利な文化資本となる。本書のインタビュイーの場合も、幼い頃から家族が音楽をやっていたりエイジアン音楽に関わる仕事をしたりしていた (G氏、J氏、K氏、N氏、O氏、P氏、X氏など)、家族がボリウッド音楽やバングラーを聴いていた (B氏、C氏、I氏、Q氏、V氏、Z氏など)、若い頃にバンドやDJを始めた (B氏、C氏、F氏、H氏、J氏、Q氏など) といったような、音楽場への参入に有利となる社会関係資本や文化資本を多く所有していた。

バングラーやボリウッド音楽に与えられたサブ・エスニシティ統合的な性質は、エイジアン音楽という包括的なジャンル枠組を与えられることで、エスニック財としての文化コンテンツを同胞に提供する〈エスニック市場のコア〉(樋口 2012: 9) 型のビジネスとして位置づけられることとなる。一方、〈伝統的象徴〉に依らない英語のR&Bやヒップホップは主流の音楽産業で流通しうる実践であるため、非エスニック財とみなせるが、実際には主流の産業への参入は困難である。これにより、〈伝統的象徴〉からではなく〈エスニシティ〉指標からそれらの実践をエイジアン音楽に包摂する南アジア系メディアの救済措置により、それらは非エスニック財としての性格を有しながら、実際には〈エスニック市場のコア〉型のビジネスとしての側面を持ち、バングラーなどと同列にメディアで流通している。

〈アーバン〉なサウンドがリミックス加工によって南アジア系サウンドを付加されることで、結果的に〈伝統的象徴〉の方向性に沿った実践と化すという操作性の高さも、そこに大きく作用している。一般的にエスニック・ビジネスは同胞向けのサービスの提供から始まることが多く、エスニック財を同胞に提供する〈エスニック市場のコア〉型ビジネスは最もベーシックなビジネスモデルと言えるが、その市場は同胞の顧客に閉じられている点で規模が頭打ちになる（樋口 2010a: 4-5）。主流の音楽市場への参入に困難を抱える南アジア系アーティストが成功するには、この狭い移民市場の内部で存在感を増すことが近道であり、ゆえにパンジャービー語やヒンディー語の歌詞、バングラーのビートの部分的な利用といったすでに確立された方法を導入することがその手段となりうる。[*3]

こうしたなかで、バングラデシュ系やグジャラーティー、南インド系、スリランカ系といったサブ・エスニックなマイノリティのアーティストたちは、〈エスニシティ〉指標からはエイジアン音楽場への参入資格を十分に持っているにもかかわらず、実際には場における「パンジャービー・北インド系中心主義」とも呼べる規範ゆえに周縁化されている。この規範は、南アジア系というニッチ市場の内部におけるサブ・エスニックな商品特性のヒエラルキーでもあり、そうしたヒエラルキーに基づいた合理的なマーケティング戦略と結びつく。再びサハの言葉を借りれば、「ニッチ・マーケティングの論理は、ある特定の集団、あるいはまさしくこの集団の一部――当該の商品を買う傾向が最もあると信じられている――にマーケティングの資源を集中させることに基づいている。かくして、ニッチ・マーケティングの論理はしばしば、ブリティッシュ・エイジアンの文化商品のマーケティングを下支えする。なぜなら、それは限られた財源を費やす最も賢明で費用効果的――あるいはまさに、合理的——だとみなされているからである」（強調点は原文）（Saha 2009: 212）。ゆえに、かれらはエイジアン音楽の既存の市場構造に適応するため、北インド的な〈伝統的象徴〉の方向性を打ち出す「借り傘戦略」（山下 2016）を適宜取りつつ、音楽場への包摂を試みることとなる。

その一方で、BBCエイジアン・ネットワークにおける南インド・スリランカ系番組の放送開始といった変化は、「一体性」を維持しているようにみえるエイジアン音楽場に新たな音楽実践が送り出されることによって、場全体の論理を揺さぶる変化の兆しが常に内包されていることを示しているると言えるだろう。音楽チャートとメーラーの事例も、パンジャービー・北インド系音楽形式のエイジアン音楽としての「代表性」はこれらの媒体によって再帰的に強化されうると同時に、参与者たちが属する組織やメディア、南アジア系文化団体の体制や方針の変化、またリスナーやオーディエンスのニーズの変化などによって揺らぎが生じうるという可能性を示しており、まさにエイジアン音楽場内部における位置取りが攪乱される現場として捉えられる。

しかし、音楽場において既得権益を享受しているパンジャービー・北インド系中心の独立レーベルやマネージメントチーム、メディアなどとの関係性をいかに良好に構築し、場の論理や構造に適応するかは、依然として重要な問題である。南アジア系メディアへの露出がメーラーなどのエイジアン音楽イベントへの出演につながり、さらなる人気を生むという循環的な構造が確立されているような状況においては、不利な立場にあるサブ・エスニックなエスニシティのアーティストたちは、同胞どうしの紐帯を強めることでサブ・エスニック集団の結束型社会関係資本を蓄積させつつ、音楽場内部における位置——時に周縁的な、また時にパンジャービー・北インド系音楽の取り込みによって中心的な——を確保するのである。
また、エイジアン音楽産業の従事者は、まさにニーガスが指摘するような「個人的嗜好と職業的判断」や「アーティスト、管理者、聴衆」の区別が曖昧な媒介者（Negus 1996=2004: 104）としての性格を帯びている。J氏によれば、アーティストは新曲が発売されるとツイッターやフェイスブックによって、番組に出演したいとのメッセージを彼女に送ってきて、それによってかれらは彼女のコミュニティラジオ局での宣伝の機会を得るという。このように、ソーシャルメディアの普及によってアーティストとメディアとの関係性がよりカジュアルなものとなり、そうした関係性の構築によってメディアにおける露出が増えるという構図が形成されている。また、コミュニティラジオ局はエイジアンの若者にプレゼンターとして番組制作に関わり、バングラーやラップやハウスをミックスしてプレイする機会を提供しており（Bennett 2000: 126）、前記の「個人的嗜好と職業的判断」の区別の曖昧さが如実に観察できる。音楽のリスナーでもありメディアの人間でもあるという両義性により、本人の音楽的嗜好がそのまま番組での楽曲選定や、局がメディアパートナーなどの形で関与する音楽イベントの内容に反映される可能性もあろう。産業と文化との絶えざる相互作用から生成される「生産の文化」（Negus 1996=2004）としてのエイジアン音楽場の論理は、こうした参与者たちの取り結ぶ関係性のなかで作動する正統性・真正性指標の方向性の強さから規定されるのである。

2　エスニック・アイデンティティ備給装置としてのエイジアン音楽産業

エイジアン音楽という枠組の持つ意味は、「エイジアンとは誰のことか」という根源的な問いと常にオーヴァーラップしている。トインビーは、音楽ジャンルには、あるエスニック集団の集合的アイデンティティの表現という契機がその根底にあることを、次のような言葉で明確に主張している。「人々の集団が音楽的ジャンルによって代表されうるということは、実証的に弁護することが出来るばかりでなく、政治的な地平においても弁護されるべきものなのである。というのも、スタイルの共同体的基礎を支えている壮大な考え方は、下からの連帯感、あるいは支配的な社会関係に対抗する共通のアイデンティティと利益の表現という野心だからである」(Toynbee 2000=2004: 270)。

文化のグローバリゼーション——つまり、「起源」となる場所を越えた文化事象の空間的移動——によって、文化ジャンルの境界は曖昧化するかにみえるが、曖昧になるからこそジャンルの境界を確定しようという逆説的な方向にも進む可能性があり、これはアイデンティティの問題にも同様に当てはまる。アイデンティティとは「〈アイデンティフィケーション〉の問題」(Hall 1996=2001: 9) に他ならず、エイジアン音楽とは、エイジアンというエスニック・カテゴリーに自らを同一化する上でのひとつの手段ともなりうる文化である。

「アジア人（引用者注：ブリティッシュ・エイジアン）に共通している唯一の点は、社会の多数派の人びとに、一つの民族集団の成員であるとみなされている、ということだけである」(Jackson 1989=1999:

178）という捉え方も一方ではできる。しかし、音楽と結びついたこのエイジアンというエスニック・カテゴリーに対するインタビューイーたちの認識からは、エイジアン音楽とは「新たなアイデンティティを表現しながらも、同時に文化的過去とのつながりを再び主張し再解釈する」（Hyder 2004: 30）手段でもあり、イギリスで生まれ育ったかれら自身の「伝統や文化的アイデンティティといった考え方への世代的な態度の変化を反映している」（Farrell with Bhowmick and Welch 2004: 116）とも捉えられよう。それは、例えば第4章で検討したデーシー・ビーツのようなヒップホップ・R＆Bのように、マイノリティの象徴としての「ブラック」の語りや音楽実践から影響を受けた、南アジア系としての独自の社会的布置と結びついたアイデンティティを象徴的に示す音楽形式として現れる。

ブリティッシュ・エイジアンたちの多層的なエスニシティは、「インド系」「パキスタン系」などの国レベルでのルーツ、あるいは「パンジャービー」「グジャラーティー」「ベンガーリー」などのサブ・エスニックなルーツとして意識される。さらにはそれらの意識に宗教やカースト、階層、ジェンダーなどに基づく意識も作用することで、かれらのエスニック・アイデンティティは常に重層的かつ文脈依存的に構成される。その一方で、他のエスニック集団との弁別的カテゴリーとして曖昧な形で意識されている「エイジアン」なる集合的アイデンティティが、「エイジアン音楽」なる曖昧な――南アジア的なサウンドという〈伝統的象徴〉、もしくは作り手のエイジアンとしての属性という〈エスニシティ〉を主な根拠としながらも、その基準は文脈依存的な――音楽的カテゴリーの存続に影響を与えていると考えられる。そうしたエスニック・アイデンティティ意識を喚起するものとしての音楽文化という側面が、第4章におけるバングラーやエイジアン・アンダーグラウンド、デーシー・ビーツについての考察で浮かび上がった。
この点において、エイジアン音楽とはギルロイの言う「変わっていく同じもの」(Gilroy 1993=2006: 201)——可変性と不変性を併せ持つもの——としての性格を有する、在英南アジア系ディアスポラの文化的アイデンティティを担保する音楽実践だと、暫定的に捉えることができるだろう。自身も南アジア系であるエイジアン音楽場の参与者たちは、エイジアンという音楽的カテゴリーの境界に沿って楽曲を商品化しプロモートすることによって場の「一体性」を担保し、それを通じて、エイジアンという総体的なエスニック集団の生成・維持にも重要な役割を果たしている。行政制度（センサス）による公式のエスニックあるいは人種的なカテゴリーは、文化的・政治的な媒介者によって用いられることでアイデンティティの境界線を引き直すことがある（Brubaker, Loveman and Stamatov 2004=2016: 240）という視座からみると、エイジアン音楽場とは「マクロな構造がミクロな構造をスタンダード化し、行為者たちがそれを目の前にしてエイジェンシーを行使し、それが今度はポストコロニアルなシンボルや意味の生産に影響する仕方」(Saha 2009: 137) が観察される場所として捉えられる。[*4]
バルトのエスニック境界《バウンダリー》論に基づいて言えば、複数のエスニック集団が社会的相互行為を通じて自集団と他集団を範疇化するプロセスにおいて、南アジア的な（しかしその内実は多様な）音楽実践が「顕在的な目印や記章」(Barth 1969=1996: 32) として弁別的な意味を帯び、集合的な「南アジア性」の感覚を備給する象徴的なカテゴリーとしての機能を果たしていると、ひとまずはみなせよう。さらに、そうした弁別的な意味はアーティスト本人のエスニックな属性それ自体からも生じ、ゆえに

第5章でみたように、ジェイ・ショーンのような世界的な成功者をエイジアン音楽産業の一部の人々は〈エスニシティ〉指標から「エイジアン」を象徴する人物として祭り上げ、在英南アジア系コミュニティの「誇り」として積極的に産業に取り込むのである。

しかし、エイジアン音楽への「場」概念の導入によってさらに明らかになったのは、音楽の担い手のサブ・エスニシティと結びついた包摂と周縁化の力学である。パンジャービー、あるいは北インド系というサブ・エスニシティ――それは音楽表現における北インド的な〈伝統的象徴〉にも裏打ちされている――がエイジアンという包括的エスニシティに接続されることによって、エイジアンにおけるサブ・エスニックなマイノリティの存在は捨象され、不可視化されてしまう可能性を持っている。マイノリティのアーティストたちは、自身のサブ・エスニシティをどの程度まで開示し、どの程度パンジャービー・北インド系の音楽実践に「迎合」し、また自身の表現にどの程度まで〈アーバン〉性を持たせることで「黒人性」を取り込むかといったアイデンティティの自己管理をその場の状況に応じてせざるを得ない。

テッサ・モーリス＝スズキは、「知ることのできる知識源のネットワークと交差しながら、自分のアイデンティティをどのように定義するかにかかわる内的な選択」（モーリス＝スズキ 2002: 247）という意味で、ブルデューの場における位置取りの議論を援用している。「『場を構成する他の位置』の意識に影響を受けつつ、私は常に自身のさまざまなアイデンティティを動員しながら『位置を取』っているのだ。つまりアイデンティティとは、正と負の両極間を往来するものであり『所属』'one with' と『差異』'distinct from' の存在の必要に応じて形成されるものだ」（モーリス＝スズキ 2002: 248）。

エイジアン音楽場内部の位置取りもまた、「エイジアン」という包括的エスニシティ、それぞれのサブ・エスニシティ、各サブ・エスニシティに対応する〈象徴的伝統〉、そして〈アーバン〉指標に即してなされるものであり、自身が保有する（［サブ・］エスニックな）複数の文化資源を状況に応じて使い分ける動的なアイデンティフィケーションの過程なのである。

一体性を保っているかにみえるエイジアン音楽場の内部において繰り広げられる「代表性」をめぐるコンフリクトや、自らの位置取りを有利にするための様々な戦略、（サブ・エスニックな）マイノリティとしての社会的布置の肯定的な意味づけ直しといったエイジェンシーの行使は、カテゴリーの境界の強固さを示すと同時に、そこに変化の兆しが内包されていることをも示している。第5章の最後でみたベンガーリーやグジャラーティーのアーティストによる楽曲制作の例は、自身のサブ・エスニックな〈伝統的象徴〉を志向し、エイジアンの多様性を音楽場において反映させようとする試みでもある。また、パンジャービー・北インド系の業界関係者を中心に取り結ばれるネットワークから自由であることで、新しいオルタナティヴな音楽表現が音楽場にもたらされ、人気を獲得する可能性もはらまれていよう。歴史性や社会的背景、外的な環境条件によって形成されてきた、音楽場に固有の構造がもたらす文化的秩序の維持は、時にそれを揺るがす要因の登場によって（一時的にではあれ）不安定なものともなりうる。ジャンル場の論理とは強固なものでありながらも、その適用をめぐって揺れ動く不確実性をも内部に有している。そして、場の参与者のエスニック・アイデンティティもまた文脈依存的に構成される不確かなものに他ならず、ここに両者の連動性を見出すことができるだろう。

3　エスニシティの「個人化」と選択される「エイジアン性」

エイジアン音楽におけるヒップホップやR&Bの影響の強さは、在英南アジア系移民第二世代以降の主流社会への統合の度合や、イギリス社会における人種・エスニシティの観念、エスニック・マイノリティの歴史的・社会的な「連帯」の意識などと密接に連関している。こうした若い世代の南アジア系アーティストは、当然のことながら「エイジアン」であると同時に「ブリティッシュ」であり、南アジア的な要素をほとんど、あるいは全く用いない主流のヒップホップやR&Bを志向する者も多い。かれら自身がエイジアンという〈エスニシティ〉指標はパスしていながらも、かれらは移民第一世代ほど〈伝統的象徴〉への強いこだわりを持っていないからである。

第4章で論じたように、〈伝統的象徴〉の方向性を欠いた〈アーバン〉指標に基づくR&Bやヒップホップへの音楽的志向は、南アジア系の若者の「ブラック」への同一化を通じた「エイジアン」意識の醸成というねじれたプロセスを背景としている。南アジア系ラジオ局の音楽番組も、〈伝統的象徴〉の方向性の強い音楽だけではこうした若者世代の音楽的嗜好に対応しきれないため、どの程度〈アーバン〉性をエイジアン音楽場に持ち込むかをめぐって試行錯誤することとなる。BBCエイジアン・ネットワークのように、日中はボリウッド音楽やバングラーを多くプレイし、夜間はヒップホップやR&Bを――しかも、南アジア系アーティストの楽曲のみならず、アメリカやイギリスの黒人アーティストの楽曲を同時に――プレイするといった形で、時間帯によって音楽の種類を変えることで幅広い南アジア系リスナーを取り込もうとする工夫もされている。なぜ南アジア系ラジオ局で黒人アーティストの音楽をプレイするのかという問いへの解答は示しにくい。しかし、「ヒップホップ世代」のかれらにとっては黒人性の取り込みが人種化された文化資本の獲得手段となっており、エイジアン音楽場においても〈アーバン〉指標からリスナーの支持を担保するため、音楽の演じ手が南アジア系であろうがアフリカ系であろうがさして問題にならないという、エイジアンとしての包括的エスニシティの指標がある面では機能しない事態も生じている。

こうした傾向のなかで、「何がエイジアン音楽か」という問いへの明確な答えは、ある意味では示しにくくなってきている。阿部は、近年エスニック・マイノリティの放送メディアの制作者たちが自身のエスニシティを番組制作に反映させたいと必ずしも考えなくなってきているという指摘(Sreberny 2005: 448)を受けて、「ある制作者がアジア系であれば、その人物がアジア系の視点を制作する番組に反映するものだという前提自体が揺らいでいる」(阿部 2006: 137)と在英エスニック・メディアの状況を論じている。[*5] これはエイジアン音楽場においてもまさに当てはまる事態であるが、イギリスの新自由主義社会におけるエスニシティの「個人化」(Beck 1986=1998; 塩原 2005; 樋口 2005)、すなわち人々が宗教や階級、家族などの集団的カテゴリーを前提とした社会制度から解放される一方で、個人の責任や選択がいっそう重視される傾向の進展との関係性においても捉えられるべきだろう。つまり、エイジアンというエスニック集団への帰属が一概に自然で自明なものではなくなり、個人が自らの意思で帰属を選択することを迫られるという状況から、エイジアン音楽の方向性が音楽場の各アクターによってエスニック本質主義的ではない形、すなわち音楽表現の〈伝統的象徴〉よりも〈アーバン〉指標がより強く作動することによってもたらされるという可能性を考える必要がある。

鄭暎恵によれば、移民などの越境者、とりわけ第二・第三世代以降のハイブリッドなアイデンティティは、このような個人化の進展によって自己の選択（とそれに伴う責任）が増大する状況――Z・バウマンの言葉を借りれば「流動的近代《リキッド・モダン》」（Bauman 2000=2001）――と親和性があり、かれらは複数の関係や行為を柔軟に選択することで複合的な自己に適合するアイデンティティを醸成する。こうした新たな社会状況への適応の必要性は、「どこに、どのような境界線を引き、誰を同化して、誰を排除するのかをめぐる、〝アイデンティティの政治〟」（鄭 2010: 445）をも活発化させている。

後期資本主義においては、エスニックな差異が商品として売れるための要素となる（Hutnyk and Sharma 2000: 59)。新たなニッチ市場を開拓したい大手レコードレーベルの欲望によって、エイジアン・アンダーグラウンドが主流の音楽産業においてもてはやされる現象が一九九〇年代に生じたが、現在のエイジアン音楽産業におけるヒップホップやR&Bへのエイジアン性の部分的な取り入れは、南アジア系であるアーティストやリスナー自身が〈アーバン〉指標に基づいた音楽実践に〈伝統的象徴〉を差異の記号として操作的に用いるという複雑な様相を示している。

かつてG・ジンメルは、「人類の歴史におけるあらゆる本質的な生の形式はそれぞれの分野で、持続、統一、相等性への関心と、変化、特殊なもの、独自なものへの関心とを合一させる、特殊な様式をしめしている」（Simmel 1911=1976: 32）と論じ、「流行」という社会現象を「社会的均等化」と「個性的差異と変化」という相反する欲求を統一するメカニズムとして捉えた。第4章でみた、A

氏の説明する南アジア系アーティストが注目を得るための方程式、つまり英語のヒップホップやR&Bにバングラーのビートやヒンディー語、パンジャービー語の歌詞をミックスすることで独自性を付加し、エイジアン音楽の文脈で注目されることで次へのステップ——主流の音楽産業への参入——とヒットが可能になりうるという図式は、〈伝統的象徴〉がある面では同一化（同調化）を担保し、別の面では英語のヒップホップやR&Bに差異化をもたらすことを示している。エイジアン音楽場とは、再帰性の強まる現代社会で要請されるエスニシティへの自己言及という状況に合致した、まさに相反する二つの欲求を合流させる現場ともなっているのである。

一部の若い世代の南アジア系は、エイジアンという強い包括的エスニシティを必ずしも意識しているわけではなく、かと言ってブラックだと強く自己認識しているわけでもない。音楽を通じてエスニシティに言及するにしても、〈伝統的象徴〉を欠いた〈アーバン〉なヒップホップやR&Bをエイジアン音楽の枠組で作ることによって、逆説的にその枠組によって担保されるエイジアン性へと「回帰」するか、パンジャービー・北インド的要素を操作的に取り入れるといった方向性を取ることになる。ここにおいてエイジアン音楽は、再帰性の高いメタ的なカテゴリーとしての様相を呈し、エイジアン性はかれらにとって実質的な意味をそれほど持たない「記号」としての側面を強く有することとなる。

記号化した差異性を織り込まれた音楽実践は、〈伝統的象徴〉や〈アーバン〉の方向性のバランスを臨機応変に取ることで、様々なエイジアン・アイデンティティのニーズに応える商品となる。そして、その多様性は公定多文化主義の諸制度や政策におけるエイジアンというエスニシティの強固な前提を前に、記号化された「南アジア性」の象徴となる入れ物のごときカテゴリーとして残り、メーラーやBBCエイジアン・ネットワークのような主流社会との「橋渡し」型の媒体においてあたかも実体のある音楽ジャンルとして存在し続けるのである。

しかし、パルツァーとクォックが「文化商品のマーケティングへのエスニシティの利用は、せいぜい社会のエリートにとっては移民の統合への象徴的な貢献という意味しかなく、そうでなければエスニックなステレオタイプ化とスティグマ化の潜在的な危険性へとつながりうる」（Parzer and Kwok 2013: 275）と論じるように、社会の個人化を背景とした象徴としてのエスニシティの利用もまた、主流社会におけるステレオタイプを強化する可能性をはらんでいる。

またエイジアン音楽場内部にも、エイジアンならエイジアン性の強い音楽を作ったりラジオでプレイしたりするべきだという本質主義的な考え方が（とりわけ年配の世代で）存在しているが、それはイギリスの主流社会との相互作用のなかでかれらが感じる「表象／代表の重圧」（Hyder 2004: 28）が他ならぬ南アジア系の人々自身からも生じており、ホスト社会に統合されてエスニックな帰属意識が希薄になっているのに、周囲の様々な力学によって「エスニックな存在」であることを求められたり自身のコミュニティに引き戻されたりしてしまう事態を示唆する。ハクは、表象／代表の重圧はアーティスト自身が属するコミュニティとその外部という二つのレベルにおいて生じ、自身のコミュニティに対しては「期待を裏切らない」ようにするという形で働くと論じるが（Huq 1996: 68）、自身が属するコミュニティとは「エイジアン」に加えて、それぞれのサブ・エスニックなコミュニティでもあるだろう。

そして、それらに宗教、カースト、地域、ジェンダーなどが複合的に作用し、かれらの流動化したエスニシティはその都度文脈依存的に規定されていく。さらに、リミックスなどの音楽加工によって着脱可能な「エイジアン性」がもたらされ、EDMのような現代的なサウンドを部分的に導入するDJやアーティストの実践も、主流のポピュラー音楽の影響を受けながら状況に応じて音楽場の境界を攪乱させている。こうした操作性の高さも、エスニシティの個人化によってもたらされるアイデンティティの流動化と親和性が高い。商品としての楽曲の「パッケージ化にとって不可欠な手がかりと、音楽の響きをめぐるオーディエンスの期待を組織化する手段を提供する」（Toynbee 2000=2004: 280）ものとしてのエイジアン音楽場の論理は、ひとつの音楽ジャンルとしての緩やかな「一体性」を保持しながらも、その内部における多様な差異の交差によって時に揺らぎ変容しうるという、均質化と差異化の両方のベクトルへと向けられていると言えよう。

4　交渉するエスニシティの動態的な理解に向けて

本書では、これまで蓄積されてきたエイジアン音楽の社会学的、カルチュラル・スタディーズ的な諸研究の流れを引き継ぎつつ、参与者の属性としての〈エスニシティ〉という正統性指標を導入し、内部における参与者の相互交渉や位置取りといったミクロな関係性からエイジアン音楽場の構成原理にアプローチすることで、場の構造によって条件づけられると同時にアクター間の相互作用の結果として構造を維持するというエイジェンシーの二重の作用を描き出した。ポピュラー音楽はアイデンティティの表現手段と捉えられると同時に、その表現自体が当該社会の空間構造に埋め込まれた音楽産業内の様々な立場のアクターが取り結ぶ「生産の文化」のなかで商品化されているがゆえに、場の論理を観察しやすいと言える。こうした場の構成のメカニズムを究明するため、本書ではブルデューの構造分析とベッカーの相互作用分析を架橋した場分析という方向性を採った。

また、本書のもうひとつの柱は、エスニック・ビジネスの観点からエイジアン音楽場の論理を把捉することを通じて、社会関係資本を媒介とした包括的エスニシティとサブ・エスニシティの往還のなかでエスニシティが商品化されるプロセスから、特定のサブ・エスニックな商品があるエスニック集団の諸文化における「代表性」を獲得する力学を解き明かすことであった。[*6] 包括的エスニシティの指標から主流の産業への進出に困難を抱える人々への救済機能を有しつつ、サブ・エスニックなマイノリティに市場構造に適応するための（「借り傘戦略」といった）付加的な作業を求めるという両義的な場の論理は、他方ではアクターの嗜好の多様化やマーケット・セグメンテーション、音楽加工の技術の発展などにより、新たな音楽実践を包摂する柔軟な側面も有している。

本書は、「エイジアン」というカテゴリーの維持が、イギリスの主流社会から一方的に押しつけられる名づけや範疇化の効果としてのみからは説明できないという問題意識から出発した。サブ・エスニシティ概念を導入することで、「エイジアン」というエスニシティの形成を、白人やアフロ・カリビアンといった他のエスニック集団との関係性に加えて、エイジアン内部における多様なサブ・エスニックな属性を持つ人々の間で行われる不断の相互交渉という、二重境界のもたらす効果として経験的に検証することができる。サブ・エスニシティ間の相互作用の効果としての集合的なエスニシティ意識を、文化産業におけるエスニシティの商品化との関わり合いのなかで検討するという方向性は、既存の在英南アジア系移民研究のみならず、世界の他の地域における南アジア系ディアスポラ、また他の包括的なエスニック集団——例えば「アフリカ系」、「ラティーノ」、「中国系」など——のアイデンティティ形成をめぐる社会学・人類学的研究、ポストコロニアル・アイデンティティ論などにも新たな知見を付け加えることができるだろう。あるエスニック・カテゴリーに属する人々の相互交渉のダイナミズムに目を向けることは、かれらに対するステレオタイプな見方を乗り越える上でも意味のあることだと考える。

そして、本書で論じたエスニシティの動態は、今後さらなる議論へと開かれていく余地も残している。まず重要となるのは、「交差性」(intersectionality)の視座(Crenshaw 1989)である。交差性とはポストコロニアル・フェミニズムの文脈で提起された、女性という集団を単一の均質的なカテゴリーと捉える本質主義を批判し、その内部に存在する様々な差異——人種、エスニシティ、階級、宗教、セクシュアリティなど——と、それらの差異が生じさせる格差と抑圧の問題を視野に入れ、巨視的かつ複合的な観点から捉えることの重要性を強調する視点である。つまり交差性は、あるマイノリティ集団の内部における「マジョリティ」がいかなる文脈のもとでマジョリティたりうるかを、「マイノリティ」との間で取り結ばれる関係性から分析するという方向性を提供するものであり、エイジアン音楽場における参与者や様々な音楽実践の間のサブ・エスニックなヒエラルキーにアプローチした本書にとっても重要な視角と言える。本書では実際に第3章3・1で、バングラーの実践における宗教やカーストの差異に注目し、それらの差異の捨象や不可視化によってバングラーの「一体性」が維持されている様相を予備的に検討した。こうした作業を踏まえて、あるエスニックな文化実践に携わる人々の様々な差異、例えばジェンダー[*7]、セクシュアリティ、階級・社会階層、宗教、カーストなどと（サブ・）エスニシティとの交差という観点から、当該の文化場の「一体性」を担保する論理とその変容についてさらに緻密に考察するという方向性が立ち現れてくる[*8]。

もうひとつの方向性は、「イギリス」または「本国」というナショナルな枠組に規定し尽くされない、南アジア系ポピュラー音楽のグローカルな文化的越境をより適切に把握し記述・分析する作業である。本書の考察対象はイギリス国内のエイジアン音楽産業であったため、ブリティッシュ・エイジアン以外のアーティストの関与が場の構成原理の揺らぎにどのような影響をもたらしうるかについては検討しなかった。しかし、エイジアン音楽場はイギリスというナショナルな圏域において存在するだけではなく、第3章3・3で論じたように、南アジア本国のアーティストや他国の南アジア系ディアスポラ・アーティストの作る音楽からも影響を受け、時には場に包摂され、さらにそこでの音楽実践が本国や他国の南アジア系音楽をも規定するという、再帰的な枠組としての機能をも有している。

ゴーピーナートは、インド本国におけるブリティッシュ・エイジアンのアーティストの人気（ゴーピーナートの挙げる例ではアパッチ・インディアン）において、「インド」という存在がオリジナルで本質化されたものというよりも、別のディアスポラ的場所として描かれることが求められていると論じているが（Gopinath 1995: 313）、在英南アジア系の若者たちにとっても「南アジア」とは確固たるイメージを持たないある種のフィクション性――ゆえに〈伝統的象徴〉――を有する存在として想像されてもいると考えられる。そして、「南アジア＝伝統」、「イギリス＝革新」という二分法的認識が、音楽生産において互いに複雑に影響し合っている。また、そこでは、例えば「イギリスらしいバングラー」や「インドらしいバングラー」といったように、ナショナルな枠組がローカル性を帯びることもある。そうしたなかで文化間の越境を自由自在に行うＤＪは、インドやパキスタン本国の音楽を〈伝統的象徴〉の音源として取り込むことによって、イギリスと南アジア本国との間の音楽文化の均質化／差異化に積極的に関与する「意味の編集者」（増田・谷口 2005: 174）ともなっている。これは、「南アジア」なるものへの「同一化」と、在英南アジア系の若者世代が本国文化に対峙するなかで自身の文化に「イギリス」的な意味を付与し、ある意味でブランド化するという「差異化」との間を往来するプロセスとしても理解できよう。実際に、近年はイギリスという物理的な場所に拘束されず、本国あるいは世界中のディアスポラ音楽市場に進出して現地で楽曲制作やライヴを行ったり、ツイッターやフェイスブック、インスタグラムなどのソーシャルメディアを通じて世界中の「同胞」のファンと交流し、自身のホームページや YouTube、SoundCloud などに楽曲やビデオをアップロードしたりすることによって、グローカルにリスナーの支持を獲得するという戦略を取るエイジアンのアーティストも少なくない。こうした戦略は、特に作り手のサブ・エスニシティがエイジアン音楽場において不利となる場合に有効となりうる。[*9] エイジアンの所有するビジネスにとって、海外のディアスポラは市場機会を広げる可能性を秘めた存在であるが（Greater London Authority 2003: 43）、イギリスの狭いエイジアン音楽市場に留まらず、世界に目を向けグローバルなファンベースの獲得を目指すアーティストは、今後さらに増えていくものと思われる。

音楽のデジタル化やソーシャルメディアの発達によって、脱領土化（deterritorialization）がさらに進展した南アジア系ディアスポラの公共圏を舞台に生産・流通・消費されるポピュラー音楽の諸実践においては、集合的な南アジア性ないし諸々のサブ・エスニシティは、いわば「記憶のないノスタルジア」（Appadurai 1996=2004: 62）の記号として、フィクショナルでありながらリアルでもあるという両義的なイメージを各アクターに喚起しうる。このトランスナショナルなディアスポラ音楽市場との相互交渉、またそこにおけるサブ・エスニックな差異は、翻ってブリティッシュ・エイジアン音楽場の拡張や再編制をもたらす方向へと作用するだろうか。そして、それがありうるとすれば、いかなる状況や条件のもとで可能となるか。南アジア系ポピュラー音楽のグローカルな文化変容と、それが移民文化としてのエイジアン音楽場の構成原理との間で取り結ぶ関係性のメカニズムの究明も、本書の延長上に位置づけられる課題である。

筆者がこれまでに研究関心を向けてきた南アジア地域は、インドという大国に対するステレオタイプな認識――カレー、ターバン、派手な歌とダンスの娯楽映画、貧困など――の強固さ、もしくは単なる情報不足によって、十把一絡げなイメージを向けられることが少なくない。世界有数の国際移動の規模を誇る南アジア系の移民たちがそれぞれのホスト社会から向けられる眼差しも、こうした一枚岩的なイメージという点で共通するものがあるように思われる。イギリスにおけるパンジャービー・スィク、マレーシアやシンガポールにおけるタミルといった、当該国の南アジア系人口の多数派を占めるサブ・エスニックな集団の生活習慣や文化――それら自体が多様性を有しているのだが――は、当該のホスト社会に認知される機会が多い分、南アジア系としての特定のイメージを代表しやすくもある。

人の帰属意識やアイデンティティは、言うまでもなく複数的であり、文脈依存的なものである。そして、その複雑さが当事者たちの言説実践のなかで、時にシンプルな形で表象されることもある。筆者がイギリスで出会ってきた多くの南アジア系の人々との語らいのなかでも、西洋/東洋、白人/エイジアンといった二分法的な認識や、「伝統」「ルーツ」などの言葉が示される場面が少なからずあった。複雑に入り組みながら、状況に応じて選び取られる様々なレベルのエスニシティ、そしてそれらと連動しながら演じられる音楽文化。本書は、当事者たちによるその意味世界の一端に迫ることを試みたものである。エスニック・マイノリティによる文化は日本も含め、ホスト社会においては不可視化されるか、多文化主義政策によって形式的に取り上げられるに留まることも多く、その内部の複雑なダイナミズムに光が当たることは少ない。しかし、かれらの諸実践は当然のことながら、ホスト社会と隔絶された世界に存在するものではなく、文脈によってその枠組を変化させる「自集団」と「他集団」の間で相互行為を繰り広げながら自らの社会的位置や「伝統」を意味づけ直す、その営みのただなかから生み出されるものだ。

本書の冒頭で述べたように、グローバル化する現代世界においては、移民やエスニック・マイノリティを取り巻く排除や暴力の問題がより顕在化してきている。また、現在の日本でも、少子高齢化という現実を前に外国からの労働力の導入が議論されるなかで、移民という存在はさらなる社会的な注目を集めている。そうした状況のなかで、移民をめぐる政策論のみならず、ミクロな視点からエスニック・コミュニティ内部の差異と多様性にフォーカスした、移民社会の多角的かつ動態的な理解がますます求められている。トランスナショナルな世界を生きるエスニック・マイノリティの作り手による表現文化や、かれらの複合的なアイデンティティのありようは、既存のエスニックな境界を再考し、文化のグローバル化やエスニシティの重層性、アイデンティティの政治の発露としてのナショナリズムといった現代社会のアクチュアルな諸相を考えるためのひとつの手がかりを与えてくれるのではないだろうか。移民大国イギリスを舞台に、エスニック・ビジネスにおける差異の商品化を契機とした南アジア系内部の多様なサブ・エスニシティの動態を浮かび上がらせた本書の試みが、異なる価値観やエスニックな意識を持つ人々との共生という日本社会の課題にも、何らかの示唆を提供できることを望んでいる。

注

はじめに

＊1　「南アジア」とは、地理的にはインド、パキスタン、バングラデシュ、ネパール、スリランカ、モルディブ、ブータンを指す――これらの国々は南アジア地域協力連合（ＳＡＡＲＣ）の参加国でもある――のが一般的だが、国連の地域区分においてはアフガニスタン（二〇〇七年にＳＡＡＲＣに加盟）やイランも含まれる。一方、イギリスでは一九九一年のセンサスで初めてエスニシティに関する質問が導入され、「エスニック集団（ethnic group）」のなかに「インド系」「パキスタン系」「バングラデシュ系」というカテゴリーが設けられた。二〇〇一年のセンサスからは、これら三つと「その他のアジア系」が「エイジアンあるいはエイジアン・ブリティッシュ」という上位カテゴリーでまとめられている（中国系は独立したカテゴリーとして設定されている）（Laux 2019）。

＊2　イギリス社会学会ウェブサイトの“Equality & Diversity”のページから入手できる文書“Language and the BSA: Ethnicity & Race”においては、「エイジアン／南アジア系」は次のように説明されている。「イギリスにおいては、エイジアンは一般的にアジア亜大陸（the Asian sub-continent）――すなわち、インド、パキスタン、バングラデシュ、カシミール――の出身者を表す。しかし、状況によっては、しばしばイギリス社会内部の非常に様々なポジションを有する幅広い文化的かつエスニックな集団を一括することへの異議がありうる。南アジア系という用語のほうが正確であり、南アジア系の人々とアジアの他地域の出身者――ベトナム系、コリアン、日系の人々など――を一括りにするおそれがある場合は、エイジアンは単独で用いられるべきではない」（British Sociological Association 2020）。

＊3　インドとパキスタンのイギリスからの分離独立（一九四七年八月）の際に、インド側のパンジャーブとパキスタン側のパンジャーブに分割された。

＊4　ブリティッシュ・エイジアンについては、映画『ぼくの国、パパの国』（*East is East*、二〇〇一年に日本公開）や『ベッカムに恋して』（*Bend it like Beckham*、二〇〇三年に日本公開）、『カセットテープ・ダイアリーズ』（*Blinded by the Light*、二〇二〇年に日本公開）などで、日本にもその生活や文化の一端が紹介されている。

なお、日本でも二〇一八年に公開されて大ヒットした映画『ボヘミアン・ラプソディ』（*Bohemian Rhapsody*）でその半生が描かれた、クイーン（Queen）のヴォーカル、フレディ・マーキュリー（Freddie Mercury、1946-1991）も、時にブリティッシュ・エイジアンとみなされることがある。インドのムンバイー出身でゾロアスター教徒（パールスィー）の両親（父親はグジャラート生まれ）を持つマーキュリーは、東アフリカのザンジバル（現タンザニア）に生まれ、八歳からインドの学校に通い、一九六四年のザンジバル革命をきっかけに家族でイギリスに移住した（BBC 2018）。一八世紀以来世界中に広がったパールスィーのディアスポラ（第1章2・5で詳述）にとって、ムンバイーは文化的、宗教的な中心となったが（Cohen 2008=2012: 270-1）、マーキュリーはパールスィーでありペルシア系であると同時に、ザンジバル生まれのためアフリカ系であるとも言える。こうした多様な背景を考えると、マーキュリーを「インド系」としてのみ位置づけることには議論の余地がある（Jones 2011=2013: 50-1）。

＊5　エイジェンシーという概念については後述する。

＊6　このことを示した近年の例のひとつが、二〇一二年のロンドン夏季オリンピックの閉会式で演じられたバングラー・ダンスである。イギリスで愛されてきたコメディーグループ、モンティ・パイソン（Monty Python）のメンバー、エリック・アイドル（Eric Idle）によるパフォーマンスの最中に、突然バングラーのダンサーたちが登場しバングラーを踊り始め、ついにはアイドルも一緒に踊り出すという演出であった。このパフォーマンスは、多文化・多民族国家であるイギリス社会におけるパンジャービーの存在感の大きさと、バングラーがエイジアンの文化を「代表」するポジションを与えられていることを世界中に示したと言ってもよいだろう。

＊7　これは、差別という状況においては、上野千鶴子の言う「複合差別」としての意味合いを帯びる。「社会的な存在としての個人は、多くの文脈を同時に生きている。ひとつの文脈で差別を受けている弱者が、べつな文脈のなかでは強者であることはいくらもありうる。また、差別を受けている人々は、社会的な弱者として、しばしば複数の差別を同時に経験していることが多い。だが、その複数の差別のあいだの関係は、当事者個人のアイデンティティのなかでも複綜し、葛藤を起こしている場合がある」（上野 2002: 238）。

＊8　マジョリティ／マイノリティの二分法を数の問題に還元してしまうと、力関係の多次元性を考慮しそこなう（Brah 1996: 187）という点にも注意を払うべきだろう。

＊9　第3章でも確認するが、エイジアン音楽と言っても、厳密にイギリスで生産される南アジア系音楽のみを指すわけではなく、場合によっては南アジア本国、すなわちインドやパキスタンで生産されるポピュラー音楽や、南アジア以外の国々（アメリカ、カナダ、オランダなど）で南アジア系アーティストによって作られたポピュラー音楽がそのなかに包含されることもしばしばある。その理由として、移民音楽産業のグローバル化の進展に伴って、在英南アジア系アー

ティストが南アジア本国でレコーディングやライヴを行ったり、現地のアーティストと共作したりする例が増えていることが挙げられるだろう。また、ボリウッド映画（インドのムンバイーを中心に制作されるヒンディー語の娯楽映画）が在英南アジア系アーティストの楽曲を起用したり、南アジア以外の国々の南アジア系アーティストによる楽曲がイギリスの南アジア系の若者に支持されたりする例も多く、アーティストや楽曲の国家単位での境界がますます曖昧になっていることも指摘できる。こうした南アジア系の音楽実践を「デーシー・ミュージック（Desi music）」と総称することもある。「デーシー」という概念については第1章2・6で詳述する。

＊10 「エイジアン音楽」という用語はまた、より大文字の政治的な含意も有している。民族音楽学者のJ・ベイリーによれば、印パ分離独立とそれ以降の両国の政治的対立の歴史を背景として、パキスタン出身者は「インド音楽」という言葉を用いたがらず、インド出身者は「パキスタン音楽」を用いたがらない。このため、「エイジアン音楽」が両者にとって同意できる用語となっているという側面がある（Baily 1990: 153）。

＊11 なお本書においては、南アジア系の人名やグループ名のカナ表記は、南アジア系文字での綴りが分かるものに関してはそれらの発音に極力沿う形で行った（ただし例外もある）。このため、現地での英語風の発音とやや異なる場合もある。また、文中の人名（イニシャル表記を除く）の敬称は全て省略した。

第1章 ブリティッシュ・エイジアン音楽を社会学する

＊1 これらの歌手やバンドについては第3章で再度取り上げる。

＊2 こうした研究については第3章6・1で再度取り上げる。

＊3 メーラーについては第6章2で詳細に論じる。

＊4 「シーン」概念については第2章＊10で詳述する。

＊5 ギデンズはまた、イギリスでは一般的にエスニシティという言葉が、「非英国的な」料理、衣服、音楽などの習わしを示すために用いられており、こうした用い方が特定の住民を「風変わり《エスニック》」とみなす分断をもたらすおそれがあると指摘している（Giddens 2006=2009: 498）。

＊6 樽本は、集団の歴史的起源の信仰や文化項目の継承における様々な儀式の重要性を指摘し、在日韓国・朝鮮人の祭祀（チェサ）を例に挙げている。

＊7 「ブラック」とは肌の色のことであり、「人種」という生物学的な身体的特徴に基づく社会的なカテゴリーだが、ア

メリカにおいて「黒人」が「アフリカ系アメリカ人」とも呼ばれるように、人種的なカテゴリーとエスニックなカテゴリーは時に重なり合うことも少なくない。黒人というラベリングには、肌の色以上のもの、歴史的経験や行動、組織、文化などが関係しており、身体的特徴はこうした面における差異を顕著に識別できる指標として用いられている(Aguirre and Turner 2007=2013: 19)。エイジアンの人々もしばしば、かれらの肌の色を示す「ブラウン」という言葉で南アジア系を総称的に呼ぶことがあり、またイギリスのセンサスにおいては、「エスニック集団」の項目には「エイジアン」のようなエスニックなカテゴリーに加えて、「ホワイト」「ブラック」(「アフリカン」「カリビアン」と併記されている)という人種的なカテゴリーが導入されている。竹沢泰子によれば、「人種」はその生物学的実在性が否定され、社会的構築物とみなされるようになってきたが(竹沢 2005: 14)、公的な言説においては「エスニシティ」という言葉が「現実の人種主義・人種差別を隠蔽する婉曲的で洗練された『代替語』としての役割を果たしている」(竹沢 2005: 17)という新人種主義的な状況がある。しかし、古典的人種主義が挙げた肌の色や頭蓋骨のような生物学的差異も、今日の言語や慣習といった文化的異質性も、差別の正当化という同一の機能を果たしている(竹沢 2005: 17)。こうした背景から、人種とエスニシティは「どちらかが恒常的に社会現象の説明関数として優位に位置づけられるものでも、また人種かエスニシティかという二者択一的な排他的関係として理解されるべきものでもな」く、「その関係を局面に応じて柔軟に理解すること」(竹沢 2005: 18)が有効である。また、P・ギルロイは「結局のところ『人種』は、偏見と力をもった個々人の属性ではなく、支配的な社会集団と従属的な社会集団とのあいだの複雑な関係の効果だ」(Gilroy [1987]2002=2017: 331)として、「『人種』は分析的カテゴリーとして保持されなければならないが、それは『人種』がなんらかの生物学上ないし認識論上の絶対的な性質と対応するからではなく、さまざまな集合的アイデンティティが伝統に根ざした自らのルーツによって獲得する力を検討に付させるからだ」(Gilroy [1987]2002=2017: 530)と論じている。このような視座は、人種という概念もエスニシティと同様、客観的に定義される身体的特徴というより、集団間の社会的な相互作用のなかで生成・維持される身体的差異のカテゴリー化(「人種化」)のプロセスを問題にする概念として用いられるべきであることを示している。

＊8　現在も続くこうした例として、一九七九年にサウソールで設立された、有色の女性たちが被る暴力や不平等などの問題に取り組み支援する非営利組織サウソール・ブラック・シスターズ(Southall Black Sisters)が挙げられる。ここでの「ブラック」女性とは、エイジアンとアフロ・カリビアンを指している。

＊9　ギルロイはその後、*There Ain't No Black in the Union Jack* 新版の序章で、「かつて『アフリカとアジアの連帯』と呼ばれていたものがもっていた繊細で特別な力は、戦略的な同盟の形成や分析に、もはや同じようなやり方で影響を与え

てはいない」(Gilroy [1987]2002=2017: 44)と、エイジアンを包含したカテゴリーとしての「ブラック」の意味づけが変化したことを述べている。実際のところ、イギリスの人種平等委員会(CRE)は一九八八年一二月に、エスニック・マイノリティとしての「ブラック」カテゴリーにエイジアンを含めることを推奨しなくなり、その翌月には当時の人口センサス調査局(OPCS)が、一九九一年のセンサスに向けたテストのエスニシティに関する質問に人種平等委員会と同じカテゴリーを用いることを発表した(Modood 2006: 70)。一九九一年のセンサスについては「はじめに」*1も参照のこと。

*10 T・モードゥードは、こうした「ブラック」概念を支持する人々は、(装い、食習慣、宗教上の祝日に休暇の取得を希望することといった)文化的な差異が(例えば雇用における)不利益や差別の根拠になりうる点を見落としており、「ブラック」への差別を強調することはエイジアンに対する文化的な嫌悪感を見えにくくすると論じる(Modood 2006: 67)。

*11 そしてそこには、エスニシティ以外の要素、例えば職業や教育、宗教、カースト、ジェンダーなども複合的に作用し、集団の成員それぞれの立場性を規定することになる。

*12 バングラデシュと東インドの西ベンガル州にまたがるベンガル地方にルーツを持つ人々ならびに文化。かれらは言語的にはベンガル語を話すが、バングラデシュ系のなかにはシレットにルーツがありシレティ(ベンガル語のシレット方言)を話す人が多い。ゆえに、かれらは「ベンガーリー」でもあり「シレティ」でもあるが、どちらの枠組がより重要となるかは文脈による。

*13 現在のパキスタン南部のスィンド州にルーツを持つ人々ならびに文化。言語的にはスィンディー語の話者を指す。印パ分離独立の際、スィンディーのヒンドゥー教徒やスィク教徒はパキスタン側からインド(ムンバイーなど)や他国に移住した(Cohen 2018=2012: 267-9)。

*14 パキスタン北西部からアフガニスタンにかけての地域にルーツを持つ人々ならびに文化。言語的にはパシュトー語の話者を指す。

*15 これについては第3章1で再び取り上げる。

*16 マルティニエッロの訳者である宮島喬は、「エスニシティ」や「エスニック」に「民族(特性)」や「民族的」といった訳語を与えてきた日本の学界の慣用も尊重されるべきだとして、文脈に応じてこれらの語を訳語として用いたと説明している(訳者あとがきより)(Martiniello 1995=2002: 167)。

*17 ギルロイもまた、アイデンティティは「個人の主体性に対する関心がアイデンティフィケーションという運動への

拡張的な関与へと発展していく地点として目に見えるものとなる」(Gilroy 1996=1998: 147) と論じる。ギルロイによれば、組織や動員の基盤として共通のアイデンティティが設定されるような政治運動においては、他集団との差異を強調するために、当該の集団内部の差異は最小化されうる。つまり、「アイデンティティは、アイデンティティが先立ち、促進すると考えられているまさにその作用から生じうる」(Gilroy 1996=1998: 147) ものであり、ギルロイはここから、「同一性」としてのアイデンティティを「主体性」としてのアイデンティティと区別する。この区別は、「主体の編成や位置やその歴史的個別性を扱うことから、国家、性別、階級、世代的集団、『人種的』集団、エスニック集団といった、集合的あるいは共同体的なアイデンティティを考えることへの移行」(Gilroy 1996=1998: 147) を意味しており、アイデンティティを「アイデンティフィケーションの制度的なパターン化の源泉」(Gilroy 1996=1998: 148) として捉える視座を提示するものである。

＊18　これは、エスノメソドロジーの言う「自己執行 (self-enforcement)」の試みにも通じると言えよう。H・サックスは、改造車を乗り回す若者たちが、大人たちによって押しつけられ管理される「ティーンエイジャー」という範疇化の作用に対抗し、「ホットロッダー」という別のカテゴリーを創出するという行為を「自己執行」として概念化する (Sacks 1979=1987)。「自己執行」とは、「〈外〉からの抑圧をはねのけ『自分』『われわれ』といった存在を〈内〉からまるごと承認し正当化していく具体的な行為」(山田・好井 1991: 127) であり、日常生活において規範的な知識体系が組織化されることに抗する人々の実践として捉えられる。

＊19　オールドカマーとニューカマーに加え、本書では言及する機会がほぼないが、「移民」と「本国人」の相違にも留意する必要があるだろう。ここには、「ディアスポラ」と「ネイティヴ」の人々の間での、「真正」なエスニシティをめぐる認識のズレが現れやすい (Kim 2015: 38)。

＊20　迫害、奴隷制度、虐殺、難民化などによって、強制的に故郷から引き離された人々を指す。ユダヤ人、アフリカ人、アルメニア人、パレスチナ人などが例に挙げられている。

＊21　一九世紀から二〇世紀初頭にかけてヨーロッパの植民地の熱帯プランテーションで雇われていたインド人年季契約労働者や、アメリカやアルゼンチンに移動したイタリア人などが例に挙げられている。コーエンは、集団としての強い絆が長年にわたって存続し、故郷に関する神話や故郷との強いつながりを持ち、移住先で社会的に排除されている状況が見受けられれば、仕事を目的として海外に移住した人々を労働ディアスポラとみなせるとしている (Cohen 2008=2012: 134)。

＊22　ヨーロッパ列強による植民や軍事といった目的での海外移住を指す。

＊23　貿易や商売を目的として海外移動した人々を指す。中国人やレバノン人が例に挙げられている。

＊24　「伝統的な領土に基づく参照点を失い」、「可動的な複数の場所性を持つ」（Cohen 2008=2012: 245）に至ったエスニック集団を指す。カリブ人、スィンド人（スィンディー）、パールスィー（ゾロアスター教徒）が例に挙げられている。

＊25　例えばインド人の場合、労働ディアスポラとしてのみならず、交易ディアスポラとして位置づけられる人々もいる。また、労働ディアスポラは最初は非熟練労働者であっても、ホスト社会において階層上昇を果たし、二、三世代後には労働ディアスポラでなくなることもある（Cohen 2008=2012: 314）。ブリティッシュ・エイジアンの場合でも、第二世代以降になると高等教育を受けて医師や弁護士をはじめとする専門職に就くことも多い。

＊26　歴史的・地理的な結びつきに基づく特定の社会関係やネットワーク、ホスト社会との関係性から養われる差異の感覚、祖国《ホームランド》とホスト社会の双方への忠誠心から生じる政治的志向、トランスナショナルな集団による経済戦略などを指す。

＊27　差別や排除の経験によって否定的に、あるいは（「インド文明」のような）歴史的遺産や（「イスラーム」のような）現代世界の文化的・政治的力によって肯定的に形成される、二重的・逆説的な性質の様々な次元を指す。複数のローカリティ意識や（世代の違いから時に亀裂もはらむ）集合的記憶といった側面も含まれている。

＊28　この点については、ギルロイがエイジアンの音楽実践を黒人音楽文化の付属物のようにみなしてきた（Hyder 2004: 24）という批判もなされている。

＊29　ブルーベイカーがまとめるように、ディアスポラ概念はホールやギルロイのように「帰属の本質化に対する代替案」のような意味で用いられる一方で、ディアスポラの人々による「境界の維持」や個別のアイデンティティを強調するような研究においては「本質化された帰属の非領域的な形態を表象すること」（Brubaker 2005=2009: 395-6）といった用い方がなされることもある。つまり、アイデンティティの脱領域化を論じていたはずが、再び国境を越えた集団的アイデンティティを固定化するという事態が起こりうる。「ディアスポラ」を本質主義的な帰属意識に対するオルタナティヴな概念として活かすためには、ブルーベイカーの言う過程的な「実践のカテゴリー」として、すなわちディアスポラという枠組がどのような文脈において立ち上がり、人々のディアスポラ的姿勢や態度を編成するのかを経験的に分析する構えが重要になるだろう。

＊30　日本語では“Bangladesh”という国名は「バングラデシュ」と表記されるのが一般的だが、「デシュ」はヒンディー語の読みでは「デーシュ」となる。全体としては「ベンガル人の国」といった意味である。

＊31　こうした実践については第4章3・1で詳細に論じる。

＊32　あらかじめ大まかに質問項目を決めておきつつ、実際のインタビューのなかで相手が答えた内容に応じてさらに深

く掘り下げて質問していく手法。
＊33　インタビュイーの一覧は第4章1を参照のこと。

第2章　対象と方法——エイジアン音楽場と文化的真正性・正統性

＊1　日本では、ブルデューの“field”（フランス語の原語では“champ”）に「界」の訳語を当てている書籍や論文が少なからずみられ、また「場＝界」（糟谷 2003）のように併記するものも存在する。また、「場」が採用されている既存の日本語訳を参照しながら自身の研究では「界」を採用し、「場」の訳語を全て「界」に置き換えるといった例もみられる。ブルデューの代表的な翻訳者である石井洋二郎は、“champ”には「場」の他にも「界」「野」「圏」「域」などの訳語を当てることが可能であるが、「界」は「文学界」「芸術界」のように日本語としてこなれやすい一方、ごく普通の言葉として了解され、ブルデューがこの概念に込めた独自の意味合いが伝わらない可能性があるとする（石井 1993: 315）。石井はまた、ブルデューの『ディスタンクシオン』にある“champ de luttes”（「闘争の場」）という表現が、明らかに“champ de bataille”（「戦場」）という表現への参照を含んでいると思われたことから、固定的で静態的なニュアンスのある「界」という訳語を“champ”に充てなかったと述べている(石井 2020: 127)。一方、ベッカーの“art world”概念については、「アート・ワールド」とそのままカタカナ表記するものや、「芸術界」と訳すものが散見される。
　本書では、ベッカーの“world”の訳語として、その語感に最も近いと思われる「界」を採用することで、こうした訳語の混乱を整理したい。“world”を「界」と訳している先例としては、生明俊雄の研究（生明 2004: 29）がある。文化社会学におけるブルデューとベッカーの立場性の違いを、ベッカー自身がインタビューにおいて“world”と“field”の比較によって明らかにしていること（Becker and Pessin 2006）を踏まえて、本書ではブルデューの概念に「場」、ベッカーの概念に「界」の訳語を当てることとする。なお、二〇一六年に刊行されたベッカーの*Art Worlds*の日本語訳（Becker 1982=2016）に、ベッカー自身が“world”と“field”の比較について語る前述のインタビューが収められており、ここでは「ワールド」「フィールド」と英語がそのままカナ表記されているが、このインタビューについては日本語訳は用いず原文を訳すこととする。
＊2　ブルデューは、文化作品の社会学においては、芸術家間の諸関係の総体と同時に、「芸術と深い関係をもっている人々、芸術のために生き芸術で生計をたてているために、芸術作品の意味と価値の定義を、すなわち芸術と（本物の）芸術家の世界の境界画定を賭金＝争点とする競争関係においてたがいに対立し、これらの闘争それ自体によって芸術と

芸術家の価値の生産に協力しているすべての人々」（Bourdieu 1980a=1991: 179）――例えば批評家、収集家、媒介者、学芸員、画廊の支配人、パトロンなど――の総体を取り上げるべきだと論じる。さらに、音楽生産の場の分析にあたっては、「有名無名の作曲家や演奏家、レコード・プロデューサー、批評家、ラジオ司会者、教授といった関係者の全体」（Bourdieu 1980a=1991: 204）、すなわち「音楽に対して利害があり、音楽で得をしている、つまり音楽に投資〔備給〕している……、音楽というゲームにとらわれ、ゲームの渦中にある、そういった人びとすべて」（Bourdieu 1980a=1991: 204-5）の「競争関係における競争、相補性、共犯関係がどういった諸関係の網の目をなしているか」（Bourdieu 1980a=1991: 204）の全体を分析しなければならないと述べている。

＊3　ハビトゥスとは、日常経験によって習得・蓄積され行為者の心身に内在化された、固有の知覚、思考、評価、行動の図式であり、持続的な性向の体系を指す。ブルデューはこれを、「身体化された必然」、すなわち「道理にかなった慣習行動を生成し、またこうして生みだされた慣習行動に意味を与えることのできる知覚を生成する性向へと転換された必然」（Bourdieu 1979a=1990(I): 261）と説明する。

＊4　T・ベネットらは、ブルデューが『ディスタンクシオン』で行った一九六〇年代のフランスにおける調査で（共和主義のフランスにおいて）エスニシティに関する質問項目を含められなかったことを受けて、グローバル化の進展で文化と社会の諸関係は（ブルデューがフランスという国家の内部における社会的諸関係に照準したのに対して）トランスナショナルな性格を帯びるようになっており（Bennett et al. 2009=2017: 19）、移民の増加によって国民人口とその文化実践のエスニックな差異化もそうした変化に作用する（Bennett et al. 2009=2017: 48）と論じる。そして、現代イギリス社会のエスニックな多様性を反映させ、イングランド系白人、ケルト系白人、インド系、パキスタン系、アフロ・カリビアンなどを対象に含めた質問紙調査とインタビュー調査を行った。国民国家の支配的な文化に生まれた人は移民に比べて、ナショナルな帰属に転化できるナショナルな資本をより多く蓄積しているという（ブルデューの文化資本論を援用した）G・ハージの議論（Hage 1998=2003: 107-10）に言及しながら、ベネットらは「文化資本とは、国という枠組みのなかでだけ組織化されるものではなく、複雑で対立を含んだ文化地理学を引き起こすものである」（Bennett et al. 2009=2017: 455）として、様々な種類のトランスナショナルなアイデンティティのありよう自体が文化資本の重要な構成要素になっていると指摘している。ベネットらはまた、ピーターソンらによる音楽的嗜好のオムニボア（雑食）化（Peterson and Kern 1996 ; Peterson 2005）の議論を踏まえて、文化的オムニボアな文化資本――「ある特定の文化の型に愛着するよりもむしろ、『高尚』や『低俗』といった分類に関わりなく、様々なジャンルに適応できる特有で正当性がある能力として示され」る（Bennett et al. 2009=2017: 67）――という形態の文化資本のあり方も提起している（Bennett et al. 2009=2017: 466)。

＊5　後に社会関係資本の概念を精緻化したR・パットナムは、その構成要素として「互酬性と信頼性の規範」「社会的ネットワーク」を挙げている(Putnam 2000=2006: 14)。本書では、社会関係資本の概念を用いた考察は主に第5章2・3で行う。

＊6　例えば文学場においては、闘争を形作ってきた諸対立は、端的には「若者、後からきた者、新規参入者と、年長者、すでに地位を確立した者、エスタブリッシュメントとの間の対立に帰着」(Bourdieu 1980a=1991: 215) する。

＊7　ブルデューの文化資本の概念を援用した若者文化の分析に、S・ソーントンのクラブカルチャー研究がある。ソーントンは一九八〇年代後半から九〇年代前半にかけてのレイヴ・カルチャーの形成に注目し、「サブカルチャー資本」概念によって、クラブカルチャーに参与するメンバーがシンボルや独自のメディアの利用を通じてヒエラルキーを形成する様相を描いた (Thornton 1995)。

＊8　ライールは、ブルデューの場概念が、一部の (特権的な) 行為者による資本の領有をめぐる闘争のみに照準したものであり、場における権力の領域から外れた職人や技術者、支援スタッフ (かれらはベッカーの界概念には含まれている) や、家族・友人などの諸個人、他の場の行為者による実践や相互行為は考慮されていないと主張する (Lahire 2012=2016: 151-5)。また、そこでは行為者が当該の場の成員としての存在にのみ還元され、複数の多元的な状況の間を移行することは想定されておらず (Lahire 2012=2016: 160, 196)、(例えば、文学者のキャリアの戦略から作品までの) 一切が当該の場における位置取りから説明されることになるとみなす。ここでライールが批判するのは、ブルデューが主張する場の自律性、ならびに場の行為者たちのハビトゥスの単一で均質的な捉え方である。さらにライールは、ベッカーの界概念も場概念と同様、当該の界の成員としての行為者を前提としており、「作品がワールド (引用者注：界) や場の内部の行為者、制度、人間関係、ないし相互行為によってしか影響されないということを一挙に前提としてしまう」(Lahire 2012=2016: 186) と論じる。こうした認識からライールは、作家や芸術家の場の外部における生活や社会的諸経験が、場の内部を理解する上で重要だとして、文学的創作の圏域を「文学場」ではなく「文学ゲーム」として論じるという方向性を示す。これは、副業を持たざるをえない多くの作家たちを「一つの場の『専従の行為者』というよりも、外部へと『自分の生活費を稼ぎ』にいくために定期的にゲームを抜け出すようなプレイヤー (joueurs)」(Lahire 2012=2016: 172) として捉えることで、場を自律的な圏域として捉えるのではなく、行為者たちをその外部との循環的な相互関係へと開いていこうとするものである。

　ライールのこの議論は興味深いものではあるが、実際にこの枠組を援用して調査を行うとなると、行為者の活動の範囲を設定するのが難しい。本書の研究対象で言うと、行為者たちがエイジアン音楽の生産の圏域の外部で行う活動として、例えば音楽以外の副業（第3章＊38も参照）を行うことが内部におけるかれらの位置取りにどう影響するかといったことも検討することになり、そのためにはインタビュイーのよりプライベートな生活面まで聞き取る必要が出てくる。これは、本書が元々設定した調査の射程を越えるものである。

＊9　また、*Cultural Sociology* や *Poetics* といった学術誌において、ブルデューの場概念の再評価や、具体的な事例研究への適用による有効性の検討が試みられてきた。そこでは行為者のハビトゥスと場の論理を仲介する「状況」に注目する必要性が指摘されたり（Santoro 2011: 14-5）、場における個人・組織・制度の間の相互作用といった動的なプロセスに焦点が当てられたりしている。一方、ベッカーの「界」を参照しながらアメリカの「ジャズ芸術界」の歴史分析を行ったP・ロペスも、結論でブルデューの場概念を「文化的意味と実践の、動的で矛盾したオープンなプロセス」（Lopes 2002: 277）として理解される必要があるとしている。

＊10　「シーン」は記述的に用いられることが多い用語だが、W・ストローは「音楽シーン」という概念を提起し、「様々な音楽実践が共存する文化的空間のことで、多様な差異化のプロセスの内部で幅広く変動する変化と相互交配の軌跡に従って相互作用している」（Straw 1991: 373）と定義した。以降、シーンの観点から多くの学術研究がなされてきたが、それらは大まかに言って「プロデューサー、ミュージシャン、ファンの一群が集団的にかれらの共通の音楽的嗜好《テイスト》を共有し、集団的に自分たちと他者とを区別する文脈を示す」（Peterson and Bennett 2004: 1）という方向性を有している。そうした一連の研究を踏まえながら、ピーターソンとA・ベネットはシーンをローカル／トランスローカル／ヴァーチャルの三種類に区分している（Peterson and Bennett 2004: 6-12）。

　しかし、トランスローカルやヴァーチャルといったものを含めてシーンの概念を拡張化することによって、「概念自体の特性を減じ、分析的なものというよりも記述的なものにしてしまう」（Longhurst and Bogdanović 2014: 263）おそれもあると言える。例えば、キムはロンドンの南アジア系のクラブにおける調査から、エイジアン音楽の様々な受容を通じたアイデンティティ構築についてシーン概念を用いて論じているが（Kim 2015）、「ロンドン・エイジアン（アーバン）音楽シーン」「エイジアン（音楽）シーン」「エイジアン・アンダーグラウンド・シーン」「エイジアン『デーシー』ヒップホップ・シーン」「エイジアン『デーシー』音楽シーン」「サブカルチャー（音楽）シーン」「エイジアン産業シーン」など、シーンを多用しすぎているだけでなく、それぞれのシーンが何を指すのかも曖昧で、シーン間の関係性についても説明していない。これは、シーン概念が分析的ではなく記述的なものになってしまう一例だろう。

＊11　本書では、イギリスのいわゆるメジャーなレコード産業や、エイジアン音楽イベントの開催における自治体やアーツカウンシルなどの助成との関係、イギリスの主要都市に存在する南アジア系コミュニティラジオ局といった、エイジ

アン音楽場の維持に作用する制度的な側面にも極力目配りしながら考察を加えていく。

＊12　ブルデューの『ディスタンクシオン』(Bourdieu 1979a=1990) では「文化媒介者」と訳されているが、本書ではニーガスの文献に多く言及しているため、この訳語を用いる。「文化仲介者」については後述する。

＊13　もっとも、ジャンルの「一体性」の維持の背景には、音楽生産の現場における行為者たちのいわば「リスク回避」という要素もあると考えられる。音楽の生産者は、作品が商業的に成功するかどうかの予測がつかない場合、過去に成功した作品のフォーマットに依存する傾向があり (Negus 1999: 32)、これによって同様の音楽形式に基づいた楽曲が蓄積されることでも「一体性」の感覚がもたらされる可能性があるだろう。

＊14　「社会的布置での下方向への指向を意味する文化的正統性獲得の基準であり、支配圏や中央圏から抑圧を受けている、あるいは除外されているというアウトサイドの立場に立つことから生産される価値の指標」(南田 2001: 46) のこと。

＊15　「既存音楽芸術の解体をめざし、新しい芸術的感動と知的好奇心、超越的な体験をもたらそうとする立場に立つ価値の指標」(南田 2001: 46) のこと。

＊16　「ポピュラー音楽としての位置を守り、娯楽の文脈を尊重し、エンターテイナーとしてのイメージを保全する立場をとる価値の指標」(南田 2001: 46) のこと。

＊17　＊24を参照のこと。

＊18　G・ディートリヒはアメリカの文脈で、曲がヒンディー語やパンジャービー語で歌われていても、言語の理解は重要ではなく、「歌詞は意味的なテキストとしてよりも、非意味的なインド性の指標としてより重要である」(Diethrich 1999: 49) と論じる。ここでも歌詞における南アジアの言語を、こうした集合的な象徴性を有するものとして位置づける。

＊19　また、ミュージックビデオにおけるエスニックなシンボル（本国の風景、民俗衣装や舞踊、宗教的な慣習などの表象）も、楽曲とともに用いられることによって〈伝統的象徴〉の方向性により強く作用しうる。

＊20　J・ホワイトは「アーバン」を、「グライム、ベースライン、UKファンキー、ガレージ、ダブステップ、RnBといったポピュラーな黒人の音楽表現の特定のタイプ」(White 2017: 17) という意味で用いている。イギリスにおいて「アーバン音楽」という用語は、黒人イメージと結びついたヒップホップやR&Bなどのポピュラー音楽の実践を指すものとして、広く用いられている。現実に南アジア系のヒップホップやR&Bが「アーバン・デーシー」や「バーバン (brown urban)」(第3章＊23を参照) といった名称で呼ばれてきたことを踏まえ、本書でもこの語を採用する。ただし、ホワイトが指摘するように、黒人の音楽表現を受け入れられやすい形でパッケージ化して商品化したい人々やメディアが、アーティストにこのラベルを押しつけているといった問題含みな面もある (White 2017: 17) ことは意識しておくべ

きだろう。
＊21　ディートリヒは、移民の文脈では「伝統的な」という形容詞付きのバングラーが、実際にはクラブ・ミュージック的なバングラーを指していることもあるとして、「伝統」という用語の非一貫的な用いられ方を指摘する（Diethrich 1999: 46）。また、アメリカ・シカゴのインド系コミュニティの文脈から、ヒンディー語映画音楽は「伝統的でありコスモポリタンでもあるものとして理想化された故郷のイメージを可能にする」（Dietrich 1999: 38）ものであり、ハイブリッドなサウンドの映画音楽（またはそのリミックス）を「真正」あるいは「伝統的」とみなす若者もいると論じる（Diethrich 1999: 47）。こうしたディアスポラ的な音楽受容の形は、ブリティッシュ・エイジアンの文脈においても当てはまるだろう。〈伝統的象徴〉とは、まさにこのような「象徴」としての「伝統」を指すものである。
＊22　これについては第3章2・5、第4章3・1で詳述する。
＊23　二〇一〇年から開催されている音楽賞、BritAsia TV Music Awards（エイジアン専門テレビ局 BritAsia TV が主催、二〇一六年と二〇二〇年は開催せず）には、二〇一七年まで“Best Urban (Asian) Act”というカテゴリーがあった。二〇一八年からはこれがなくなり、新たに“Best Non-Traditional Asian Act”というカテゴリーが設けられた。「アーバン」が「非伝統的」という言葉に置き換わっており、ここでは「アーバン」と「伝統」がある意味で対照的な位置づけとなっている。本書の二つの真正性指標も、このような異なる音楽表現の方向性を意識したものである。
＊24　南田のロック場の分析で用いられる三つの指標はもっぱら、ロックという音楽ジャンルに内在した表現方法やスタイルの方向性の相違を示すものとして用いられており、音楽場の参与者自身の属性としてのエスニシティや人種は場を特徴づける独立した指標としては用いられていない。これに対し、筆者はかつて南田の指標概念を援用し、アメリカの白人男性ラッパー、エミネムの「差別表現」の受容過程を言説分析の手法を用いて検討するなかで、演じ手の社会的布置としての人種をヒップホップ場の構成原理のひとつとみなした（栗田 2008）。そこでは、「真正性」指標と「正統性」指標の二つを導入しながらも、人種という価値基準を「正統性」ではなく「真正性」の指標としていた。しかし、音楽の担い手としての本人の属性を検討する上では、「真正（authentic）」（「本物」であるか）というよりも「正統（legitimate）」（「適切な系統」であるか）という用語を用いるほうが妥当だと考えられる。本書での〈エスニシティ〉という正統性指標は、この反省を踏まえて用いるものである。
＊25　〈伝統的象徴〉と〈エスニシティ〉指標は、ある言語やサウンドの使用が特定のエスニシティと結びつくところから、一見すると類似した要素を有している。例えば、歌詞にパンジャービー語を用いるという〈伝統的象徴〉指標からの音楽実践と、その歌手自身がパンジャービーという〈エスニシティ〉（サブ・エスニシティ）を保持していることは同じ

ことであるように思われる。しかし、第5章2で論じるように、パンジャービー語を用いた楽曲制作やパフォーマンスは非パンジャービーのアーティストもしばしば行っているため、実際にはイコールとならないこともある。

＊26　これについては次章で、エイジアン音楽の歴史的変遷や様々な実践について概観した後に再度説明する。

＊27　ニーガスならびに増田聡による整理（Negus 1996=2004; 増田 2005）に多くを負っている。

＊28　「対立モデル」（T・アドルノ、S・チャプル&R・ガロファロなど）、「伝達・共同作業モデル」（ベッカー、ピーターソンなど）、「媒介モデル」（ニーガス、A・エニョンなど）、「合意モデル」（フリスによるロック音楽産業にフォーカスした議論）。

＊29　ニーガスは、自身の用いる文化仲介者の概念は、音楽産業関係者が時にはある出来事に対して許可を与えたり、時には門戸を閉ざして制限をかけたりする様相を説明するのに用いられてきた「ゲートキーパー」という用語と重なる部分が多いとする。しかしその一方で、「文化仲介者は、組織的な因習に沿って製品を選別する門番《ゲートキーパー》としてではなく、労働慣習上の形式的な区分を曖昧にするような媒介者として働く」（Negus 1996=2004: 104）として、様々なアクターが音楽の生産・流通・消費を結びつけ相互に取り結ぶ関係性や媒介実践に照準するには、一方向的な流れの媒介者という意味合いを含んだ「ゲートキーパー」よりも「文化仲介者」のほうが適切だとみている（Negus 1996=2004: 112）。

＊30　身近な日本の例を挙げると、日本におけるインド料理店は実際にはインド人ではなく、ネパール人やスリランカ人がオーナーやコックを務めている場合が多い。これは、ネパール料理やスリランカ料理に馴染みの薄い日本人客を取り込むための方策であり、典型的な借り傘戦略だと考えられる（山下 2016: 35, 39）。

＊31　これは、「主流社会」と「移民コミュニティ」を別個の集団とみなすというパルツァーとクォックの二分法的な図式に起因している。この図式は、ホスト国家に移住後比較的時間が経過していない移民第一世代には当てはまるかもしれないが、ホスト国家で生まれ育って当該主流社会の価値観を有し、主流の文化産業とエスニックな文化産業との間で揺れ動く第二世代以降に適用するには注意が必要である。

＊32　ポストコロニアルな視点から文化生産における表象の政治性の問題に切り込むサハは、主流（白人）／ニッチ（エイジアン）という二項対立的な図式に則った議論を展開することによって、結果的にエイジアン内部の多様性を捨象している。サハは、これらの分野の文化生産においてはグジャラーティーやタミル、パキスタン系といった特定の集団が支配的であるわけではないとして（Saha 2009: 65）、参与者のサブ・エスニックな属性が文化生産の場にもたらす効果の考察には力点を置いていない。

＊1　また、パキスタンの場合は、一九六〇年代にマングラーダムの建設によってアーサード・カシミール地域の二五〇の村々が水没することになり、ミールプリーの人々のイギリス移住が生じた（Anwar 1996=2002: 22-4）。

＊2　当時の東アフリカ各国における状況とかれらのイギリスへの再移住については、内藤雅雄の研究（内藤 2011: 137-9, 150-6）を参照のこと。かれらの多くは西インドのグジャラート州にルーツを持つグジャラーティーで、イギリスでは東アフリカ系エイジアン（East African Asian）と呼ばれる。

＊3　インド系が一四一万二九五八人（全人口の二・五パーセント）、パキスタン系が一一二万四五一一人（同二・〇パーセント）、バングラデシュ系が四四万七二〇一人（同〇・八パーセント）。

＊4　「カリビアン」「インド系」「アフリカ系エイジアン」（東アフリカからの再移住者）「パキスタン系」「バングラデシュ系」「中国系」の六グループからの合計五〇〇〇人以上を対象に、同じエスニシティのインタビュアーによって、約一時間の聞き取りを行ったもの。

＊5　このデータにはスリランカ系やネパール系の項目がなく、また言語の面でもドラヴィダ語圏の言語（タミル語、シンハラ語など）やネパール語への言及がない。調査当時は南インドやスリランカ、ネパール出身者が少なかったという事情が考えられるが、こうしたエイジアンのなかのマイノリティの周縁化や「不在」は、エイジアン音楽場においても当てはまる。

＊6　その主な要因として、スィク教徒が英領インド時代に兵士や警察官として重用されてきたことや、スィク教徒が集住するインドのパンジャーブ州がカースト規制の比較的緩やかな地域であり、伝統的なカーストに基づく地位よりも家族の経済的成功による威信（izzat）が社会的評価の基準として重視されたことが挙げられる（長谷 2000: 151, 153）。

＊7　近年は拡大するインド系移民市場を意識して、舞台を海外に設定し、現地に暮らすインド人を主人公とした作品が増えており、イギリスもしばしばその舞台となることがある。ボリウッド映画においては、一九九〇年代に（在米・在英の）インド系ディアスポラを描く「ディアスポラ・ロマンス」が人気となり、以降西洋で生まれ育ったインド系ディアスポラの第二世代がヒンディー語映画において、観客としても映画の登場人物としても重要な役割を担い始めた（Dwyer 2014: 67）。R・ドゥワイヤーによれば、こうした映画は「ディアスポラが今でもインディアンであり、インドが経済的関係において世界の他の地域を凌ぐ準備ができているという事実を強調している」（Dwyer 2014: 66）。

＊8　ボリウッド音楽が「汎南アジア的」だという理解の妥当性をめぐっては、第4章2・3で再度取り上げる。

＊9　映画の内容によっては、パンジャービー語などその他の南アジア系言語で歌われることもあり、こうした包摂的な性格ゆえに「汎南アジア的」な意味を与えられているという点も意識しておく必要があるだろう。

＊10　パンジャービーのティジャンダル・スィング（Tjinder Singh）を中心とした、イングランド中部のウォルヴァーハンプトン出身のバンド。白人メンバーもおり、南アジア的なサウンドや言語を用いない曲もあるにもかかわらず、イギリスの多くのメディアは非白人と反人種主義などの主張を結びつけることで、かれらの音楽に政治的な意味を付与してきた（Hyder 2004: 89）。

＊11　この曲は、翌一九九八年に制作されたＤＪのノーマン・クック／ファットボーイ・スリム（Norman Cook/Fatboy Slim）によるリミックスが人気を呼び、全英シングルチャートで一位を記録した。

＊12　バングラーバンド、アラープ（Alaap）のリードシンガー、チャンニー・スィング（Channi Singh）は、ブリティッシュ・エイジアンとして初めてインド映画（一九九二年公開のヒンディー語映画 *Yalgaar*）の音楽を担当した（Sahota 2014: 94）。また近年の例としては、ロンドン出身の歌手アッシュ・キング（Ash King）や、ブラッドフォード出身の歌手・作曲家マンジ・ミュージック（Manj Musik）などが挙げられる。

＊13　バングラーは、ドールやドーラクといった両面太鼓やトゥンビーなどの弦楽器を用いた躍動感のあるリズムや、"Chak de!"（「いくぜ！」）、"Balle Balle" "Bruuaaaah!" といった掛け声（場を盛り上げるために用いられる）など、サウンドやパフォーマンスの面でいくつかの顕著な特徴を有する。また、バングラーはパンジャーブ各地の踊りと密接に結びついた音楽であり、ライヴでもこうした太鼓を肩から下げて打ち鳴らしたり、それに合わせて踊ったりするパフォーマンスが頻繁にみられる。

＊14　その初期の例は、バーミンガム近郊のスメスウィックで結成されたブチャンギー・グループ（Bhujangy Group）で、かれらは一九六七年にイギリスで初めてのパンジャービー語によるアルバムを録音した（Bance 2007: 144）。また一九七七年にはサウソールでアラープが結成され、ディスコサウンドを用いた楽曲で人気を博した。八〇年代初頭から現在まで活動するその他のバングラーバンドとしては、ヒーラー（Heera）、アプナー・サンギート（Apna Sangeet）、DCSなどが挙げられる。

＊15　バングラーがイギリスの主流メディアに登場したのは一九八六年で（Banerji and Baumann 1990: 143）、九三年までには後続のアーティストたちが全国紙の音楽コラムに定義なしで論じられるほどまでの影響を与えていた（Huq 1996: 66）。

＊16　T・バランタインは、こうしたハイブリッドな形式のバングラーはイギリスを越えてギルロイの言う

「黒い大西洋《ブラック・アトランティック》」(Gilroy 1993=2006) のグローバルな黒人音楽の諸形式と融合しているため、「ブリティッシュ・バングラー」と呼ぶのはミスリーディングだとして「ブラック・バングラー」という名称を与えている (Ballantyne 2006: 134)。

＊17　ＢＢＣエイジアン・ネットワークをはじめとした南アジア系ラジオ局の番組におけるバングラーの比率の大きさや、UK Bhangra Awards (二〇一四年から開催) など、バングラーの優越性とエイジアン音楽を代表するサブ・ジャンルとしての地位を確立している現状を示す例は枚挙にいとまがない。

＊18　エイジアン・クールは、九〇年代のブレア政権下で展開された、多民族・多文化国家としてのイギリスの「魅力」を国際的にアピールする「クール・ブリタニア」プロジェクトと時期的に重なっており (Swedenburg 2010: 297)、エイジアン文化の要素をエキゾティック化したようなカルチャー雑誌やファッション雑誌がエイジアン・クールを取り上げた (Sharma 2006: 322)。しかし、その一方でエイジアン・アンダーグラウンドのアーティストたちは「表象／代表《リプリゼンテーション》の重圧 (burden of representation)」(Hall 1996a=2014: 81) のような感覚をも抱えていたことが指摘されている。バクラーニーヤーによれば、彼女がインタビューした一五人のアーティストのほぼ全員が、アーティスト性を示すものとしての (反人種主義的な) 政治というラベルを軽蔑しながらも、かれらは同時に南アジア系リスナーをエンパワーしたいという欲望も持っていた (Bakrania 2013: 72)。

　なお、ホールによる前述の“burden of representation”という概念は日本語訳では「表象の責任」となっているが、本書では「表象／代表の重圧」と表記する。

＊19　また、一九九六年にはインド系のジャズ・マン (Jaz Mann) がヴォーカルを務めたロックバンド、バビロン・ズー (Babylon Zoo) の“Spaceman”が発売一週目で四一万八〇〇〇万枚を売り上げ、五週連続チャート一位となった (Bance 2007: 157)。さらにその翌年にも、ホワイト・シティ (White City、インド系ミュージシャンのジョーティ・ミシュラ (Jyoti Mishra) のソロプロジェクト) の“Your Woman”がチャート一位を記録する成功を収めている。これらのアーティストはここで取り上げるバンドとは異なり、エイジアン音楽の文脈で取り上げられることはほとんどない。その理由としては、ヴォーカルのインド系としての〈エスニシティ〉はパスしていたものの、楽曲の内容における〈伝統的象徴〉の要素を欠いていたことや、かれらの南アジア系メディアへの露出の少なさなどが考えられる。

＊20　ファン・ダ・メンタルやコーナーショップには非エイジアンのメンバーもおり、ゆえにこうしたバンドを「エイジアン・バンド」とみなしてその南アジア性を強調することへの批判もありうる。ハイダルは「エイジアン・バンド」という用語を、「エイジアン・アイデンティティの本質主義的な観念を永続させるというよりも脱構築する助けとするため」(Hyder 2004: 17) に用いている。

＊21　その一方で、ファン・ダ・メンタルはヴォーカルのないインストルメンタル・アルバムを発表するなど、歌詞やパフォーマンスの政治性を強調するメディアを当惑させる試みも行っている（Hyder 2004: 92-3）。

＊22　この背景には、アメリカの人気ラッパー、ミッシー・エリオット（Missy Elliott）がパンジャービー音楽のサウンドを取り入れた"Get Ur Freak On"を二〇〇一年に、またアメリカのR&B歌手トゥルース・ハーツ（Truth Hurts）がヒンディー語映画*Jyoti*（一九八一年）の挿入歌でラター・マンゲーシュカル（Lata Mangeshkar）が歌った"Thoda Resham Lagta Hai"を（無許可で）サンプリングした"Addictive"（featuring Rakim）を二〇〇二年に、同じくアメリカのラッパー、エリック・サーモン（Eric Sermon）が、ヒンディー語映画*Taj Mahal*（一九六三年）の挿入歌"Chandi Ka Badan"の歌唱の一部を引用した"React"（featuring Redman）を二〇〇二年にリリースし、イギリスのシングルチャートでも上位にランクインするヒットとなったことがある。二〇〇三年には、コヴェントリー出身の音楽プロデューサー、パンジャービーMC（Panjabi MC）とアメリカのヒップホップを代表するラッパー、ジェイ・Z（Jay-Z）の共作によるリミックス曲"Mundian To Bach Ke（Beware of the Boys）"が世界的なヒットを記録した。

＊23　近年の動向で興味深いのが、二〇一一年に東ロンドン出身のパキスタン系ラッパー、シッヅィオ（Shizzio）が提唱した「バーバン（Burban）」――「ブラウン・アーバン（Brown Urban）」を組み合わせた造語――なる名称である。シッヅィオは、「アーバン・デーシー」のような既存のカテゴリーに取って代わる、新しくクールなエイジアンのイメージを打ち出すコンセプトとして、この「バーバン」を提唱した。二〇一一年一〇月に、BritAsia TV Music Awardsでこれを披露し、他のエイジアンのラッパーたちとともにステージでパフォーマンスを行っている。南アジア系の肌の色を指す「ブラウン」という言葉を選んでいるところに、「ブラック」との差異を示す意図がみて取れるが、シッヅィオをはじめとするエイジアンのラッパーたちは、その外見や話し方などに明らかに若い黒人男性の不良っぽいイメージを投影させた「ルード・ボーイ（rude boy）」的なスタイルを打ち出している。

＊24　例えばR・ダドゥラーは、バーミンガムのバングラーバンド、アチャーナク（Achanak）のメンバーが彼にインタビューで語った、以下の言葉を引用している。「レゲエとバングラーは似たグルーヴとビートパターンを用いている。シンコペーション、ある種の付点リズムと呼ぶような。一方をもう片方に聞くことができる、それが、両者がとてもよく合う理由だ」（Dudrah 2002: 370）。

＊25　アメリカでも南アジア系の若いアーティストがヒップホップにアプローチする傾向がみられ、こうした音楽実践を考察する研究も近年盛んになっている（Nair and Balaji eds. 2008; Sharma 2010）。N・T・シャルマーによれば、アメリカの南アジア系ラッパーたちは、自分たちを「人種化」するためにヒップホップを用いている（Sharma 2010）。

＊26　なお本書では、女性インタビュイーの数の少なさから、ジェンダーの観点からの考察を十分に行うことが難しい。エイジアン音楽産業において女性の存在が不可視化されてきたことや（Huq 1996: 71）、バングラーの文脈における男性中心主義と女性アーティストの活動のしづらさ（Kaur and Kalra 1996: 227-8; Dudrah 2007: 52-5）といった点は、これまでも先行研究において指摘されてきた。こうした傾向は現在も続いており、筆者が行ったインタビュー調査においても、女性インタビュイーたちから南アジア系女性の音楽業界への参入や活動の継続の困難さが語られている。これはさらに、南アジア系 LGBTQ+ が音楽場においてオープンに活動することの困難さとも部分的に関連しうるだろう。先行研究の検討も含めて、エイジアン音楽場におけるエスニシティとジェンダーやセクシュアリティの交差という問題系については、今後の課題としたい。

＊27　バングラーが主にインド側バンジャーブの音楽文化であるという認識は、筆者がイギリスでパキスタン系パンジャービーの人々と話をした際にもしばしば聞かれた。

＊28　一方で、スィク教徒がカーストの枠組にこだわることを批判した、ヘイズ（西ロンドン）出身のパンジャービー歌手ゴールデン・ルーツ（Golden Roots）の楽曲“Caste”（二〇二一年三月リリース）のような実践もある。

＊29　小牧幸代によれば、北インドのムスリム社会には「ザート（zat）」（「種族」を意味する）や「ビラーダリー（biradari）」（「同胞、兄弟」を意味する）と呼ばれる社会単位が存在する（小牧 2000: 275）。ザートは「外国起源」であることを主張するムスリムの諸集団が、ビラーダリーはインド起源でヒンドゥー職能カーストから改宗したムスリムの諸集団が、それぞれ自らを指す際に用いている（小牧 2000: 279, 281）。これらの言葉は、ヒンドゥー社会におけるジャーティ（カーストを指す）的な性質を帯びた社会集団を指すものとしてムスリム社会で用いられるが、その語法は「単にムスリムによるヒンドゥーとの差異化を可能にするにとどまらず、ムスリムそのものを上下に区分するものでもありうる」（小牧 2000: 276-7）。このような複雑な背景から、小牧はムスリム社会における階層性を説明する上で「カースト」という概念を用いていない。

＊30　かれらの多くは一九四〇年代に理容師の需要のあるイギリス支配下の東アフリカへ、理容師やイギリス軍の職員などとして移住し、さらに六〇年代後半の東アフリカ諸国のアフリカ化政策のためにイギリスへの再移住を余儀なくされた（Baily 2006: 262-3）。

＊31　ベイリーによれば、かれらが結成したバンドはたいていの場合新旧の有名なボリウッド音楽の楽曲を演奏し、グジャラーティーのオーディエンスが相手であってもグジャラーティー語の曲はあまりやらない。アマチュアのバンドが結婚式などのプライベートな場所で演奏する際は、有名な曲のカバーでないと受けが悪いという理由があり、かれらは新曲

の作曲にはほとんど関心がないという（Baily 2006: 264）。また、（宗教的規範ゆえに）女性が人前で歌うことは避けられるため、ハリーファーの音楽グループで歌う女性はたいていヒンドゥー教徒やキリスト教徒である（Baily 2006: 262-3）。

＊32 特に北インド系コミュニティにおいて、上層カーストの人々がコミュニティの結束を目的とするイベントに下層カーストの人々が参加できないようにする事態がはびこっているという指摘もある。例えば、グジャラーティーによるガルバー（Garba、グジャラート地方を代表するヒンドゥー教的な民俗舞踊、ならびにそれと結びついたグジャラーティー語で歌われる音楽）のダンスイベントはカーストごとに区分されて催されており、上層カーストしか出席しない場合がほとんどだという（Sahim 2016=2019: 238-9）。

＊33 ここでは「地域性」を、イギリス国内における都市（地域）間の差異という意味合いで用いている。

＊34 これはとりわけパンジャービー音楽に顕著にみられ、クラブサウンドと結びついたインド本国のバングラーやパンジャービー・ポップの楽曲は、在英パンジャービーのアーティストの楽曲と同様に人気を博している。「バングラーの女王」とメディアで形容されることもあるミス・プージャー（Miss Pooja）や、ラッパーで音楽プロデューサーのヨー・ヨー・ハニー・スィング（Yo Yo Honey Singh）、歌手のみならず近年では映画俳優としても活動するディルジート・ドゥサーンジ（Diljit Dosanjh）、シンガーソングライターのグル・ランダーワー（Guru Randhawa）、若手歌手のスィッドゥー・ムーセー・ワーラー（Sidhu Moose Wala）といったアーティストは、在英南アジア系メディアでも頻繁に取り上げられ、高い知名度と人気を誇る。

また、本国のアーティストの楽曲をリミックスするといった例もみられる。例えば、パキスタンの伝説的なカウワーリーの歌い手であるヌスラット・ファテ・アリー・カーン（Nusrat Fateh Ali Khan、1948-1997）は、イギリスの南アジア系アーティストたちにも多大な影響を与えており、カーンのリミックスアルバム Star Rise（一九九七年）にはニティン・ソーニーやタルヴィン・スィング、エイジアン・ダブ・ファウンデーション、ファン・ダ・メンタルらが参加した。

＊35 例えば、大物バングラー歌手のグルダース・マーン（Gurdas Maan）や、カウワーリーやボリウッド音楽の歌い手として著名なラーハト・ファテ・アリー・カーン（Rahat Fateh Ali Khan）は、比較的頻繁にイギリスツアーを行っている。

＊36 パンジャービー音楽の例としては、カナダのジャズィー・B（Jazzy B）やＤＪサンジ（DJ Sanj）、アメリカのジャスミン・サンドラス（Jasmine Sandlas）やミッキー・スィング（Mickey Singh）などが著名である。カナダ出身のR&B歌手ラーガヴ（Raghav）は、デビュー当初からイギリスでの活動を活発に行い、一枚目のアルバム *Storyteller*（二〇〇四年）が全英アルバムチャート三四位、シングル"So Confused"が同シングルチャート六位と、主流の音楽チャートでも成功を収めた。ラーガヴは英語とヒンディー語の両方で歌っている。リビア出身のローチ・キラ（Roach Killa、一〇歳

で家族とカナダへ移住）は、レゲエやヒップホップを取り入れ、アパッチ・インディアンなど在英南アジア系アーティストとの共演もしばしば行っている。オランダのハーグ出身のパキスタン系歌手イムラーン・カーン（Imran Khan）は、パンジャービー語の歌詞をＥＤＭ（Electronic Dance Music）のサウンドに乗せて歌い、二〇〇九年のデビュー以降イギリスやパキスタンをはじめ世界中でライヴを行っていて、特にパンジャービーの若者の間で人気を博している。

＊37　アメリカの *Billboard* 誌に向けて語られた内容であるが、「エイジアン」が南アジア系を意味するというのはイギリス独自の用法であり、ここでの「エイジアン音楽」が南アジア系音楽のみを指す（中国系など他のアジア系の音楽を含まない）のかどうかは判然としない。

＊38　アーティストはヒットを出してある程度の成功を収めても、楽曲の売上やライヴの出演料だけで十分な収入を得られるわけでは必ずしもないようである。バングラーのバンドが結婚式などのイベントでの演奏を請け負うことは現在も多く、例えばベテラン・バングラーバンドDCSのヴォーカル、シン（Shin）による、「私の仕事の約八五から九〇パーセントはプライベートな仕事で、それによってバンドを一生の仕事とすることができている」（Bakrania 2013: 199）といった発言からも、こうしたプライベートな場所での演奏が収入においてかなりの比重を占めていることがうかがえる。

また、アーティストが副業を持っている可能性もある。バリー・サッグーも、トップのエイジアンの歌手でもフルタイムで音楽ビジネスに関わる人は少なく、別の仕事もしていると発言している（Housee and Dar 1996: 99）。例えば、二〇一三年にデビューしたある若手男性バングラー歌手は、デビュー直後から南アジア系メディアで盛んに取り上げられ、南アジア系のある音楽賞で最優秀新人賞を獲得するなど一躍脚光を浴びたが、翌二〇一四年に女性への性的暴行が発覚し逮捕・収監された。逮捕を報じるニュースによって明らかになったのが、彼が南アジア系メディアに盛んに露出し人気を博していたのと同時期に、地元でタクシーの運転手をしていたということである。アーティストとしてのイメージに影響が出るのを避けるため、かれらがこうした副業のことを公表しないのは自明だろう。筆者自身、エイジアンの歌手やＤＪの多くが果たして音楽の仕事だけで食べていけるのだろうかという疑問を幾度となく持ったが、インタビューでかれらに直接尋ねることには躊躇があり、この点にはアプローチできなかった。

アーティストで芸術経済学者のＨ・アビングによれば、芸術制作において発生する損失やコストはアーティスト自身の「内的助成」あるいは「横断的資金調達」によって負担され、それらの最も重要な形態が副業である（Abbing 2002=2007: 251）。また、パートナーや家族、親族、友人など、アーティストと個人的な関係のある人々が（必ずしも直接的な資金援助ではなく、生活費の支払いを分け合うことや、作品の購入、公演に出かけることなどによっても）支援する場合もある（Abbing 2002=2007: 329-30）。エイジアンのアーティストでも、副業を持つことや家族、友人などのサポートによって活動を継続しているケースは少なくないと思われる。
＊39　また、一九八二年には、ＢＢＣの番組にイギリス社会の多元性が十分に反映されていないとの認識の高まりを受けて、テレビ局のチャンネル４（Channel 4）が設立された（阿部 2006: 128-9）。チャンネル４はブリティッシュ・エイジアン向けの番組も放送している。
＊40　ヒンディー語・ウルドゥー語話者には「かれらをご紹介します」という意味になる。「かれら」はここではイギリス人を指していると思われる。
＊41　「くつろいでください」という意味。
＊42　「新しい生活、新しい人生」という意味。
＊43　「家屋敷」や「家族」という意味。
＊44　なお、ＢＢＣエイジアン・ネットワークは開局から七年後にはＢＢＣで最もコストのかかる局となり、リスナー数も減少したことで、二〇一〇年に閉鎖の危機に直面した。結果的に存続が決まったものの、予算はほぼ半分に削減され、また存続にあたってはリスナー数を六〇万人に増やすという条件がつけられた（Kalia 2019）。これをきっかけに、エイジアン・ネットワークは移民第一世代ではなく、イギリス生まれの若い世代にフォーカスする方向へと路線転換した。象徴的なのが南アジア系の各言語番組の扱いで、若者たちの話し方を反映して二〇一六年八月に「ブレンド言語」が導入され、プレゼンターはそれぞれの南アジア系言語のみで話す必要がなくなった（Aujla-Sidhu 2019: 71）。また、マーク・ストリッペル（Mark Strippel）――彼はパンジャービー・ヒット・スクワッドの元メンバー、マーキー・マーク（Markie Mark）でもあった――が二〇一七年にエイジアン・ネットワークと（ブラック・ミュージックに特化した）BBC Radio 1Xtra の共同プログラム責任者となってからは（Baddhan 2017）、局でプレイされる音楽にグライム（ハウス、レゲエ、ヒップホップなどの要素を融合したイギリス発祥とされている音楽ジャンル）やラップが増え、エイジアンの第三、第四世代にアピールする変化がもたらされた（Aujla-Sidhu 2019: 75）。
＊45　この点において、こうした番組は（1）と同時に後述の（2）にも分類できるだろう。
＊46　かつてＢＢＣエイジアン・ネットワークに勤めていたマイク・カーティス（Mike Curtis）の回想録によると、局のスタッフが他の在英南アジア系ラジオ局の番組を一日中聴き、プレイされる音楽の種類を書き留めていったところ（文脈から二〇一〇年頃のことと思われる）、Sunrise Radio の昼間の番組でプレイされた音楽の九五パーセントがボリウッド音楽だった（エイジアン・ネットワークでは五〇パーセント）。また、在英南アジア系アーティストの音楽の割合については、エイジアン・ネットワークでは四〇パーセントだったのに対し、Sunrise Radio では五から九パーセントだった（Curtis

2015: 222, 279)。こうしたところからも、Sunrise Radio のリスナーの年齢層が比較的高いことが推測できる。

＊47　もっとも、この局で取り上げられるアーティストは圧倒的にパンジャービーが多い。二〇一九年一一月には、イギリスの *The Official Charts Company* によってコンパイルされた初のパンジャービー音楽チャート番組 *The Official Punjabi Music Chart* を開始した。第6章＊4も参照のこと。

＊48　ロンドンの Club Kali（一九九五年〜）や Desi Boyz（二〇一四年〜）、バーミンガムの Saathi Night（二〇〇一年〜）、マンチェスターの Club Zindagi（二〇〇三年〜）など、南アジア系 LGBTQ+ 向けのクラブナイトも長年にわたって催されている。

＊49　これについては第5章2で詳しく検討する。

＊50　エイジアン音楽の配給業者の少なさゆえに、カセットテープやCDが生産者から直接小売店に運ばれるため、主流市場で受け入れられる機会がない（Greater London Authority 2003: 24）、またバングラーのアルバムにはバーコードが付いていないものもあり、店主もバーコードリーダーを持っていないために売上を追跡できない（Bakrania 2013: 44）といった指摘もかつてなされている。

＊51　人気を測る大きな指標としては、BBCエイジアン・ネットワークで二〇一〇年に放送が開始された音楽チャート番組 *The Official Asian Download Chart*（二〇一六年六月二五日まではこの名称で、以降はダウンロード数に加えてストリーミング数も基準に含まれるようになり、*The Official Asian Music Chart* となった）が挙げられる（第6章1で詳しく取り上げる）。また、二〇〇三年から二〇一二年まで開催されていた UK Asian Music Awards は、オンライン投票とエイジアン音楽・メディア業界からの審査員によって受賞者や受賞作品を決定しており、この受賞アーティストや楽曲もかつては指標となりえた。現在では、YouTube でのビデオ再生回数も参考となる指標に数えられるだろう。

＊52　ブロンディはアメリカの、ザ・ジャムはイギリスのロックバンド。

＊53　このことについては第4章3・1で論じる。

第4章　「音楽的スタイル」からみるエイジアン音楽場

＊1　年齢ならびに職業は、インタビュー当時の情報を記載する。

＊2　他にも、バクラーニーヤーは、九〇年代のバングラーとエイジアン・アンダーグラウンドに携わっていた人々の大

部分が「意図的に多様性を消去する形でエイジアン・アイデンティティを構築して」おり、「実際のところ、多くのアーティストの紹介《バイオグラフィー》には自分たちの背景について明確になっておらず、私のインタビューにおいてもアーティストたちは同様であった」（Bakrania 2013: 26）として、各々のアーティストのエスニックあるいは宗教的な属性への言及は控えたとしている。バクラーニーヤーはエイジアンのアイデンティティ形成におけるジェンダーや階級、人種の交差について取り上げながら、エイジアンのサブ・エスニックな差異と相互の関係性については重視していない。

＊3　確認できなかったケースもある。

＊4　書中で名前（アーティスト名）を挙げているアーティストやＤＪがインタビュイーに何名か含まれているが、この場合も実名は伏せる。また、インタビュイーにはＢＢＣに勤務している人も含まれるが、かれらの発言はＢＢＣの公式見解ではない。

＊5　現在では業界から遠ざかっている人も数名いるが、インタビューを実施した時点での情報を（現在形で）記すこととする。

＊6　二〇一二年七月三〇日、ロンドンにてインタビュー。

＊7　二〇一〇年九月二一・二二日、バーミンガムにてインタビュー。

＊8　二〇一〇年九月二四日、ロンドンでインタビュー。

＊9　二〇一〇年九月一六日、サウソールにてインタビュー。

＊10　Ｄ氏はインタビュー当時、一九五六年に彼の祖父と父が始めた南アジア系音楽ショップ（一九六〇年代からはサウソールに店舗を置いた）も経営していたが、筆者が現地を再訪した二〇一八年三月の時点では店舗での音楽販売を大幅に縮小している。

＊11　二〇一〇年九月一〇日、バーミンガムにてインタビュー。

＊12　二〇一二年四月二四日、ウエスト・ブロミッチにてインタビュー。

＊13　二〇一〇年七月一七日、リーズにてインタビュー。

＊14　ドゥワイヤーも、ビデオの普及によってインド映画が映画館で上映されなくなったことを指摘している。また、ビデオの普及で南アジア系の人々がヒンディー語映画だけでなく、自分の母語の映画（大部分はグジャラーティー語とパンジャービー語）に初めてアクセスできるようになり、ビデオ店が数多く出現したという（Dwyer 2006: 365）。

＊15　アラープのヒット曲で、イギリスのバングラーを代表する楽曲でもある。“Bhabhi”はヒンディー語、ウルドゥー語、パンジャービー語、グジャラーティー語などで「義理の姉」を意味し、この曲ではある青年が自分の義理の姉（兄嫁）

に結婚相手を探す手助けをしてほしいと頼む様子が歌われている。
＊16　二〇一〇年九月二三日、ロンドンにてインタビュー。
＊17　第3章4・1を参照のこと。
＊18　H氏は八〇年代終盤から、バングラデシュ系移民の多い東ロンドンで、ベンガーリーの若者たちが直面する人種差別などの問題をサポートするコミュニティのプロジェクトに関わってきた。なお、H氏はインタビュー当時はバンドを脱退し、ソロのDJとして活動する一方、東ロンドンでのソーシャルワークに復帰していた。
＊19　二〇一〇年九月一七日・二〇一二年八月一七日、ロンドンにてインタビュー。
＊20　これらの数字はあくまでも、インドの宗教や言語の多様性を表現するための大まかなものである。
＊21　＊20に同じ。
＊22　「〜スターン（-stan）」とは「〜の土地・国」を意味する接尾辞である（パキスタンやアフガニスタン、ウズベキスタンといった国名の「スタン」は、正確には「スターン」と発音される）。
＊23　一方でI氏は、イギリスにおけるイスラモフォビア（イスラーム嫌悪）の風潮の高まりを背景に、エイジアンの間でヒンドゥーとムスリムとの分離がより強まっている傾向があると感じているという。実際に、ムスリムのなかには、I氏ともうひとりの主催者がヒンドゥーであることから、クラブに来るのを拒む客もおり、また彼女がDJとしてパキスタン系アーティストの曲をかけるとブーイングが起こることもあると語っている。ここからは、ボリウッド音楽のクラブでの受容の局面における、オーディエンス間の宗教的な分断の契機がみて取れる。
＊24　二〇一二年六月一四日、ロンドンにてインタビュー。
＊25　二〇一二年八月一七日、ロンドンにてインタビュー。
＊26　二〇一〇年九月一二日、サウソールにてインタビュー。
＊27　"Joi Bangla" とは「ベンガルよ永遠なれ（Long Live Bengal）」の意味で、イギリスや（西）パキスタンへの抵抗というナショナルな文脈でよく用いられるスローガンである（Gardner and Shukur 1994: 160）。"Bangla" はカナ表記すると、音楽のバングラー（Bhangra）と似ているので注意が必要である。
＊28　二〇一〇年九月二三日、サウソールにてインタビュー。
＊29　第3章＊32を参照のこと。
＊30　二〇一二年五月一八日、ハダースフィールドにてインタビュー。
＊31　イギリスのエレクトロニック音楽のユニット。

＊32　第3章＊22を参照のこと。
＊33　第3章＊36を参照のこと。
＊34　二〇一二年八月二五日、マンチェスターにてインタビュー。
＊35　二〇一二年四月二三・二四日、ハンズワースにてインタビュー。
＊36　インタビュー当時、筆者はここでI氏に、南アジア本国のインドやパキスタン、バングラデシュではロックが盛んなのとは対照的に、ブリティッシュ・エイジアンのロック的な音楽実践が少ないのはなぜかという質問をした。しかし、インドではその後ヒップホップの人気が高まり、各地からラッパーたちが次々と登場してきている。その動向を踏まえて制作されたのが、二〇一九年のボリウッド映画『ガリーボーイ』(*Gully Boy*)である。ヒップホップを主題としたインド初のこの映画にはまた、在外インド系アーティストも楽曲制作やカメオ出演の形で数名関わっている。インドにおけるヒップホップの多様な実践については、軽刈田凡平のブログ「アッチャー・インディア　読んだり聴いたり考えたり」(http://achhaindia.blog.jp)を参照のこと。
＊37　在英南アジア系の一〇代の少年たちの日常生活を描いたゴータム・マルカーニー(Gautam Malkani)の小説*Londonstani*(Malkani 2006)には、こうしたヒップホップ的なアクセントやスラングが多数登場し、巻末には用語集までついている。少年たちはアメリカ黒人のヒップホップに傾倒し、そこで描かれるようなギャング的な生き方に憧れており、白人の話し方や振る舞い、ロックを「ホモっぽい(poncey, batty)」とバカにしている(栗田 2011: 150)。
　こうした英語の用法は Multicultural London English(MLE)と呼ばれる(Green 2014)。東ロンドンのイーストエンド地区で話されるコックニーと呼ばれる労働者階級の英語とは別個の現象ともみなされ、ジャマイカ系などの口語表現を取り入れたスラングとしての性格が強い。労働者階級のアフロ・カリビアンや白人、エイジアンの若者が主な話者とされるが、ミドルクラスの若者にも話者が広がっている。ヒップホップ・カルチャーとも密接に結びついた言語実践であり、まさに人種化された文化資本としての性格を有している。
＊38　第3章4・2を参照のこと。
＊39　＊42も参照のこと。
＊40　第3章＊36を参照のこと。
＊41　第3章＊23を参照のこと。
＊42　B氏はそれ以外に重視する基準として、「クオリティ」、「革新的(innovative)」であること、「独自性(uniqueness)」を挙げている。

＊43　詳しくは第5章1を参照のこと。
＊44　ショーンがアメリカに進出して二〇〇九年に発表し、ビルボード Hot 100 チャート（総合ソングチャート）で一位を記録した彼の代表曲。人気黒人ラッパーのリル・ウェイン（Lil Wayne）との共作で、南アジア的なサウンドは全く入っていない。
＊45　このことについては第5章2で再度取り上げる。

第5章　交錯するエスニシティの力学

＊1　こうした実践は、エキゾティックなイメージのオリエンタリズム的な流用＝搾取とみなされて批判されることが多い。一九六〇年代にはビートルズ（Beatles）やローリング・ストーンズ（Rolling Stones）がシタールを用い、九〇年代半ばにはクーラ・シェイカー（Kula Shaker、インド的に表記すればクラ・シェーカルのようになるところだが、ここでは日本で用いられているカナ表記に則る）がヒンドゥー教的なイメージを前面に出したビジュアルやサンスクリット語の歌詞を取り入れた楽曲で成功を収めた。ハイダルはクーラ・シェイカーの表現を、「ビートルズやかれらに似たヒッピーたちの神秘主義のありふれた再表現」、またインド音楽の西洋的解釈における「継続的で歴史的な『他者化』のプロセス」（Hyder 2004: 62）と捉えている。また、二〇一六年にはイギリスの白人ロックバンド、コールドプレイ（Coldplay）の楽曲（R&B歌手のビヨンセ（Beyoncé）をフューチャリングした）のインドで撮影されたビデオクリップを、インド文化の流用だとして批判する声が上がり（Kumar 2016）、かれらの表現は「流用（appropriation）」か「享受（appreciation）」か、という議論もなされた。対して、エイジアン音楽の文脈で受容されている白人アーティストの数少ない例としては、ウェールズ出身でパンジャービー語や英語で歌うネスディ・ジョーンズ（Nesdi Jones）が挙げられる。
＊2　第3章＊22で挙げたような、二〇〇〇年代前半にインド的なサウンドをサンプリングしたミッシー・エリオット、トゥルース・ハーツ、エリック・サーモンなどによる楽曲が該当する。
一方、セネガル系アメリカ人R&B歌手エイコン（Akon）がヒンディー語と英語で歌ったボリウッド映画『*Ra.One*』の楽曲“Chammak Challo”（二〇一一年）は大ヒットし、エイジアン音楽の文脈で盛んにプレイされた。この場合は、楽曲がボリウッドのような南アジア系音楽産業の枠組の内部で制作されたことが大きいだろう。
＊3　R&B（リズム&ブルース）というジャンルは、一九三〇年代のジャズやブルースを起源とし、一九四〇年代後半から五〇年代初頭にかけて生まれてきたものとされる。この名称は一九四九年、*Billboard* 誌の記者だったジェリー・ウェ

クスラー（Jerry Wexler）によって、それまで*Billboard*誌の黒人音楽チャートの名称だった「レイス・ミュージック（Race Music）」に代わるものとして作り出された（Kahn 2008）。それは「都会で人生を謳歌する黒人たちのダンス・ミュージック」（山室 2012: 86）といった総称的な性格を持つが、近年ではそこから派生した「コンテンポラリーR&B」というカテゴリーも用いられるようになっている。これは、従来の「伝統的」なR&Bとポップをミックスしたもので（BET 2021a）、ヒップホップやEDMを取り入れたサウンドも多い。マライア・キャリー（Mariah Carey）やビヨンセ、リアーナ（Rihanna）、ニーヨ（Ne-Yo）、ファレル・ウィリアムズ（Pharrell Williams）などに代表される、ヒップホップやポップとミックスされたR&Bはこのコンテンポラリ―R&Bに分類されうる。ジェイ・ショーンの志向する音楽も、このような商業化されたR&B・ヒップホップである。

もっとも、現在こうしたポップ化したR&B（あるいはR&B化したポップ）は白人歌手も盛んに歌っており、サウンド面でのポップとR&Bの顕著な違いはみられなくなってきた。佐藤良明は、一九九〇年代のアメリカにおけるコンテンポラリーR&B歌手の「ヒットチャート常連化」を挙げながら、「『異物』としてのブラックネスを受け止めたり、そらしたり、それを過剰に真似たりしながら進んできた」アメリカのポピュラー音楽において「〝人種〟の間に、創造的な衝突が起こるに十分な差異がなくな」るという「〝黒人的〟なマトリクスの機能低下」（佐藤 2003: 209）を指摘している。

しかしながら、そうした状況においてもなおR&Bには「黒人性」の記号が付きまとっている。それは、アメリカのジャスティン・ティンバーレイク（Justin Timberlake）やクリスティーナ・アギレラ（Christina Aguilera）、イギリスのアデル（Adele）やサム・スミス（Sam Smith）など、白人アーティストの作るR&B的な音楽がいまだに一部のメディアによって「ブルー・アイド・ソウル」という名称を与えられていることからも明らかである。「ブルー・アイド・ソウル」は、フィラデルフィアのラジオDJのジョージ・ウッズ（Georgie Woods）が一九六〇年代中盤に白人デュオ、ライチャス・ブラザーズ（The Righteous Brothers）の楽曲のサウンドを指して用いたのが最初で（Gonzales 2013）、「白人《コケイジャン》アーティストによって演じられるR&Bあるいはソウル・ミュージック」（BET 2021b）を指す。ヒップホップでは、演じ手の黒人という人種が音楽のジャンル性を担保する強力な規範となっており（栗田 2008）、R&Bにおいても同様に演じ手の「黒人性」を重視する構図がなおもみられる。アメリカの音楽市場におけるショーンの受容をみる上では、こうした背景を押さえておく必要がある。

＊4　元々はロンドンの大学の医学部で学んでいたが、パンジャービーの有名プロデューサー、リシ・リッチ（Rishi Rich）と出会い、レコーディングに参加した。この時に録音した曲〝Dance with You (Nachna Tere Naal)〟（*Me Against*

Myself に収録）が全英シングルチャート一二位のヒットとなったことで、彼は音楽の道に進むことを決意し、医学部を辞めたという。

＊5　それは、“Me Against Myself”、“You Don’t Know Me”、“Who is Kamaljit?”（後者の二曲はシークレット・トラックとして“Me Against Myself”の後に収録）といった曲のタイトルにも表現されている。また、“Interlude (Irony Skit)”で、ショーンは次のような英語のラップを繰り広げている。

　オレがエイジアンだって事実は忘れろよ、メディアがバングラー・シーンに飛びつくまで、皆オレのことを物まね屋とかダサいニセモノとか呼びやがった／そして突然オレにチャンスがやって来たみたいで、皆からこう言われるようになった／「ジェイ、パンジャービー語もちょっと入れて、インドの言葉で音楽やったらどうだい、最新の流行になるぜ」／オレの言葉（引用者注：パンジャービー語）は単なる流行のツールじゃない、ほら、クレイグ・デイヴィッド（Craig David、引用者注：イギリスの人気R&B歌手）だって“aij pangraa paonaa”（「バングラーを踊るぜ」）って言っただろ？／ハハ、いつまで続くだろうな……／もしかすると……もしかすると医学部辞めなきゃよかったかも

このリリックには、パンジャービー語やバングラーといった〈伝統的象徴〉からの表現が、パンジャービーであるショーンに絶えず期待されているという状況が表れている。ショーンはここで、自分が注目を浴びるようになったのは（白人による消費対象としての）エイジアン・カルチャー人気（第3章＊18を参照のこと）のおかげだと、曲のタイトルどおり皮肉めいて語っている。このエイジアン・カルチャー人気が到来する前は自分のR&Bやラップは（黒人アーティストの）「物まね」「ニセモノ」などと言われ、ブームが来るとインド的な要素も加えたほうが売れると言われる。どちらにしても他者によって自分の音楽に「エイジアン」というラベルが貼られてしまう状況は、彼にとっては苛立たしいものであったに違いない。自身のエイジアンという属性が常に参照されるがゆえに自分の志向する音楽の邪魔をされ、エイジアンらしい音楽を求められることへの苛立ちを、この表現から読み取ることができるかもしれない。

＊6　イギリスではアルバムチャート初登場六位（二〇〇八年五月二四日付）と好調で、非南アジア系リスナーの獲得に成功した。

＊7　*My Own Way* のなかから選ばれた曲に数曲の新曲を加えたもの。

＊8　ハイダルは、「怒れる若いエイジアン」や「神秘的なインド人」といったステレオタイプがエイジアンのバンドを有名にするというジレンマについて指摘している（Hyder 2004: 92）。ショーンの音楽がイギリス国内でアメリカほどの

成功を収めなかったのは、こうした白人メディアが求める新奇な南アジア性を持っていなかったことが要因のひとつだと考えることもできるだろう。

＊9　ショーンは二〇一一年九月四日、ロンドン・メーラーに四年ぶりに出演した。これは、そのライヴ当日に同じ会場のBBC In Conversation With のテント内で催された公開インタビューでの発言である。

＊10　ショーンの当時のプロデューサーであるリシ・リッチも含まれていると思われる。

＊11　二〇一〇年九月二一日、バーミンガムにてインタビュー。

＊12　一方、「R&Bかな。彼がどんな要素を用いているかによる。楽器とか、あるいは言語。おそらくね。でもそういったものはなくなったと思いたい。人々もそういうふうにはもはや考えなくなっている」（H氏）といった、ショーンの音楽を暫定的にR&Bとみなしつつも、用いられる言語や楽器などによって音楽を範疇化すること自体への抵抗を示す声も聞かれた。

＊13　皆、スペインや南米、カリブ海地域にルーツを持ち（アギレラはアメリカ出身だが父親がエクアドル系）、世界中で人気を得ている歌手。

＊14　カナダのケベック州（フランス語圏）出身。

＊15　ジャマイカで一九三〇年代に起こった、アフリカ回帰を唱える思想運動。

＊16　こうしたショーンのエスニシティの曖昧化を考える上では、イギリスとアメリカの音楽市場における彼の知名度の違い、ならびにアメリカのR&B・ヒップホップ市場の特性を考慮する必要があるだろう。イギリスではショーンのエイジアンとしての属性がすでに広く知られていたことによるイメージの固定化が、ソロ歌手として主流の音楽市場においてもR&B・ヒップホップ市場においても参入障壁となったと推測される。これに対し、アメリカではショーンは当時まだ一般的な知名度が高くなく、イギリスと違ってインド系歌手の相対的な少なさから十把一絡げに「インド系ポップ」などとして範疇化・ゲットー化される可能性も少ない。加えてアメリカのR&B・ヒップホップ産業にはラティーノやチカーノ（メキシコ系）のアーティストもいるため、インド系（南アジア系）というエスニシティのパッシングが可能であった。ショーンはこのパッシングを、Cash Money Records の人気黒人ラッパーやショーン・ポール（Sean Paul、ジャマイカ系）のようなレゲエ歌手との共演という形で行ったと言えるかもしれない。事実、"Down" をはじめとする彼のアメリカ時代の代表曲はどれもソロ名義ではなく、リル・ウェイン、リル・ジョン（Lil Jon）、ニッキー・ミナージュ（Nicki Minaj）といった人気ラッパーをフューチャリングしており、ある種の権威づけと呼べなくもない（もちろんこれはレコードレーベルの戦略でもあろうが）。アメリカの主流の音楽市場におけるショーンの成功は、ブランド化された「黒人性」

の記号の部分的な取り入れと、大衆受けするポップなサウンドという二つの要素によってもたらされたと考えられる。

*17 また、二〇〇八年には *My Own Way* のヒンディー語盤（アルバムの三曲のみ歌詞の一部をヒンディー語で歌い直したもの）がインド限定で発売された。巨大市場インドでのヒットを目論むレコードレーベルの商業的戦略とみなせるが、実際にはイギリスでも YouTube などでこれらの楽曲を聴くことが可能である。また、二〇一一年三月の UK Asian music Awards でも彼は三部門にノミネートされ、うち二部門を受賞、また同年一〇月の Asian Awards では音楽部門で受賞し、ロンドンで催されたこれらの授賞式ではスピーチも行っている。二〇一四年一〇月、ショーンはアメリカの Cash Money Records を離れることを発表し、以降は在英南アジア系メディアに時折登場したり、二〇一八年のロンドン・メーラーに出演したりするなど、エイジアン・コミュニティに回帰した活動も行っている。二〇一五年にはかつてのプロデューサーのリシ・リッチとバングラー歌手ジャギー・D（Juggy D）と再タッグを組んだ楽曲“Freak”を発表し、BBCエイジアン・ネットワークの *The Official Asian Download Chart* のトップ10に九週ランクインした。また、二〇二〇年二月にはインドの人気パンジャービー歌手、グル・ランダーワーとの共演曲“Surma Surma”、同年一〇月にはリシ・リッチとの共作曲“Nakhre”を発表し、どちらも *The Official Asian Music Chart* と *The Official Punjabi Music Chart* の両方で一位となっている。

*18 YouTube で検索すると、ショーンの楽曲の様々な「デーシー」リミックス・ヴァージョンを聴くことができる。これらには、公式に制作されたものもあれば、DJなどが独自に作ったものもある。

*19 DJは、増田の表現を借りれば「音楽の『作者』を不明確にしつつ、『演奏』や『作曲』といったライヴ文化的カテゴリーを実践的に無効にしていく」（増田 2005: 78）存在であり、「単一の作者」という近代的観念を揺るがす存在として捉えられる。「クラブでのDJプレイや、サンプリングを用いた音楽制作によって、DJは完結したレコードの中に収められていた音楽を、自身の感覚に基づいて分解し、繋ぎ合わせる。そのことからあるレコードに込められていた『思い入れ』は別のかたちに作り直されることになる。録音テクノロジーの発展は、旧来的な意味で『音楽を作る』のではないやり方で、音楽にまつわる意味を作り替える手段を提供することになったのだ」（増田・谷口 2005: 174）。

*20 （第2章2で言及した）南アジア的な伝統を欠き、白人性と結びついた現代性を志向する立場に対する否定的評価（Bakrania 2013: 19）は、ブリティッシュ・エイジアンの間ではしばしば「ココナッツ」や「バウンティ（Bounty）」（ココナッツをミルクチョコレートで包んだスナックバー）――肌は茶色くて中身は白い――という侮蔑的な言葉で表現される。パキスタン系ジャーナリスト・作家のサルフラーズ・マンズール（Sarfraz Manzoor）が、「他人をココナッツだと――訛り《パトワ》やギャングスタな用語を用いて――非難するエイジアンの多くは黒人文化の諸相を模倣している、というアイ

ロニーがある」(Manzoor 2007: para. 7) と述べるような状況は、エイジアン音楽場におけるエイジアン性と黒人性の親和性をまさに示していよう。

＊21 これはあくまでも全体的な傾向であり、かれらがエイジアン音楽の枠組のなかで取り上げられることももちろんある。

＊22 グル・ランダーワーやミッキー・スィングなどの人気パンジャービー歌手との共作曲もある。

＊23 一方で、エイジアン音楽市場における活動に重点を置いていない、サブ・エスニックなマイノリティのアーティストもいる。現在おそらく最も知名度が高いのは、スリランカ系タミルのラッパーM.I.A.であろう。彼女の音楽は、ヒップホップやダンスホールレゲエ、エレクトロクラッシュなど様々な要素を基調とし、歌詞は主に英語だが、タミルの楽器ウルミ(両面太鼓)などのサウンドも用いている。また、ボリウッド映画やタミル映画の挿入歌を引用・加工した曲も多く、彼女の作品における南アジア映画音楽の強い影響力を示している。

また、ブルースやジャズ、カルナータカ音楽、カウワーリーなどの要素を取り入れ、二〇〇一年のデビューアルバム*Salt Rain*がマーキュリー賞にノミネートされたスシーラー・ラーマン(Susheela Raman、インド系タミル)や、二〇〇七年のレコードデビュー以来、ヒンドゥスターニー音楽とエレクトロニック音楽を融合させたサウンドや前衛的なパフォーマンスで知られるビシ(Bishi、インド系ベンガーリー)なども挙げられる。彼女たちには非南アジア系のリスナーも多く、エイジアン音楽の文脈で取り上げられる機会はそれほど少ない。

＊24 二〇一二年七月二四日、ロンドンにてインタビュー。

＊25 同様にD氏も、「デーシー」とは「ホームの伝統的な形式」を指すものであり、「インド、パキスタン、バングラデシュ、またスリランカですらありうる」が、人口の多さゆえに「典型的にはインド、パキスタン」であり、さらにパンジャービー音楽のアーティストたちが最初に自身の音楽と「デーシー」とを結びつけたため、それは言語面では特にパンジャービー語との結びつきが深いと指摘する。

＊26 二〇一二年八月一八日、ロンドンにてインタビュー。

＊27 二〇一二年八月二五日、マンチェスターにてインタビュー。

＊28 二〇一二年八月一九日、ロンドンにてインタビュー。

＊29 二〇一二年八月二九日、ロンドンにてインタビュー。

＊30 二〇一八年三月八日、ロンドンにてインタビュー。

＊31 もちろん、全く作らないということではなく、パンジャービーに比べればという意味である。

＊32　S氏は実際に、BBC Radio 1で一二年間エイジアン音楽番組のプレゼンターを務め、そこでプレイする曲を全て自身で選び、非南アジア系リスナーたちにも届けてきた。S氏が考えているとおり、パンジャービー・北インド系のプレゼンターであれば、自身により馴染み深いバングラーやボリウッド音楽ばかりを選曲し、それ以外のサブ・エスニックな南アジア系音楽を軽視する可能性がある。これに対し、S氏は在英ベンガーリーやスリランカ本国のアーティストの楽曲などもプレイし、選曲に南アジア系のサブ・エスニックな多様性を反映させていた。

＊33　ベンガル語での歌唱に積極的でない別の理由として、T氏からは「ベンガル語がうまく話せないから」という答えが返ってきたが、これは自身がシレティであり、標準ベンガル語がうまく話せないことによる躊躇だという。なお、T氏はデビュー曲をベンガル語のリミックスとしても（東ロンドンのベンガーリーのラッパーをフィーチャリングする形で）リリースし、二〇一六年にもシングル曲（歌詞はパンジャービー語）のベンガル語によるリミックスをリリースするなど、実際にはしばしばベンガル語を取り入れた楽曲制作を行っている。

＊34　ベンガーリーというサブ・エスニシティのみによってバングラデシュ系としてのアイデンティティが担保されるという T氏のような立場とは別に、楽曲にベンガーリー的要素を付加することで、いわば隠れたエンパワーメントを意図するアーティストの例もある。ジョイの中心メンバーであるファルク・ショモシェル（Farook Shamsher）は、バクラーニーヤーによるインタビューのなかで、「ジョイ・バングラの役割は誇りを与えること」（Bakrania 2013: 101）と発言しているが、数年後にかれらはベンガーリーだけでなくあらゆる南アジア系コミュニティをエンパワーする方向性への変化を示すため、またジョイ・バングラの Bangla（ベンガーリー／ベンガル語の意）が Bhangra（バングラー）と間違えられるため、ジョイに改名した（Bakrania 2013: 102-3）。しかしショモシェルによれば、ジョイはなおも「伝統的なベンガーリーのリズムを入れているので、多くのベンガーリーが気づき、アイデンティティの感覚を与えることができる」（Bakrania 2013: 105）という。

＊35　第3章＊44を参照のこと。

＊36　なお二〇二一年六月現在、V氏は映像制作に重点を置いており、歌手としての活動はほとんど行っていないようである。

＊37　その代表的な楽曲が、ラニドゥー（Ranidu）とイラージ（Iraj）による“Ahankara Nagare”（二〇〇四年）である。この曲はスリランカでチャート一位となり、二〇〇〇年代のスリランカのシングル曲を代表するヒットとなった。

＊38　コロンボ出身で、現在はロンドンに拠点を置いて活動する音楽プロデューサー。

＊39　V氏は、「私はシンハラ（引用者注：音楽）をすごく作りたい。シンハラ語のような言葉があることを人々に示さ

なければならない。なぜなら、(引用者注:イギリスの)人々はスリランカ系はタミル語だけだと思っているから」と語り、サウンド面での新しさに加えて、シンハラ語の歌詞によって、イギリスにおいて相対的に存在感の薄いシンハラ——スリランカ本国ではマジョリティでありながら、イギリスではマイノリティである——というサブ・エスニック集団の存在を示すことへの使命感も抱いている。この背景には、スリランカにおける一九八〇年代からの内戦を逃れて難民としてイギリスに渡ったタミルの人々の存在がある。

もっとも、シンハラ語で歌うことへのこだわりには、ヒンディー語やパンジャービー語のような北インド系言語で歌うことの困難さという現実的な問題もある。このことに関してV氏は、「私はヒンディー音楽も聴くけれど、ヒンディー語では歌いたくない。よく知らないし、私のアクセントがヒンディー語には良くないから」と語っている。

＊40　第3章＊23を参照のこと。

＊41　第3章＊32を参照のこと。

＊42　これらに加えてW氏は、ラップする上では自身の標準グジャラーティー語の能力が十分でないことも理由に挙げている。彼の話すグジャラーティー語は「とてもニッチな方言」で、彼によるとイギリスではそれを話すコミュニティはより小さいという。彼は「普通のグジャラーティー語も話せるけれど、リリックを書くには母の助けが必要だろう(笑)」と語っている。

＊43　ディートリヒがインタビューしたシカゴのあるグジャラーティーのDJも、同様の見解を示している。ディートリヒはまた、ガルバーがバングラーと違って宗教的な祝い事と結びついており、若者でもクラブのパーティにおける性や飲酒の雰囲気と関連づけたがらないと指摘する(Diethrich 1999: 52)。

＊44　その画期をなしたのが、パールレー・パテール(Parle Patel)とプリーティ・ヴァルサニー(Preeti Varsani)が二〇一六年八月にリリースした楽曲"Rangeeli Raat"であろう。これについては後述する。

＊45　この点は、北インド系の背景を持つ一部のインタビュイーにも同様に感じ取られている。例えば、I氏はこうした状況に対して「代表性の欠如がひどい(The lack of representation is terrible)」と強調し、BBCエイジアン・ネットワークのような公共放送が「ある特定のコミュニティをいまだに優先していて、正直に言うととても不愉快だと思っている」と語っている。

＊46　英語による楽曲制作を志向するアーティストの存在の背景には、イギリス社会への統合によりそれぞれの言語習得が十分でない移民第二世代の増加という側面も指摘できる。V氏は、スリランカ系R&B歌手のアルジュンについて、「彼はあまりタミル語を知らない。シンハラ語も話せない、ほんの少しだけ。だから、彼は常に英語のほうがよいのだと思

う」と語っている。T氏やU氏のようなバングラデシュ系の例も含め、第二世代以降の言語の運用能力の問題も、かれらを英語の歌詞へと向かわせている要因のひとつだろう。

＊47 もっとも、パットナムが論じるように、「多くの集団は、何らかの社会的次元で結束し、そして同時に他と橋渡しを行っている。……結束と橋渡しは、それにより『どちらか一方』に社会的ネットワークがきれいに分けられるといったカテゴリーではなく、……『よりその傾向が大きい、小さい』という次元のことと言える」（Putnam 2000=2006: 21）。

＊48 インド最大の商業都市ムンバイーを有する、インド西部のマハーラーシュトラ州の公用語。

＊49 Nusound Radio ではかつてはタミル語番組も放送していたが、筆者が二〇一二年六月に調査で訪れた際はプレゼンターが辞めた後で、タミル音楽の新曲を流すだけの状態であった。二〇二一年六月現在もタミル語番組はない。Nusound Radio のある東ロンドンのイースト・ハムにはタミルの人々が集住しており、タミル語放送には一定の需要があるが、コミュニティラジオ局の番組プレゼンターは地域のボランティアが務めるため、その人が家庭の事情などで番組を続けられなくなった場合、新たに人員を募集することになる。しかし、人が見つかったとしても、ラジオ放送の未経験者を一から研修するのは人員の少ないラジオ局にとってはかなりの負担であり、時間も要する。このため、プレゼンターの穴が開くと番組自体を休止あるいは終了しなければならなくなる場合もあるようである。

＊50 プレゼンターを務めるアシャンティ・オームカル（Ashanti Omkar）はスリランカ出身のタミルで、デンマークとナイジェリアで育ち、一二歳の時にイギリスに移住した。

＊51 タミル語をはじめ、マラヤーラム語（南インドのケーララ州の公用語）、カンナダ語（南インドのカルナータカ州の公用語）、テルグ語（南インドのアーンドラ・プラデーシュ州とテランガーナ州の公用語）、シンハラ語のポピュラー音楽・古典音楽の紹介や、アーティストや俳優、映画監督へのインタビュー、アーティストによる生演奏など、南インド・スリランカ系文化に特化した内容となっている。

＊52 二〇二一年六月現在、日曜日放送の番組のうち、*Ashanti Omkar* 以外にも二つの番組がそれぞれパンジャービー語、ベンガル語文化圏の音楽や話題を提供している。もっとも、プレゼンターたちの用いる言語は英語がメインである。かつてはヒンディー／ウルドゥー語やグジャラーティー語、ミールプリー（ミールプルを中心に語される方言）の番組も放送されていた。第3章＊44も参照のこと。

＊53 サブ・エスニックなマイノリティのアーティストや楽曲に言及した他のインタビュイーの発言も紹介しておきたい。B氏は、自身のラジオ番組で、マムズィー・ストレンジャーによるベンガル語の楽曲やスリランカのダブステップ、ラージャスターニー音楽（西インドのラージャスターン地方にルーツを持つ音楽）の楽曲をプレイしたことがあるという。

C氏は、南インドのカルナータカ州出身で英語とカンナダ語で歌い、BBCエイジアン・ネットワークの音楽チャートに楽曲がランクインしたこともある歌手ラグ・ディークシト（Raghu Dixit）の例を挙げ、彼がカンナダ語やマラヤーラム語、テルグ語の音楽をイギリスにもたらしているとして、インドの多様な言語を人々が話している限り「最後にはそれら全ての言語が現れると思う」と、将来的には在英南アジア系マイノリティの様々な言語を用いた音楽が登場するだろうとの見通しを示す。またL氏も、パンジャービー音楽が中心的であったエイジアン音楽産業において「グジャラーティーやベンガーリーのコミュニティの人々が、今自分たち自身を確立し始めていると確信している」と語っている。

＊54　もっとも、ニシュはデビューシングルを含め、数曲をパンジャービー語と英語で歌っている。I氏は、自身が主催するクラブイベントで、グジャラーティーのオーディエンスのためにガルバーをプレイするという。

＊55　アルバムのアートワークには、イギリスのパスポートの上にニシュのスナップ写真が置かれ、手書きされた“Porichoy”（「アイデンティティ」を意味する）というベンガル文字の単語とバングラデシュの国旗が添えられている。

第6章　「媒体」がつくるエイジアン音楽——音楽チャートとメーラー

＊1　二〇一八年七月から、有料のサブスクリプションに加え、（広告が入る）無料のストリームも含まれるようになった。サブスクリプションによるストリーム（曲・動画）一〇〇回ならびに無料のストリーム六〇〇回が売上一回としてカウントされる（Copsey 2018）。

＊2　身近な日本の例を挙げると、一二年にわたってテレビで放送され高い視聴率を誇った音楽チャート番組『ザ・ベストテン』（一九七八年〜一九八九年放送、TBS）では、レコードの売上数に加えて、ラジオ各局におけるチャート番組のランキング、有線放送のランキング、番組へのはがきによるリクエスト数という全四項目の数量的データから、総合的に番組独自のランキングを決定していた。同番組の司会を務めた女優の黒柳徹子は、司会のオファーを受けた際に、順位の操作をしないでほしいという条件を出した上で引き受けたという。また同番組のプロデューサー（放送開始当時はディレクター）だった山田修爾は、これらの四項目のデータに基づいてコンパイルされた第一回放送のトップ10のランキングに、当時人気絶頂であった山口百恵の曲が入らなかったことを受けて、チャートを操作して山口をランクインさせるよう当時のプロデューサーから圧力がかかったが、これを断ったという（山田 2008）。山田は番組の企画段階で、当時の音楽番組の主流であったキャスティング方式（プロデューサーが出演歌手を決定する）ではなくランキング方式の採用を主張したが、その背景には「芸能界のしがらみとか、レコード会社の事情とか、そういった大人の事情には決

して縛られない——いわば視聴者が本当に聴きたい曲だけで構成された番組を作ってみたい」（山田 2008: 231-2）という思いがあったと、当時を振り返っている。プロデューサーの独断で出演歌手が決まるキャスティング方式を斥けたとは言え、ランキングを決定する四項目のうち、ラジオ各局のチャート番組のランキングとはがきによるリクエスト数に関しては、前者は各局のランキングを決定する指標が明確であったかどうか定かではなく、後者のはがきの数は熱狂的なファンによる組織票が可能となってしまうという欠点がある（実際に組織票のはがきは問題となり、番組では四項目のデータ集計におけるはがきの数の比率を四〇パーセントから三〇パーセントに引き下げたという（山田 2008: 21-2））。それでも、番組独自に集計した「客観的」データとしてのランキングを操作しないという、黒柳と山田の志を土台としていた『ザ・ベストテン』は貴重な音楽チャート番組であったと言えるし、またランキングの決定にはレコード会社やプロダクションだけでなく、時には同僚や内部の身近な人間など様々な立場からの圧力がかかりうることを、逆説的に示した事例だとも言えよう。

＊3　これらの他に、バングラー／パンジャービー・ポップに特化した SimplyBhangra.com（音楽情報ウェブサイト）の "SimplyBhangra.com Top 20" のような音楽チャートもある。

＊4　また、二〇一九年一一月三日からは、BritAsia TV が *The Official Punjabi Music Chart* の放送を開始した。こちらも The Official Charts Company がダウンロードとストリーミング数をもとにランキングをコンパイルしており、BritAsia TV によれば「世界初の公式なパンジャービー音楽チャートショー」（Grewal 2019: para. 1）である。エイジアン音楽を包括的に扱っていそうな局名に反して、パンジャービー音楽にのみ特化したチャートを放送していることになる。

＊5　*The Truth about... The Official Asian Music Charts* と題されたマールディ本人の制作（二〇一一年）によるドキュメンタリーで、YouTube で視聴できる。パート1から4まであり、パート1のURLは www.youtube.com/watch?v=5-s035yxtBg（Retrieved June 3, 2021）。

＊6　音楽ライターのG・ベッツは、「ラジオのプロデューサーが自分のプレイリストに加えるほどある楽曲を好きでも、大衆（the public）がその曲を好きになるという保証はない」（Betts 2005: 3）として、シングルチャートを決定する要素としてラジオでのエアプレイの回数を含めることに懐疑的な姿勢を示している。

＊7　大量購入によるセールスを除外するというルール設定は、日本でもみられる。例えば、松谷創一郎は、ＡＫＢ48の人気が退潮した要因のひとつとして、音楽チャートのルール変更を挙げている。ＡＫＢ48の人気は、握手会への入場券などの特典付きでＣＤを売り、一部の熱心なファンが何枚も購入することによってオリコンチャート一位を獲得するという、「ＡＫＢ商法」と呼ばれるマーケティング手法を特徴としていた。しかし松谷によると、こうした特典目当て

のCDの大量購入がランキングに反映されやすいオリコンチャートは、実際の楽曲の人気を計る基準としては十分に機能しておらず、日本のメディアの多くは二〇一〇年代中頃からその基準をビルボード・ジャパンによる「Billboard Japan Hot 100」に切り替えるようになったという（松谷 2020）。このチャートは、CD売上、ダウンロード、ストリーミング、ラジオ再生、動画再生など八種類のデータをもとにコンパイルされるもので、「複数枚購入を促進させる〝AKB商法〟などからの影響を抑制し、音楽が実質的に聴かれた程度を計るための指標」（松谷 2020: para. 9）としてのパソコンでのCDの読み取り数（Gracenote メディアデータベースにアクセスする「ルックアップ」の回数）も含まれている。

＊8　こうした判断がジャンル性の文脈でなされた近年の例に、アメリカのリル・ナズ・X（Lil Nas X）のシングル〝Old Town Road〟がある。二〇一九年のビルボード年間チャート一位を記録するヒットとなった同曲は、当初 YouTube と SoundCloud にアップロードされて人気を博し、iTunes のカントリーチャートで一位となった（Yahr 2019）。この成功によりリル・ナズ・Xは Columbia Records と契約を結び、楽曲がリリースされるとビルボードの Hot 100 チャート、カントリーチャート、R&B／ヒップホップチャートに同時にランクインするが、その後ビルボードは同曲をカントリーチャートから除外し、ランクインは「誤りだった」と Columbia に伝えたという。ビルボードはアメリカの雑誌 *Rolling Stone* に、「ジャンルを決定する際にはいくつかの要素が吟味されますが、何よりも作曲です。〝Old Town Road〟はカントリーやカウボーイのイメージへの言及を組み込んでいますが、現在のヴァージョンにはチャートに入れるほど今日のカントリー音楽の要素が十分に含まれていません」と説明した（Leight 2019: para. 3）（これを受け、ベテラン白人カントリー歌手のビリー・レイ・サイラス（Billy Ray Cyrus）を迎えたリミックスも制作され、Hot 100 チャートの歴代最長となる一九週連続一位を記録している）。白人的なジャンルとされるカントリーからの同曲の除外というビルボードの措置を受けて、アーティストの人種と音楽ジャンルの結びつきをめぐる議論がメディア上で巻き起こった。リル・ナズ・X自身は雑誌 *Time*（ウェブ版）によるインタビューに、この曲はカントリートラップ（カントリーラップのサブジャンル）であり、カントリーとR&B／ヒップホップの両方のチャートに含まれるべきだとコメントしている（Chow 2019）。〝Old Town Road〟を「カントリー」ではなく「ヒップホップ」とみなしたビルボードの判断をめぐる議論は、アメリカにおける人種／エスニシティと音楽ジャンルの結びつきがもたらしうる音楽チャートの包摂と排除の論理を、二〇一〇年代末において再びあらわにした。

＊9　インタビュー当時、J氏のラジオ局ではチャート番組を放送していなかった。

＊10　J氏へのインタビュー当時はそのようなチャート番組が存在したが、二〇二一年六月現在では管見の限り見当たらない。

＊11　二〇一〇年九月二二日、バーミンガムにてインタビュー。

＊12　このBBCのラジオ局のあるイングランド中部はパンジャービーの人口が多いことで知られ、こうしたラジオ局の地理的位置もまた番組内でプレイする音楽に影響している。X氏によれば、番組では毎月初めに地元のエイジアンのミュージシャンによるアコースティック・セッションを行っており、地元の新たな才能を紹介している。X氏は、当時担当していたこの番組内では、バングラーばかり選んでボリウッド音楽が好きなリスナーが疎外感を覚えることのないようにしているが、バングラーが盛んなイングランド中部のローカル局ゆえに、アコースティック・セッションのアーティストはたいていバングラーのそれになると語っている。

＊13　例えば、インドで三年ごとに催されるヒンドゥー教の大祭は「クンブ・メーラー（Kumbh Mela）」と呼ばれる。

＊14　スィク教の十番目の指導者であるグル・ゴーヴィンド・スィング（Guru Gobind Singh）が、一六九九年にKhalsa Panthという集団を設立した日で、スィク教の新年にあたる。ヴァイサーキーはまた、パンジャーブ地方における収穫祭としての意味も持っている。

＊15　メーラーの語を用いず、“celebration”や“festival”と呼ぶ場合もある。

＊16　ノッティンガム・メーラーは、地元のシティカウンシルからの助成を受けた最初の主要なメーラーである（Dudrah 2011: 287）。

＊17　エディンバラ・メーラーはブラッドフォード・メーラーをモデルにしている（Carnegie and Smith 2006: 261）。その一方で、エディンバラ・メーラーはスコットランド性（Scottishness）のシンボルを用いており、スコットランドの南アジア系の人々はブリティッシュというよりもスコティッシュ・エイジアンとしての意識を醸成しうる（Carnegie and Smith 2006: 265）という点で、イングランドのメーラーとは異なる方向性も有している。

＊18　二〇一四年からは、テイクアウェイ専門のファストフードチェーンBig John'sがタイトルスポンサーとなったBig John's Birmingham Melaも始まった。二〇一四年の前はバーミンガム・イード・メーラーとして開催されていたが、主催者らがムスリム以外のより幅広い層にも向けたフェスティバルとするために「イード」を外したという（Bentley 2016）。

＊19　例えば、一九九八年にはメーラーを助成する一〇の地方自治体やアーツカウンシルが存在した（Kalra 2000: 80）。

＊20　二〇一三年からのブラッドフォード・メーラーは、単独開催ではなくこのような市主催のフェスティバルの一環としての開催となっている。

＊21　エディンバラでメーラーをこの時期に行うのは、オーディエンスを確保するのと、夏に催されるエディンバラ・フェスティバルの時期に合わせることでメーラーに箔をつけるため（Carnegie and Smith 2006: 263-4）という指摘もある。

＊22　二〇二〇年は新型コロナウイルスの感染拡大の影響で大部分のメーラーが中止となったが、ロンドンの場合は

"MELATOPIA"と称して、ヴァーチャル・リアリティを用いたオンライン配信を一一月に行った。
＊23　いずれも、各メーラーの公式ウェブサイトに当時掲載されていた数字。
＊24　バーミンガムの場合、プログラムを企画するコミュニティラジオ局のRaaj FMがパンジャービー語専門局ということも影響している。詳しくは後述する。
＊25　二〇一四年から開催されているUK Bhartgra Awardsには最優秀メーラー （Best Mela）というカテゴリーが存在する。どのような基準で受賞するメーラーを選考しているのかは定かでないが、メーラーがバングラーのイベントであるかのごときこうしたカテゴリーが設けられていること自体、メーラーにおけるバングラーの比重の大きさを示していよう。
＊26　二〇一二年までは、BBC Introducing Stageという、主に新人アーティストのパフォーマンスが行われるステージも存在した。また二〇一七年には、エイジアンのＤＪたちによるパフォーマンスが行われるBBC Asian Network Stageというステージが設けられた。
＊27　ノッティンガム・メーラーでのボビー・フリクション（Bobby Friction）とThe East Midlands Orchestra ViVAの共演（二〇〇五年）や、ロンドン・メーラーでのジャズ・ダーミーとフィルハーモニア管弦楽団の共演（二〇一二年）など。
＊28　なお、「多文化共生」は英訳が難しい日本独自の概念だが、近似概念である「多文化主義」についての議論を踏まえずにキャッチフレーズのように用いられている（樋口 2010b: 5）といった批判もなされている。本書ではこうした批判を意識しつつも、両概念の背景にある日本と欧米のマイノリティ施策の相違などについての詳細な検討は行わず、ここでは日本におけるフェスティバルを通じた文化交流と相互理解というレベルでの「共生」をイギリスの文脈において参照するに留める。
＊29　例えば、バングラー歌手のモーナー・スィング（Mona Singh）は二〇〇八年にイギリス国内で開催されたメーラーの九割に出演し、これによってファンベースを上げることができたと、彼女の父親でバングラーバンド、アラープのヴォーカリストのチャンニー・スィングは語っている（Qureshi 2010: 94）。
＊30　近年の例では、二〇一四年のメーラーでＢＢＣエイジアン・ネットワークがメディアパートナーとして関わったのはロンドン・メーラーの一ヶ所のみであったし、二〇一六年のロンドン・メーラーのメディアパートナーはエイジアン・ネットワークからSunrise Radioに変更された。
＊31　南アジア系文化団体が音楽のパフォーマンスを通じた南アジア系の人々のアイデンティティ形成に果たす役割を考察したＨ・オムは、一九八五年設立のリバプールの文化団体Milapfestの掲げる理念が、イギリスの人種平等委員会（Ｃ

RE）による統合と多文化主義の定義と一致していることを指摘する（Um 2012: 62）。このような南アジア系文化団体はイギリスの主な都市に存在しており、Oriental Arts もそのひとつである。

＊32　二〇一二年四月二四日、ウエスト・ブロミッチにてインタビュー。

＊33　二〇〇九年に設立。Y氏によれば、地元での広告・後援事業による収入と、資金提供のためのイベントによる収入のみで運営しており、全ての番組プレゼンターは地元のボランティアである。

＊34　二〇一二年八月二四日、マンチェスターにてインタビュー。

＊35　Z氏はまた、ラインナップ決定に反映される要素として、BBCエイジアン・ネットワークの音楽のプレイリストに入っている楽曲のアーティストを挙げ、加えてオーディエンスからのリクエスト――ボリウッド映画を代表するスターであるシャー・ルク・カーン（Shah Rukh Khan）を出してほしい、といった実現困難な要望も多く寄せられるが――も考慮に加えているという。

＊36　二〇一二年六月一三日、ブラッドフォードにてインタビュー。

＊37　AA氏によれば、その基礎となったのは彼の大学生時代に同じ学生に娯楽を提供するボランタリーな活動で、一九七六年から八〇年までは無料だったが、八〇年にボランティア活動に対するカウンシルからの少額の助成を得て、AA氏は職業として Oriental Arts で働き始めた。

＊38　ブラッドフォード・メーラーは、こうしたエスニックな多様性を明確に引き継いでおり、二つのステージを設けることによって、ローカルなアーティストのみならず国内外の幅広いアーティストによるプログラムを提供してきた。また、他のメーラーではほとんど行われていないストリートアーツをプログラムの大きな柱として位置づけるなど、音楽以外のプログラムにも趣向を凝らしてきた。カーネギーとスミスがイギリス国内のメーラーのディレクターたちに行ったインタビューでも、かれらの多くがメーラーは包括的なイベントゆえに、「エイジアン」の語を取り除くことを望んでいたという（Carnegie and Smith 2006: 260）。

＊39　この年のブラッドフォード・メーラーは開催の数日前に降った大雨による公園のコンディションの悪化のため、実際には中止となった。

＊40　イギリスの南アジア系劇作家パールヴ・バーンサル（Parv Bansil, 1967-2017）も、このことを指摘している。バーンサルは一九八〇年代半ばに多文化芸術政策による支援の恩恵を受けたものの、エスニックな表現内容を求められ、「自分たちの文化」のなかに留まることが期待されたことで、「すぐに多文化主義の犠牲になったと感じた」という。彼によれば、多文化芸術政策は「黒人とアジア系の芸術をゲットー化し、結局はエスニック・マイノリティの実践者たちを

メインストリームから遠ざけるのに役立つだけである」（Bansil 2008: para. 7)。

*41　A氏によれば、アーティストがライヴバンドを持つには一五〇〇ポンドから二〇〇〇ポンド程度かかり、財政面で余裕のないメーラーはバックライン（演奏に使用する機材全般）をレンタルするか、出演アーティスト皆が同じ演奏者をシェアするといった形を取ることになる。しかしこの場合、雇われた演奏者は各出演アーティストの曲をよく知らない。このため、結果的にアーティストたちはむしろ録音済みの音源を使用するという。A氏はまた、若いアーティストたちが生演奏でパフォーマンスする経験をしていないという理由も挙げている。

終章　「エイジアン」カテゴリーはいかにしてつくられるか——その可変性／不変性

*1　筆者によるインタビューでも、例えばR氏は、それぞれのマイノリティ集団は多文化主義的なモデルのなかで自己定義すると語り、エイジアン音楽やブラック音楽といったカテゴリーは多文化主義政策と関連しているとの見解を示している。

*2　例えばニティン・ソーニーは、BBCエイジアン・ネットワークの創設はエイジアンのDJたちを（それまでは参入できていた）主流の音楽産業やラジオ局に参入できない理由づけにするためであり、新しいエイジアン音楽が主流産業から奨励されなくなったと語っている（Kalia 2019)。これは、多文化主義政策に基づく公共放送におけるエスニック・マイノリティへの配慮が、逆にかれらの分離を招いたということを示唆している。

*3　これに関連して、音楽プロデューサーで演奏家のN氏は、かつて「イギリス音楽」、つまりイギリスの主流のポピュラー音楽を作る方向に進もうとした時期があったが、結局パンジャービー音楽の側に残ったと語る。その理由は、伝統的なバングラーが彼の「心の拠り所」であるからだけでなく、イギリス音楽市場は巨大で才能ある人間に溢れ、コネクションなしでの参入が非常に困難である一方、バングラー業界は小規模だからだという。これはつまり、彼がバングラーのアーティストとして産業における場所を確保しており、主流の音楽産業の内部で淘汰される心配なく音楽制作ができていることを意味する。

　N氏はまた、音楽制作は「ビジネスであるだけでなく、音楽の家族を持つこと」だとして、自身が関わる独立レーベルやバングラーの情報ウェブサイトの人々、プロデューサーやアーティスト仲間と良好な関係を保っていると語っている。ハイダルは「あらゆる規模のレーベルにとって、個人的な関係がミュージシャンとレーベルとの間では成功に不可欠であり、それが契約の条項よりもはるかに重要」（Hyder 2004: 198）だと論じるが、N氏の例はまさにバングラーの生産や流通に携わる人々との人間関係が社会関係資本として機能し、それによって産業内において比較的安定した地位の確保につながっていることを示している。

＊4　例えば吉野は、センサスにおけるエスニック・カテゴリーの制度化によってエスニック集団のカテゴリーが定着し、人々の社会生活に浸透したことをマレーシアの事例から論じている（吉野 2002: 94-9）。

＊5　オージュラー＝スィッドゥーも、エイジアンのオーディエンスが「エイジアン性を失いつつあり」、「西洋化され、より統合されてきている」ため、もはやエイジアン文化やアイデンティティに依存していないというBBCエイジアン・ネットワークの元スタッフたちへのインタビューの語りを引用している（Aujla-Sidhu 2019: 108）。

＊6　パンジャービー音楽の優位性の背景として、本書ではインタビュー調査から、バングラーの軽快でノリのよいリズムといった音楽表現に内在的な特徴や、バングラーのサブ・エスニシティ統合的な役割という象徴的な意味づけ、オーディエンスの多数がパンジャービーであるという想定からパンジャービー歌手の音楽ステージでの起用が一般化しているといった傾向などを示した。もっとも、これらの説明だけではおそらく十分ではなく、エイジアン音楽産業を基礎づけた初期条件や偶然性といった過去の背景から、こうした優位性がもたらされているという歴史的な経路依存性についても検討する必要があろう。しかしながら、こうした歴史的な因果関係の可能性にアプローチすることは、エイジアン音楽産業に関連する過去の資料の入手が困難であるため非常に難しく、本書では行わなかった。

＊7　第3章＊26も参照のこと。

＊8　交差性概念を導入した先行研究の例としては、南アジア系の若者によるバングラーやエイジアン・アンダーグラウンドの受容にジェンダーや階級がいかに作用しているかを検討したバクラーニーヤーの研究（Bakrania 2013）が挙げられる。

＊9　例えばT氏は、非パンジャービーのアーティストがエイジアン音楽産業に少ない理由を尋ねた筆者に対して、「かれらは自分のマーケットを作ろうとしている。……世界中に何人のグジャラーティーがいるか？たくさん。世界中に何人のベンガーリーがいるか？たくさん。タミルが何人いるか？だから、そこを目指せ（go for it）」と語り、こうしたアーティストたちがサブ・エスニックなディアスポラ市場に照準していると指摘している。同じサブ・エスニックなルーツや言語、楽器のサウンドを共有する現地のアーティストと共作することによって、当該のサブ・エスニック集団のリスナーからの支持も獲得しやすくなるという期待がここに見出せよう。

もっとも、これらはパンジャービーのアーティストたちも行っている方法である。イギリスに活動の軸足を置きつつも、イギリスの狭いエイジアン音楽市場の限界を見据えてか、海外のパンジャービー・ディアスポラのアーティストたちとの制作を活発に行っている例も散見される。

あとがき

二〇二〇年三月、イギリスのパキスタン系ラッパーのリズＭＣ（Riz MC）が、リズ・アーメッド（Riz Ahmed、ウルドゥー語読みだとアフマド）名義でニューアルバムを発表した。近年はラッパーとしてよりも俳優として知られ、二〇二一年四月のアカデミー賞でムスリムとして初めて主演男優賞にノミネートされたことでも話題を集めたが、彼は元々ラッパーである。アルバムのタイトルは、*The Long Goodbye*。ブリトニー（Britney）という名の女性との破局――二〇二〇年一月三一日に行われたイギリスのＥＵ離脱（ブレグジット）を暗示する――をコンセプトに、イギリス社会におけるレイシズムや排外主義の高まり、そして自身の複層的なアイデンティティに向き合った作品である。同時に発表された同名のショートフィルム（YouTubeで視聴可能）は、イギリスのある南アジア系ムスリムの家族の日常が、乱入してきたレイシストたちの突然の暴力によって悲劇的な結末を迎えるという内容となっている。労働党のナーズ・シャー（Naz Shah）議員が同月一一日に議会下院でこれらの作品に言及し、「ヘイトクライムが増加し、ヘイトスピーチが一般の生活に影響を及ぼしているイギリスにおいて、存在を望まれていないと感じている多くのマイノリティたちの悲しみを力強く表現している」と評して、他の議員たちに視聴を促すという出来事もあった。

ＥＵ離脱派と残留派に世論を二分したブレグジットは、移民労働者の流入を阻止するという象徴的なメッセージとしても作用し、二〇一六年の国民投票後に人種や宗教に基づくヘイトクライムが増加したと報じられている。イギリスではそれまでも、二〇〇五年のロンドン同時爆破テロや「イスラーム国（IS）」の登場などを契機として、イスラモフォビアが根強く存在してきた。こうした一連の状況のなかで、アーメッドはラッパーとして、イギリス社会で周縁化され他者化され続ける移民という存在や、自らのアイデンティティを一貫して楽曲のテーマに据え、社会的な発言も続けてきた。

一方、アーメッドがこれらの作品を発表した時期、イギリスも新型コロナウイルスの感染拡大という事態に直面していた。しかしこのパンデミックで、南アジア系をはじめとするエスニック・マイノリティの医療従事者たちがイギリスの医療に多大な貢献をしていることもあらためて浮き彫りになった。イギリスの国民保健サービス（NHS）の全スタッフのうち、約二割が非白人である。医療や交通をはじめとする公共サービスに従事してきたエスニック・マイノリティの人々は、イギリス社会の根底を支える存在でもあり続けてきたのだ。

そして世界を見渡すと、人の移動は制限され、他国への渡航が困難な状況が現在も続いている。移民や外国人労働者は支援が行き届きにくい社会的弱者となり、また主に東アジア系の人々がヘイトのターゲットになるという事態も起こっている。このようななかで、「移民」という存在が今後社会的にどのように位置づけられていくのか、私にはまだよく分からない。しかしひとつ言えるのは、状況の変化によって誰もが「弱者」や「マイノリティ」になりうることが、コロナ禍の日常生活の様々な場面で実感されているのではないかということである。同じ「日本人」のなかにも、感染やへのおそれを契機に差別や格差、不寛容が生まれ、様々なレベルの境界線が引かれている。ここから浮かび上がるのは、私たちが他者との相互関係を通して互いを差異化し、それらの差異が場面に応じて私たちを有利／不利な状況に置くという社会の力学である。こうしたメカニズムに目を向けることが、他者化や不寛容を脱する契機を探る上での出発点になるのではないだろうか。それは、ひいてはこの国際社会に生きる私たち一人ひとりの複数の立場性を常に捉え返すことにもつながるだろう。

*

本書は、二〇一七年一一月に東京大学大学院人文社会系研究科より博士号を授与された学位論文「ブリティッシュ・エイジアン音楽の社会学——音楽産業内の力学からみる『エイジアン』の境界」に加筆修正を施したものである。また、以下の既発表の論文ならびに報告を部分的に組み込んでいる。

・二〇一一、「ブリティッシュ・エイジアン音楽の『エイジアン』とは何か——ポピュラー音楽のジャンル性をめぐる一考察」『ソシオロゴス』三五：一—二一。

・二〇一二、「ブリティッシュ・エイジアン音楽とエイジアン・アイデンティティ——ジェイ・ショーンの音楽実践とその解釈を事例として」『移民研究年報』一八：四七—六五。

・二〇一五、「エイジアン音楽という一体性（アイデンティティ）とその多様性——在英南アジア系ポピュラー音楽の現在」『関西学院大学先端社会研究所紀要』一二：一三六―五五。

・二〇一七、「ブリティッシュ・エイジアン音楽の諸実践にみる『代表性』と周縁化――サブ・エスニシティの観点から」関根康正・鈴木晋介編『南アジア系社会の周辺化された人々――下からの創発的生活実践』明石書店、三九―六二。

学位取得後の二〇一八年二月から三月にかけて行ったイギリスでの追加調査の成果も、部分的に用いている。また、博士論文では〈アンダーグラウンド〉としていた指標の名称は、エイジアンの若者世代の間でより高まるヒップホップやR＆Bの人気を踏まえて〈アーバン〉に訂正した。調査開始当初はUK Asian Music Awardsの内容や、エイジアン音楽産業にみるジェンダーやセクシュアリティについての考察も予定しており、これらに関連する質問を中心に行ったインタビュイーもいた。しかし、前者は二〇一二年で開催が終了して業界内での位置づけが変化したこと、また後者に関してはその後十分なデータが収集できなかったことにより、本書では取り上げないことにした。丁寧に話していただいたにもかかわらず言及できなかった方々にはたいへん申し訳ない。別の機会に論じられればと思っている。また、ある独立レーベルのCEOに二〇一二年にインタビューしたが、その方は業界内での事情により、その後音楽ビジネスから離れた。ご本人の心情を考慮し、本書では彼へのインタビューデータは取り上げないという判断に至った。つながりのあるアーティストたちを紹介してくださったことや、関わりのある音楽イベントに招待してくださったことも含め、この方にも深く御礼申し上げたい。

東京外国語大学で南アジアの諸言語や歴史、社会を学びながらも、アメリカのジェンダーや人種の問題をヒップホップの表現を切り口に考察することに引かれた学部生時代の私は、修士課程までこの課題に取り組んでいた。博士課程に進学し、それまでの研究の延長上にブリティッシュ・エイジアン音楽という存在を見出した時、私はまだイギリスを訪れたことすらなかったが、移民という視点から南アジア研究に「回帰」できたことは幸いだったと思う。二〇〇八年に調査を始めてから本書の刊行までに一三年という歳月が流れ、この間には多くの困難も経験した。しかし、長い時間をかけたからこそアプローチできたことも少なくない。本書で取り上げたインタビュイーたちをはじめ、現地でのたくさんの人々との出会いから、私は音楽産業内の事情のみならずかれらの家族、生活や人生について多くのことを知り、学ぶことができた。

とは言え、「部外者《アウトサイダー》」である私が「エイジアン」という枠組やその内部のサブ・エスニックなカテゴリーについて学術的に語ることが、エスニックな本質主義を強化する効果をもたらす危うさは常にある。かれらの多声性を少しでも重層的に、厚く描き出すことができていることを願う。また、ネパール系やブータン系、インド・カリビアン、またインド系やパキスタン系のなかでも本書で取り上げなかった地域的・文化的背景を持つ人々の音楽実践については、事例が少ないこともあり議論に含めることができなかった。本書の記述もまた、マイノリティのなかのマイノリティを等閑視するというパフォーマティヴな効果を持ちうることを十分に自覚しながら、今後さらにエイジアンの多様性について探究していければと思っている。コロナ禍でエイジアン音楽産業も相当な打撃を受けたと思われるが、オンラインでの楽曲や動画の配信により、イギリスという物理的な場所を軽々と越えていく若いアーティストはますます増えていくだろう。そうした文化実践のありようを捉えていくことも、今後の課題である。

＊

本書の刊行まで、実に多くの方々にご指導やご助言、ご協力を賜り、また支えていただいた。全ての方々のお名前を挙げることはできないが、この場を借りて心より御礼申し上げる。

まず、修士課程から指導教員を務めてくださった上野千鶴子先生に深く感謝の意を表したい。社会学の基礎知識が足りないまま大学院に「入院」した私は、上野先生の守備範囲の広さと懐の深さに幾度となく助けていただいた。上野先生と出会い、多角的な研究視点を授けていただいたことで、私はなんとか研究を続けてこられた。上野ゼミで学んだ時代が、私の研究者としての土台になっている。

赤川学先生には、上野先生のご退職後に博士論文の指導ならびに主査を務めていただいた。論文を仕上げていく過程で、細かい記述までチェックしていただき、貴重なご指摘やアドバイスを数多く頂戴した。また、執筆が思うように進まない時も辛抱強く見守り、励ましていただいた。ブリティッシュ・エイジアン音楽に社会学の研究対象として取り組み、論文を書く上での作法を丁寧にご指導いただけたことは、私にとってとても大きな財産である。

佐藤健二先生には、修士論文に続き博士論文でも副査を務めていただいた。ブリティッシュ・エイジアン音楽をかれらのアイデンティティと絡めて考察することを構想していた私に、佐藤先生は音楽産業内部の分析に主軸を置くという方向性を示してくださった。力不足でうまくできた自信はないが、今後の私の研究にとって大きな指針になった。引き続き取り組んでいきたい。

祐成保志先生からも、博士論文の副査というお立場から、示唆に富むコメントをいくつも頂戴した。市場の原理や形成のされ方をみることや、制度化の過程をしっかり描くことの重要性を指摘してくださり、エイジアン音楽を「産業」として捉える視点をより養うことができた。

吉野耕作先生には修士課程の時、ゼミや社会調査実習でたいへんお世話になった。上智大学に異動されてからはご無沙汰していたが、私の博士論文の副査を快諾していただいた。審査会では、ご自分のスマートフォンでBBCエイジアン・ネットワークの音楽チャートのサイトを他の先生方にお見せになり、当時一位だったジェイ・ショーンの曲など二曲を短く流してくださった。和気あいあいとした雰囲気になり、緊張していた私は大いに救われた。

残念なことに、吉野先生は私の審査会の翌年にお亡くなりになった。先輩の武田俊輔さんと私が、博士論文を審査していただいた東大社会学研究室の最後の学生になるかと思う。良き理解者がいなくなってしまった喪失感はずっと残るが、吉野先生に論文を好意的に評価していただいたことは、これからも私の大きな支えであり続けるだろう。

社会学研究室の秘書さんや歴代の助手・助教の皆さん、院生の皆さんにも本当にお世話になった。上野ゼミ同期の川端健嗣さんは、厳しい研究生活のなかで互いに励まし合ってきた同志である。また、同じく同期の三浦倫平さんには、私の博士論文審査会の前に論文への貴重なコメントをいただいた。先輩の明戸隆浩さんは、『ソシオロゴス』の投稿論文の査読者として的確なご助言をくださった。また、阿部真大さんは雑誌『パンドラ』（集英社）でのご自身の連載「世界はロックでできている」に、番外編としてエイジアン音楽をテーマに記事を書くことを勧めてくださった。イギリスでの最初の調査で得た知見をまとめ、「エイジアン・アイデンティティ in the UK――若者たちの『自分』表現」（二〇〇八年、WINTER Vol. 2, SIDE-B）というタイトルで一〇ページも掲載していただけたことは、その後この研究を続けていく上での大きな励みになった。阿部さんや原田峻さんと二〇〇八年のエイジアン・ダブ・ファウンデーションの東京公演を観に行ったことも、懐かしい思い出である。金田淳子さんは、本書の刊行に際して青土社との橋渡しをしてくださった。

東京外国語大学時代からお世話になっている恩師の方々にも謝意を表したい。粟屋利江先生は、ジェンダー研究の面白さを教えていただき、私が研究の世界に入るきっかけとなった大きな存在である。千田有紀先生は、私が大学院で社会学を学び始める上での道筋を示してくださった。私も千田先生と同様に上野ゼミを選んだことで、千田先生は恩師であると同様にゼミの先輩にもなり、折に触れて励ましの言葉をいただいている。私の研究をいつも温かく見守ってくださっているウルドゥー語の麻田豊先生、またヒンディー語の恩師であり、博士課程時代に東大駒場キャンパスのヒンディー語中級の授業で再びご指導いただいた藤井毅先生からは、学問に取り組む上での真摯な姿勢を幾度となく学んできた。

南アジア系ディアスポラ研究会（ＳＡＤＳ）のメンバーである鈴木真弥さんと小松久恵さんには、発表の機会をいただいていることに御礼を申し上げたい。また、足立享祐さんと澤田彰宏さんには、南アジア研究の良き仲間として常に支えていただいている。岡口典雄先生、萩田博先生、故Jatinder Pal Singh Jolly先生、Rehana Sahi先生には、東京外国語大学アジア・アフリカ言語文化研究所のパンジャービー語研修でお世話になり、パンジャーブ地方の社会や文化についても多くのことを学んだ。Suleman Mazharさん、Shahid Rasulさん、フランク・夏樹・トーマスさんにはパンジャービー語や英語の歌詞の翻訳を手伝っていただいた。ブリティッシュ・エイジアンのコミュニティを対象に現地調査を続けてこられた先達である佐久間孝正先生と佐藤清隆先生、東京外国語大学アジア・アフリカ文化研究所ジュニア・フェロー時代の受け入れ教員である椎野若菜先生、東南アジアの音楽・芸能研究の伏木香織さんにも、温かい励ましの言葉をいただいた。深く感謝申し上げたい。

イギリスでの調査に際しても、多くの方々のご理解とご協力を得た。まずは、本書の全てのインタビュイーに厚く御礼申し上げる。調査倫理の観点から実名は出さなかったため一人ひとりに言及できないのが残念だが、業界では有名な方も多く、皆さん多忙ななかで私のコンタクトに応じ、心を開いて貴重な話をたくさんしてくださった。また、第1章で記したとおり、本調査に先立って一般の若い世代のエイジアン八人に予備的にインタビューした。本書では用いていないが、エイジアンの若者の意識を知る上でたいへん参考になった。かれらと、かれらを紹介してくださったKomal Sahiさん、Shyam Chalil Madathilさん、Shyamさんを紹介してくださったK.P.P. Nambiarさんにも感謝申し上げる。

本書の成果のかなりの部分は、Hardeep Sahotaと彼の家族との友情に多くを負っている。バングラーに対するHardeepの情熱に、私は幾度となく大きな刺激を受けてきた。また、二〇一〇年夏の調査の際にハダースフィールドで居候させていただいたHardeepのChacha ji（おじさん）は、私にとってイギリスで最もクールな存在のひとりである。

二〇一一年から一二年にかけて、東京大学文学部との国際交流協定に基づきマンチェスター大学人文学部（音楽・演劇研究室）に留学した際は、Rajinder Dudrah先生にきめ細かいご指導をいただいた。また、Nick Crossley先生の講義"Sociology of Popular Music"を聴講させていただいたことが、本書の理論枠組を設定する上での大きなインスピレーションとなった。マンチェスターでの受け入れにあたっては、国際交流協定の担当者でいらした柴田元幸先生が、関係各所とのやり取りでたいへんお骨折りくださった。厚く御礼申し上げたい。

調査を始める前は現地に知り合いが誰もおらず、インドのケーララ州の友人たちに誰か紹介してほしいとメールを送るところから始まった。かれらのうち、舞台俳優で現在はFilm and Television Institute of Indiaの准教授でもあるJijoy P.R.が、南アジア系の演劇の制作や評論をしているSuman Bhucharを紹介してくれた。Sumanは、二〇一〇年三月にロンドンで初めて会うと、映像制作者のNavdeep Kandolaを紹介してくれた。そして、NavdeepがHardeep Sahotaや本書のインタビュイーのひとりを紹介してくれたことで、エイジアン音楽の業界関係者とのネットワークを少しずつ広げていくことができた。このネットワークの起点にいたJijoy、そしてSumanとNavdeepにも深く感謝申し上げる。本書はこうした人々とのつながりによって可能となった。

イギリスでは他にもたくさんの方々に様々な形で協力していただき、また時には精神的に支えていただいた。特に次の方々に御礼申し上げる。Amarjit KheraとDesi Radioの皆さん、Amy Mahal、

Andy Harney、Ashanti Omkar、Club Zindagi の皆さん、Gagandeep Singh、Henry He、Jayashri Dandawate さん、倉田賢一さん、近藤亮介さん、Mani Shergill、中溝和弥さん、小澤身和子さん、Parminderjit Singh、Parv Gandham、Rajkumar Singh Khera、Ramesh Klair さん、Rana A. Saleem さん、Rita H.、Saleem Tahir さん＆野上ひとみさん、Sujata Sian、William Chen、柳沢晶子さん。マンチェスター大学で同じ研究室だった Edmund Chow、Mehrdad Rayani-Makhsous、Ming-Hsun Lee にも感謝を送る。

修士課程の頃から約一〇年間働かせていただいたNPO法人アートネットワーク・ジャパンでお世話になった蓮池奈緒子さん、米原晶子さん、武田知也さんをはじめとする（当時の）職員の皆さん、フェスティバル／トーキョーのスタッフの皆さん、また同僚の仲間たちにも御礼申し上げたい。にしすがも創造舎の施設管理スタッフとして演劇やダンスの稽古場運営に携わるなかで、アーツ・マネジメントや文化行政、表現文化を形作ることについての知見を深められたことは、私の研究にとても大きな意味を持った。

そして、青土社の菱沼達也さんには、今回の出版にあたって本当にお世話になった。当初の刊行予定の時期から大幅に遅れてしまったが、辛抱強くお待ちいただき、また様々な形でご尽力いただいた。同郷でもある菱沼さんはとても心強い存在で、作業を進めていく上で大きな支えとなった。

本書の刊行にあたっては、東京大学の学術成果刊行助成を得た。二〇一〇年夏の調査に際しては、平成二二年度（前期）東京大学学術研究活動等奨励事業（国外）による助成を得た。また、二〇一一年から一二年にかけての調査は、独立行政法人日本学術振興会の「組織的な若手研究者海外派遣プログラム」による支援を得た「東京大学大学院人文社会研究科　次世代人文社会学育成プログラム」（二〇〇九年度～二〇一二年度）の助成を受け、マンチェスター大学人文学部に在籍することで可能となった。不出来な院生だった私が自分のペースでここまで研究を続けてこられたのは、東京大学による様々なサポートのおかげである。これまでお世話になった教職員の皆様に、心より御礼申し上げる。また、二〇一八年春の調査にあたっては、人間文化研究機構プロジェクト「南アジア地域研究」東京外国語大学拠点（ＦＩＮＤＡＳ）より渡航助成を得た。

長くなってしまったが、最後に、私が学業と研究を続けることに理解を示し、支えてくれた母と兄に深く感謝する。私が子どもの頃から音楽に親しんできたのは、七歳年上の兄・俊宏の影響だと思っている。亡き父に博士論文の完成を報告できなかった悔いは残るが、本書の刊行をどこかで見て喜んでくれていると思いたい。

本書を、幼い私を育ててくれた、てい、菊子、孝子に捧げる。

二〇二一年六月

栗田知宏

索引

あ行

か行

さ行

た行

な行

は行

参考文献

Abbing, Hans, 2002, *Why Are Artists Poor?: The Exceptional Economy of the Arts*, Amsterdam: Amsterdam University Press.（＝山本和弘訳，2007，『金と芸術――なぜアーティストは貧乏なのか』grambooks.）

阿部るり，2006，「西ヨーロッパにおけるエスニック・マイノリティ・メディアの変遷――ドイツ，イギリスを中心とした移民と放送メディアの関係性の変化から」『コミュニケーション研究』36: 105-47.

Adorno, Theodor W., 1962, *Einleitung in die Musiksoziologie*, Frankfurt am Main: Suhrkamp Verlag.（＝高辻知義・渡辺健訳，1999，『音楽社会学序説』平凡社.）

Aguirre, Adalberto, Jr. and Jonathan H. Turner, 2007, *American Ethnicity: The Dynamics and Consequences of Discrimination (5th Edition)*, Boston: McGrow-Hill.（＝神田外語大学アメリカ研究会訳，2013，『アメリカのエスニシティ――人種的融和を目指す多民族国家』明石書店.）

Alexander, Claire and Helen Kim, 2013, "Dis/Locating Diaspora: South Asian Youth Cultures in Britain," Joya Chatterji and David Washbrook eds., *Routledge Handbook of the South Asian Diaspora*, Abingdon, Oxon and New York: Routledge, 350-62.

Anderson, Benedict, 1983, *Imagined Communities: Reflections on the Origin and Spread of Nationalism*, London: Verso.（＝白石隆・白石さや訳，1987，『想像の共同体――ナショナリズムの起源と流行』リブロポート.）

Anwar, Muhammad, 1996, *British Pakistanis: Demographic, Social and Economic Position*, University of Warwick, Centre for Research in Ethnic Relations.（＝佐久間孝正訳，2002,『イギリスの中のパキスタン――隔離化された生活の現実』明石書店.）

Appadurai, Arjun, 1996, *Modernity at Large: Cultural Dimensions of Globalization*, Minneapolis and London: The University of Minnesota Press.（＝門田健一訳，2004,『さまよえる近代――グローバル化の文化研究』平凡社.）

Aujla-Sidhu, Gurvinder, 2019, *Delivering a Public Service?: The BBC Asian Network and British Asian Audiences*, Ph.D. thesis submitted to De Montfort University.

生明俊雄, 2004,『ポピュラー音楽は誰が作るのか――音楽産業の政治学』勁草書房.

Back, Les, 1996, *New Ethnicities and Urban Culture: Racisms and Multiculture in Young Lives*, London: UCL Press.

Baddhan, Lakh, 2017, "Mark Strippel's Position Signals New Changes at BBC Asian Network?," Biz Asia, (Retrieved June 3, 2021, https://www.bizasialive.com/mark-strippels-new-position-sign-new-changes-bbc-asian-network/).

Badshah, Nadeem, 2010, "Jay Sean: I Had to Do it My Way and Leave Home," *Eastern Eye*, March 19.

Baily, John, 1990, "Qawwali in Bradford: Traditional Music in the Muslim Communities," Paul Oliver ed., *Black Music in Britain: Essays on the Afro-Asian Contribution to Popular Music*, Milton Keynes: Open University Press, 153-65.

——, 2006, "'Music is in Our Blood': Gujarati Muslim Musicians in the UK," *Journal of Ethnic and Migration Studies*, 32(2): 257-70.

Bakrania, Falu, 2013, *Bhangra and Asian Underground: South Asian Music and the Politics of Belonging in Britain*, Durham and London: Duke University Press.

Ballantyne, Tony, 2006, *Between Colonialism and Diaspora: Sikh Cultural Formations in an Imperial Period*, Durham and London: Duke University Press.

Ballard, Roger, 1994a, "Introduction: The Emergence of Desh Pardesh," Roger Ballard ed., *Desh Pardesh: The South Asian Presence in Britain*, London: Hurst & Company, 1-34.

——, 1994b, "Differentiation and Disjunction among the Sikhs," Roger Ballard ed., *Desh Pardesh: The South Asian Presence in Britain*, London: Hurst & Company, 88-116.

Bance, Peter, 2007, *The Sikhs in Britain: 150 Years of Photographs*, Stroud: Sutton Publishing Ltd.

Bancil, Parv, 2008, "What Have Multicultural Arts Policies Done for Us?," The Guardian, (Retrieved June 3, 2021, https://www.theguardian.com/stage/theatreblog/2008/dec/16/arts-funding-theatre-multicultural-policy).

Banerjea, Koushik, 2000, "Sounds of Whose Underground?: The Fine Tuning of Diaspora in an Age of Mechanical Reproduction," *Theory, Culture & Society*, 17(3): 64-79.

Banerji, Sabita and Gerd Baumann, 1990, "Bhangra 1984-8: Fusion and Professionalisation in a Genre of South Asian Dance Music," Paul Oliver ed., *Black Music in Britain: Essays on the Afro-Asian Contribution to Popular Music*, Milton Keynes: Open University Press, 137-52.

Barth, Frederik, 1969, "Introduction," Frederik Barth ed., *Ethnic Groups and Boundaries: The Social Organization of Culture Differences*, Boston: Little Brown and Company, 9-38.（＝内藤暁子・行木敬訳，1996，「エスニック集団の境界——論文集『エスニック集団と境界』のための序文」青柳まちこ編・監訳『「エスニック」とは何か——エスニシティ基本論文選』新泉社，23-71.）

Bauman, Zygmunt, 2000, *Liquid Modernity*, Cambridge: Polity Press.（＝森田典正訳，2001，『リキッド・モダニティ——液状化する社会』大月書店.）

Baumann, Gerd, 1996, *Contesting Culture: Discourses of Identity in Multi-Ethnic London*, Cambridge: Cambridge University Press.

BBC, 2018, "Freddie Mercury's Complex Relationship with Zanzibar," BBC News, (Retrieved June 3, 2021, https://www.bbc.com/news/world-africa-45900712).

BBC, 2019, *BBC Group Annual Report and Accounts 2018/19*, London: British Broadcasting Corporation, (Retrieved June 3, 2021, https://downloads.bbc.co.uk/aboutthebbc/reports/annualreport/2018-19.pdf).

BBC, 2021, “About Chart,” BBC Asian Network, (Retrieved June 3, 2021, https://www.bbc.co.uk/programmes/articles/2zcclYQ63LhDjqkKv9rBkdw/about-chart).

Becker, Howard, 1982, *Art Worlds, Berkeley*: University of California Press.（＝後藤将之訳，2016，『アート・ワールド』慶應義塾大学出版会.）

Becker, Howard and Alain Pessin, 2006, “A Dialogue on the Ideas of ‘World’ and ‘Field’,” *Sociological Forum*, 21(2): 275-86.

Beck, Ulrich, 1986, *Risikogesellschaft: auf dem Weg in eine andere Moderne* (1. Aufl .), Frankfurt am Main: Suhrkamp.（＝東廉・伊藤美登里訳，1998，『危険社会――新しい近代への道』法政大学出版局.）

Bennett, Andy, 2000, *Popular Music and Youth Culture: Music, Identity and Place*, Basingstoke: Macmillan.

――, 2001, *Cultures of Popular Music*, Maidenhead: Open University Press.

Bennett, Tony, Mike Savage, Elizabeth Silva, Alan Warde, Modesto Gayo-Cal, and David Wright, 2009, *Culture, Class, Distinction*, London: Routledge.（＝磯直樹・香川めい・森田次朗・知念渉・相澤真一訳，2017，『文化・階級・卓越化』青弓社.）

Bentley, David, 2016, “Big John’s Birmingham Mela 2016 is Coming and Here’s All You Need to Know,” Birmingham Mail, (Retrieved June 3, 2021, http://www. birminghammail.co.uk/whats-on/whats-on-news/big-johns-birmingham-mela-2016-11648173).

BET, 2021a, “Contemporary R&B,”BET Soul Train Awards, (Retrieved June 3, 2021, http://www.bet.com/shows/soul-train-awards/2016/r-n-b-suite/soul-defined/contemporary-r-n-b.html).

――, 2021b, “Blue-Eyed Soul,”BET Soul Train Awards, (Retrieved June 3, 2021, http://www.bet.com/shows/soul-train-awards/2016/r-n-b-suite/soul-defined/blue-eyed-soul.html).

Betts, Graham, 2005, *Complete UK Hit Singles 1952-2005*, London: HarperCollins.

Bottero, Wendy and Nick Crossley, 2011, “Worlds, Fields and Network: Becker, Bourdieu and the Structures of Social Relations,” *Cultural Sociology*, 5(1): 99-119.

Bourdieu, Pierre, 1979a, *La distinction: critique sociale du jugement*, Paris: Éditions de Minuit.（＝石井洋二郎訳，1990，『ディスタンクシオンⅠ・Ⅱ――社会的判断力批判』藤原書店.）

――, 1979b, “Les trois états du capital culturel,” *Actes de la recherche en sciences sociales*, 30: 3-6.（＝福井憲彦訳，1986，「文化資本の三つの姿」福井憲彦・山本哲士編『actes』1: 18-28.）

――, 1980a, *Questions de Sociologie*, Paris: Éditions de Minuit.（＝田原音和監訳，安田尚ほか訳，1991，『社会学の社会学』藤原書店.）

――, 1980b, “Le capital social: notes provisoires,” *Actes de la recherche en sciences sociales*, 31: 2-3.（＝福井憲彦訳，1986，「『社会資本』とは何か――暫定的ノート」福

井憲彦・山本哲士編『actes』1: 30-6.）
——, 1992, *Les règles de l'art: genèse et structure du champ littéraire*, Paris: Éditions du Seuil.（＝石井洋二郎訳，1995,『芸術の規則Ⅰ・Ⅱ』藤原書店.）
——, 1994, *Raisons pratiques: sur la théorie de l'action*, Paris: Éditions du Seuil.（＝加藤晴久・石井洋二郎・三浦信孝・安田尚訳，2007,『実践理性——行動の理論について』藤原書店.）
ブルデュー，ピエール・今村仁司・廣松渉，1990,「ハビトゥス・戦略・権力」ブルデュー，ピエール（加藤晴久編）『ピエール・ブルデュー——超領域の人間学』藤原書店，169-204.
Brah, Avtar, 1996, *Cartographies of Diaspora: Contesting Identities*, London: Routledge.
——, 2006, "The 'Asian' in Britain," N. Ali, V. S. Kalra and S. Sayyid eds., *A Postcolonial People: South Asians in Britain*, London: Hurst & Company, 35-61.
British Sociological Association, 2020, "Equality & Diversity," Durham: British Sociological Association, (Retrieved September 17, 2020, https://www.britsoc.co.uk/Equality-Diversity/).
Brubaker, Rogers, 2005, "The 'diaspora' diaspora," *Ethnic and Racial Studies*, 28(1): 1-19.（＝赤尾光春訳, 2009,「『ディアスポラ』のディアスポラ」臼杵陽監修, 赤尾光春・早尾貴紀編『ディアスポラから世界を読む——離散を架橋するために』明石書店，375-400.）
Brubaker, Rogers, Mara Loveman and Peter Stamatov, 2004, "Ethnicity as Cognition," *Theory and Society*, 33(1): 31-64. Reprinted in: Rogers Brubaker, 2004, *Ethnicity without Groups*, Cambridge, Mass. and London: Harvard University Press, 64-87.（＝佐藤成基訳，2016,「認知としてのエスニシティ」佐藤成基・髙橋誠一・岩城邦義・吉田公記編訳『グローバル化する世界と「帰属の政治」——移民・シティズンシップ・国民国家』明石書店，235-87.）
Butler, Judith, 1990, *Gender Trouble: Feminism and the Subversion of Identity*, New York and London: Routledge.（＝竹村和子訳，1999,『ジェンダー・トラブル——フェミニズムとアイデンティティの攪乱』青土社.）
Carnegie, Elizabeth and Melanie Smith, 2006, "Mobility, Diaspora and the Hybridisation of Festivity: The Case of the Edinburgh Mela," David Picard and Mike Robinson eds., *Festivals, Tourism and Social Change: Rethinking Worlds*, Clevedon: Channel View Publications, 255-68.
鄭暎恵，2010,「ハイブリッド・アイデンティティ」日本社会学会社会学事典刊行委員会編『社会学事典』丸善出版，444-5.
Chow, Andrew R., 2019, "Lil Nas X Talks 'Old Town Road' and the Billboard Controversy," Time, (Retrieved June 3, 2021, https://time.com/5561466/lil-nas-x-old-town-road-billboard/?fbclid=IwAR3klaOn39ALf2EK7ZmOGJ-xAc20-ZCq1QHd2hoA2Qgn5XH6FjeVmgays7w).

Cohen, Robin, 2008, *Global Diasporas: An Introduction (2nd Edition)*, London: Routledge.（＝駒井洋訳，2012，『新版　グローバル・ディアスポラ』明石書店.）
Cohen, Ronald, 1978, "Ethnicity: Problem and Focus in Anthropology," *Annual Review of Anthropology*, 7: 379-403.（＝百瀬響・行木敬訳，1996，「部族からエスニシティへ――エスニシティ：人類学における問題と焦点」青柳まちこ編・監訳『「エスニック」とは何か――エスニシティ基本論文選』新泉社，141-87.）
Condry, Ian, 2006, *Hip-hop Japan: Rap and the Paths of Cultural Globalization*, Durham: Duke University Press.
Connell, John and Chris Gibson, 2003, *Sound Tracks: Popular Music, Identity and Place*, London: Routledge.
Copsey, Rob, 2018, "Video to Enter UK's Official Singles Chart This Summer," Official Charts, (Retrieved June 3, 2021, https://www.officialcharts.com/chart-news/video-to-enter-uk-s-official-singles-chart-this-summer__23212/).
Crenshaw, Kimberlé, 1989, "Demarginalizing the Intersection of Race and Sex: A Black Feminist Critique of Antidiscrimination Doctrine, Feminist Theory and Antiracist Politics," *The University of Chicago Legal Forum Volume*, Vol. 1989: Issue 1, Article 8, 139-67.
Crossley, Nick, 2009, "The Man whose Web Expanded: Network Dynamics in Manchester's Post/Punk Music Scene 1976-1980," *Poetics*, 37 (1): 24-49.
Curtis, Mike, 2015, *Asian Auntie-Ji: Life with the BBC Asian Network*, Leicestershire: Matador.
Diethrich, Gregory, 1999, "Desi Music Vibes: The Performance of Indian Youth Culture in Chicago," *Asian Music*, 31(1): 35-61.
Diver, Mike, 2009, "Jay Sean All or Nothing Review," BBC Music, (Retrieved June 3, 2021, http://www.bbc.co.uk/music/reviews/5zfd).
Dudrah, Rajinder K., 2002, "Drum 'n' Dhol: British Bhangra Music and Diasporic South Asian Identity Formation," *European Journal of Cultural Studies*, 5(3): 363-83.
――, 2007, *Bhangra: Birmingham and Beyond*, Birmingham: Birmingham City Council Library & Archive Service.
――, 2011, "British Bhangra as Soundscape of the Midlands," *Midland History*, 26(2): 278-91.
Duerden, Nick, 2009, "Jay Sean: Ahead of the Race," The Independent, (Retrieved June 3, 2021, http://www.independent.co.uk/news/people/profiles/jay-sean-ahead-of-the-race-1832823.html).
Dwyer, Rachel, 2006, "Planet Bollywood," N. Ali, V. S. Kalra and S. Sayyid eds., *A Postcolonial People: South Asians in Britain*, London: Hurst & Company, 362-70.
――, 2014, *Bollywood's India: Hindi Cinema as a Guide to Contemporary India*, London: Reaktion Books.

Egere-Cooper, Matilda, 2008, "Jay Sean: Bad Boy Turned Good," The Independent, (Retrieved June 3, 2021, http://www.independent.co.uk/arts-entertainment/music/features/jay-sean-bad-boy-turned-good-771506.html).
エルータイエブ，ファティマ，2007，「アーバン・ディアスポラ――ポストーエスニック・ヨーロッパにおける人種，アイデンティティ，ポピュラー・カルチャー」伊豫谷登士翁編『移動から場所を問う――現代移民研究の課題』有信堂，201-33.
Eriksen, Thomas Hylland, 2002, *Ethnicity and Nationalism*, London: Pluto.（＝鈴木清史訳，2006，『エスニシティとナショナリズム――人類学的視点から』明石書店.）
Farrell, Gerry with Jayeeta Bhowmick and Graham Welch, 2005, "South Asian Music in Britain," Hae-Kyung Um ed., *Diasporas and Interculturalism in Asian Performing Arts: Translating Traditions*, London: RoudledgeCurzon, 104-28.
Ferguson, Tom, 2000, "BPI, IMI Join to Tackle Pirates: U.K. & Indian Labels' Bodies Turn Up Heat on Counterfeiters," *Billboard*, August 19: 71, 81.
Frith, Simon, 1996, "Music and Identity," Stuart Hall and Paul Du Gay eds., *Questions of Cultural Identity*, London: Sage, 108-27.（＝柿沼敏江訳，2001，「音楽とアイデンティティ」宇波彰・柿沼敏江・佐復秀樹・林完枝・松畑強訳『カルチュラル・アイデンティティの諸問題――誰がアイデンティティを必要とするのか』大村書店，187-224.）
藤田結子，2008，「イギリス――エスニック・マイノリティのメディアとナショナル・アイデンティティ」関根政美・塩原良和編『多文化交差世界の市民意識と政治社会秩序形成』慶應義塾大学出版会，121-42.
Gardner, Katy and Abdus Shukur, 1994, "'I'm Bengali, I'm Asian, and I'm Living Here': The Changing Identity of British Bengalis," Roger Ballard ed., *Desh Pardesh: The South Asian Presence in Britain*, London: Hurst & Company, 142-64.
Geertz, Clifford, 1973, *The Interpretation of Cultures: Selected Essays*, New York: Basic Books.（＝吉田禎吾・柳川啓一・中牧弘允・板橋作美訳，1987，『文化の解釈学Ⅰ・Ⅱ』岩波書店.）
Gera Roy, Anjali, 2010, *Bhangra Moves: From Ludhiana to London and Beyond*, Abingdon, Oxon and New York: Routledge
Giddens, Anthony, 1990, *The Consequences of Modernity*, Cambridge: Polity Press.（＝松尾精文・小幡正敏訳，1993，『近代とはいかなる時代か？――モダニティの帰結』而立書房.）
――, 2006, *Sociology (5th Edition)*, Cambridge: Polity Press.（＝松尾精文・小幡正敏・西岡八郎・立松隆介・藤井達也・内田健訳，2009，『社会学　第五版』而立書房.）
Gillespie, Marie, 1995, *Television, Ethnicity and Cultural Change*, London: Routledge.（＝小川葉子訳［抄訳］，1996，「エスニシティと消費――ロンドンのパンジャブ系第二世代の文化とアイデンティティ」『現代思想』24(3): 226-37.）

Gilroy, Paul, [1987]2002, *There Ain't No Black in the Union Jack: The Cultural Politics of Race and Nation*, London: Routledge.（＝田中東子・山本敦久・井上弘貴訳，2017，『ユニオンジャックに黒はない——人種と国民をめぐる文化政治』月曜社.）

——, 1990, "Sounds Authentic: Black Music, Ethnicity, and the Challenge of a Changing Same," *Black Music Research Journal*, 10(2): 111-36.

——, 1993, *The Black Atlantic: Modernity and Double Consciousness*, London: Verso.（＝上野俊哉・毛利嘉孝・鈴木慎一郎訳，2006，『ブラック・アトランティック——近代性と二重意識』月曜社.）

——, 1996, "British Cultural Studies and the Pitfalls of Identity," Houston A. Baker Jr., Manthia Diawara and Ruth H. Lindeborg eds., *Black British Cultural Studies: A Reader*, Chicago: The University of Chicago Press, 223-39.（＝毛利嘉孝訳，1998，「英国のカルチュラル・スタディーズとアイデンティティの落とし穴」『現代思想』26(4): 142-57.）

Goffman, Erving, 1963, *Stigma: Notes on the Management of Spoiled Identity*, Englewood Cliffs, N.J.: Prentice-Hall, Inc.（＝石黒毅訳，1970，『スティグマの社会学——傷つけられたアイデンティティ』せりか書房.）

Gonzales, Michael A., 2013, "The Blurred Lines of Blue-Eyed Soul," Ebony, (Retrieved June 3, 2021, https://www.ebony.com/entertainment/the-blurred-lines-of-blue-eyed-soul-111/).

Gopinath, Gayatri, 1995, "'Bombay, UK, Yuba City': Bhangra Music and the Engendering of Diaspora," *Diaspora: A Journal of Transnational Studies*, 4(3): 303-21.

GOV.UK, 2018, "Population of England and Wales," (Retrieved June 3, 2021, https://www.ethnicity-facts-figures.service.gov.uk/uk-population-by-ethnicity/national-and-regional-populations/population-of-england-and-wales/latest).

Greater London Authority, 2003, *Play It Right: Asian Creative Industries in London*, London: Greater London Authority, (Retrieved June 3, 2021, https://www.london.gov.uk/sites/default/files/asian-creative-ind-rep03v2.pdf).

Green, Jonathan, 2014, "Multicultural London English: The New 'Youthspeak'," Julie Coleman ed., *Global English Slang: Methodologies and Perspectives*, Abingdon, Oxon: Routledge, 62-71.

Grewal, Simran, 2019, "BritAsia TV are Proud to Announce the Launch of the Official Punjabi Chart Show Compiled by the Official Charts Company," BritAsia TV, (Retrieved June 3, 2021, https://britasia.tv/britasia-tv-are-proud-to-announce-the-launch-of-the-official-punjabi-chart-show-compiled-by-the-official-charts-company/).

Hage, Ghassan, 1998, *White Nation: Fantasies of White Supremacy in a Multicultural Society*, Sydney: Pluto Press.（＝保苅実・塩原良和訳，2003，『ホワイト・ネイション——ネオ・ナショナリズム批判』平凡社.）

Hall, Stuart, 1990, "Cultural Identity and Diaspora," Jonathan Rutherford ed., *Identity: Community, Culture, Difference*, London: Lawrence and Wishart, 222-37.（＝小笠原博毅訳，1998，「文化的アイデンティティとディアスポラ」『現代思想』26(4): 90-103.）
——, 1991, "Old and New Identities, Old and New Ethnicities," Anthony D. King ed., *Culture, Globalization and the World-System: Contemporary Conditions for the Representation of Identity*, London: Macmillan Press Ltd., 41-68.（＝安藤充訳，1999，「新旧のアイデンティティ，新旧のエスニシティ」山中弘・安藤充・保呂篤彦訳『文化とグローバル化——現代社会とアイデンティティ表現』玉川大学出版部，67-104.）
——, 1996a, "New Ethnicities," David Morley and Kuan-Hsing Chen eds., *Stuart Hall: Critical Dialogues in Cultural Studies*, London: Routledge, 441-9.（＝大熊高明訳，2014，「ニュー・エスニシティズ」『現代思想』42(5): 80-9.）
——, 1996b, "Introduction: Who Needs 'Identity'?," Stuart Hall and Paul Du Gay eds., *Questions of Cultural Identity*, London: Sage, 1-17.（＝宇波彰訳，2001，「誰がアイデンティティを必要とするのか？」宇波彰・柿沼敏江・佐復秀樹・林完枝・松畑強訳『カルチュラル・アイデンティティの諸問題——誰がアイデンティティを必要とするのか』大村書店，1-35.）
浜口恒夫，2000，「イギリスの南アジア系移民社会——多様性と変動」古賀正則・内藤雅雄・浜口恒夫編『移民から市民へ——世界のインド系コミュニティ』東京大学出版会，133-48.
浜井祐三子，2000，「イギリスのエスニック・メディア」『ことばと社会』4: 51-65.
Harvey, David, 1989, *The Condition of Postmodernity: An Enquiry into the Origins of Cultural Change*, Oxford: Basil Blackwell.（＝吉原直樹監訳，1999，『ポストモダニティの条件』青木書店.）
長谷安朗，2000，「イギリスの『リトル・パンジャーブ』——サウソール」古賀正則・内藤雅雄・浜口恒夫編『移民から市民へ——世界のインド系コミュニティ』東京大学出版会，149-68.
Hatfield, Antony, 2004, "Jay Sean Me Against Myself Review," BBC Music, (Retrieved June 3, 2021, https://www.bbc.co.uk/music/reviews/8nzf/).
Hendy, David, 2021, "One of us? Make Yourself at Home," BBC, (Retrieved June 3, 2021, https://www.bbc.com/historyofthebbc/100-voices/people-nation-empire/make-yourself-at-home/).
Hennion, Antonie, 1983, "The Production of Success: An Anti-Musicology of the Pop Song," *Popular Music*, 3: 158-93.（＝三井徹訳，1990，「成功の生産——ポップ曲の反音楽学」三井徹編訳『ポピュラー音楽の研究』音楽之友社，173-229.）
樋口直人，2005，「エスニシティの社会学」梶田孝道編『新・国際社会学』名古屋大学出版会，24-42.

――，2010a，「在日外国人のエスニック・ビジネス――国籍別比較の試み」『アジア太平洋レビュー』7: 2-16.
――，2010b，「『多文化共生』再考――ポスト共生に向けた試論」『大阪経済法科大学アジア太平洋研究センター年報』7: 3-10.
――，2012，「日本のエスニック・ビジネスをめぐる見取り図」樋口直人編『日本のエスニック・ビジネス』世界思想社，1-36.
Hobsbawm, Eric and Terence Ranger eds., 1983, *The Invention of Tradition*, Cambridge: Cambridge University Press.（＝前川啓治・梶原景昭他訳，1992，『創られた伝統』紀伊國屋書店.）
Hobsbawm, Eric, 1983, "Introduction: Inventing Traditions," Eric Hobsbawm and Terence Ranger eds., *The Invention of Tradition*, Cambridge: Cambridge University Press, 1-14.（＝前川啓治訳，1992，「序論――伝統は創り出される」前川啓治・梶原景昭他訳『創られた伝統』紀伊國屋書店，9-28.）
Hodgson, Thomas E., 2014, "Multicultural harmony?: Pakistani Muslims and Music in Bradford," Kamal Salhi ed., *Music, Culture and Identity in the Muslim World: Performance, Politics and Piety*, Abingdon, Oxon: Routledge, 200-29.
Housee, Shirin and Mukhtar Dar, 1996, "Re-Mixing Identities: 'Off' the Turn-Table," Sanjay Sharma, John Hutnyk and Ashwani Sharma eds., *Dis-Orienting Rhythms: The Politics of the New Asian Dance Music*, London: Zed Books, 81-104.
Huber, Alison, 2010, "Making Time Stand Still: How to 'Fix' the Transient Top 40," *International Journal of Cultural Studies*, 13(2): 147-62.
Huq, Rupa, 1996, "Asian Kool?: Bhangra and Beyond," Sanjay Sharma, John Hutnyk and Ashwani Sharma eds., *Dis-Orienting Rhythms: The Politics of the New Asian Dance Music,* London: Zed Books, 61-80.
――, 2006, *Beyond Subculture: Pop, Youth and Identity in a Postcolonial World*, Abingdon, Oxon and New York: Routledge.
Hutnyk, John and Sanjay Sharma, 2000, "Music & Politics: An Introduction," *Theory, Culture & Society*, 17(3): 55-63.
Hyder, Rehan, 2004, *Brimful of Asia: Negotiating Ethnicity on the UK Music Scene*, Hants: Ashgate.
市川哲，2007，「サブ・エスニシティ研究にみる華人社会の共通性と多様性の把握」『華僑華人研究』4: 69-80.
――，2009，「移住経験から見るサブ・エスニシティの説明方法――パプアニューギニア華人を事例として」『社会人類学年報』35: 121-37.
五十嵐泰正，2003，「『俺たち／私たちの音楽』をめぐる困難――エイジアン・ブリティッシュの事例を中心に」白水繁彦編『「われわれ」の文化を求めて――民族・国境を越える「エスニック」エンターテイメント』文部科学省科学研究費報告書，92-120.

飯田剛史, 2002,『在日コリアンの宗教と祭り——民族と宗教の社会学』世界思想社.
Isajiw, Wsevolod W., 1974, "Definitions of Ethnicity," *Ethnicity*, 1: 111-24.（＝有吉真弓・藤井衣吹・中村恭子訳，1996,「さまざまなエスニシティ定義」青柳まちこ監訳『「エスニック」とは何か』新泉社，73-96.）
石井洋二郎，1993,『差異と欲望——ブルデュー「ディスタンクシオン」を読む』藤原書店.
——，2020,『ブルデュー「ディスタンクシオン」講義』藤原書店.
磯田三津子，2013,「京都・東九条マダンにおける韓国伝統音楽——在日コリアンの祭りが創造する伝統芸能の新たな意味」『民俗音楽研究』18: 1-10.
Jackson, Peter, 1989, *Maps of Meaning: An Introduction to Cultural Geography*, London: Unwin Hyman.（＝徳久球雄・吉富亨訳，1999,『文化地理学の再構築——意味の地図を描く』玉川大学出版部.）
Jones, Lesley-Ann, 2011, *Freddie Mercury: The Definitive Biography*, London: Hodder & Stoughton.（＝岩木貴子訳，2013,『フレディ・マーキュリー——孤独な道化』ヤマハミュージックエンタテインメントホールディングス.）
Kahn, Ashley, 2008, "Jerry Wexler: The Man Who Invented Rhythm & Blues," Rolling Stone, (Retrieved June 3, 2021, https://www.rollingstone.com/music/music-news/jerry-wexler-the-man-who-invented-rhythm-blues-245859/).
Kalia, Ammar, 2019, "From Blaring Bhangra to the New Grime: 30 Years of Brilliant British Asian Broadcasting," The Guardian, (Retrieved June 3, 2021, https://www.theguardian.com/tv-and-radio/2019/jan/23/british-asian-30-years-of-sunrise-radio).
Kalra, Virinder S., 2000, "Vilayeti Rhythms: Beyond Bhangra's Emblematic Status to a Translation of Lyrical Texts," *Theory, Culture and Society*, 17(3): 80-102.
糟谷啓介，2003,「言語と権力——言語的権威の承認の構造」宮島喬・石井洋二郎編『文化の権力——反射するブルデュー』藤原書店，139-61.
片岡博美，2008,「エスニック・ビジネス」山下清海編『エスニック・ワールド——世界と日本のエスニック社会』明石書店，34-9.
Kaur, Raminder and Virinder S. Kalra, 1996, "New Paths for South Asian Identity and Musical Creativity," Sanjay Sharma, John Hutnyk and Ashwani Sharma eds., *Dis-Orienting Rhythms: The Politics of the New Asian Dance Music*, London: Zed Books, 217-31.
Kim, Helen, 2015, *Making Diaspora in Global City: South Asian Youth Cultures in London*, Abingdon, Oxon and New York: Routledge.
古賀正則・内藤雅雄・浜口恒夫編，2000,『移民から市民へ——世界のインド系コミュニティ』東京大学出版会.
小牧幸代，2000,「北インド・ムスリム社会のザート＝ビラーダリー・システム——ムスリム諸集団の序列化と差異化に関する一考察」『人文学報』83: 275-313.

Kumar, Rashmee, 2016, "Coldplay: Only the Latest Pop Stars to Misrepresent India as an Exotic Playground," The Guardian, (Retrieved June 3, 2021, https://www.theguardian.com/music/2016/feb/01/coldplay-beyonce-hymn-for-the-weekend-cultural-appropriation-india).

栗田知宏，2008，「『エミネム』の文化社会学――ヒップホップ／ロックの真正性・正統性指標による『差別』表現の解釈」『ポピュラー音楽研究』11: 3-17.

――，2011，「表現行為とパフォーマティヴィティ」千田有紀編『上野千鶴子に挑む』勁草書房，141-61.

Lahire, Bernard, 2012, *Monde pluriel: Penser l'unité des sciences sociales*, Paris: Éditions du Seuil.（＝村井重樹訳，2016，『複数的世界――社会諸科学の統一性に関する考察』青弓社.）

Laux, Richard, 2019, "50 Years of Collecting Ethnicity Data," GOV.UK Blog History of Government, (Retrieved June 3, 2021, https://history.blog.gov.uk/2019/03/07/50-years-of-collecting-ethnicity-data/).

Leight, Elias, 2019, "Lil Nas X's 'Old Town Road' was a Country Hit. Then Country Changed its Mind," Rolling Stone, (Retrieved June 3, 2021, https://www.rollingstone.com/music/music-features/lil-nas-x-old-town-road-810844/).

Light, Ivan, 1981, "Ethnic Succession," Charles F. Keyes ed., *Ethnic Change*, Seattle: University of Washington Press, 53-86.

Lipsitz, George, 1994, *Dangerous Crossroads: Popular Music, Postmodernism and the Poetics of Place*, London: Verso.

Longhurst, Brian and Danijela Bogdanović, 2014, *Popular Music and Society (3rd Edition)*, Cambridge: Polity Press.

Lopes, Paul, 2002, *The Rise of a Jazz Art World*, Cambridge: Cambridge University Press.

Maira, Sunaina Marr, 2002, *Desis in the House: Indian American Youth Culture in New York City*, Philadelphia: Temple University Press.

Malkani, Gautam, 2006, *Londonstani*, London: Fourth Estate.

Manzoor, Sarfraz, 2007, "The Coconut Conundrum," The Guardian, (Retrieved June 3, 2021, https://www.theguardian.com/commentisfree/2007/jul/30/comment.race).

Martiniello, Marco, 1995, *L'Ethnicité dans les sciences sociales contemporaines*, Paris: Presses Universitaires de France.（＝宮島喬訳，2002，『エスニシティの社会学』白水社.）

増田聡，2005，『その音楽の〈作者〉とは誰か――リミックス・産業・著作権』みすず書房.

――，2006，『聴衆をつくる――音楽批評の解体文法』青土社.

増田聡・谷口文和，2005，『音楽未来形――デジタル時代の音楽文化のゆくえ』洋泉社.

松谷創一郎，2020，「紅白落選も必然だった…AKB48が急速に『オワコン化』

してしまった 4 つの理由」文春オンライン（Retrieved June 3, 2021, https://bunshun.jp/articles/-/42515）.
南田勝也，2001，『ロックミュージックの社会学』青弓社.
南川文里，2001，「移民ナショナリズムとエスニシティ――1930 年代末の在米日系移民における『民族』」山脇直司・内田隆三・森政稔・米谷匡史編『ネイションの軌跡――20 世紀を考える（Ⅰ）』新世社，183-202.
Mitchell, Tony ed., 2001, *Global Noise: Rap and Hip-hop outside the USA*, Middletown: Wesleyan University Press.
Modood, Tariq, 1997, "Culture and Identity," Tariq Modood, R. Berthoud, J. Lakey, J. Nazroo, P. Smith, S. Virdee and S. Beishon, *Ethnic Minorities in Britain: Diversity and Disadvantage*, London: Policy Studies Institute, 290-338.
――, 2001, "British Asian Identities: Something Old, Something Borrowed, Something New," David Morley and Kevin Robins eds., *British Cultural Studies: Geography, Nationality, and Identity*, Oxford: Oxford University Press, 67-78.
――, 2006, "Politics of Blackness and Asian Identity," Ali, N., V. S. Kalra and S. Sayyid eds., *A Postcolonial People: South Asians in Britain*, London: Hurst & Company, 64-71.
モーリス＝スズキ，テッサ，2002，『批判的想像力のために――グローバル化時代の日本』平凡社.
Mosco, Vincent, 1996, *The Political Economy of Communication*, Thousand Oaks, CA: Sage.
永井純一，2008，「なぜロックフェスティバルに集うのか――音楽を媒介としたコミュニケーション」南田勝也・辻泉編『文化社会学の視座――のめりこむメディア文化とそこにある日常の文化』ミネルヴァ書房，169-92.
Nair, Ajay and Murali Balaji eds., 2008, *Desi Rap: Hip-Hop and South Asian America*, Plymouth: Lexington Books.
内藤雅雄，2011，「インド人移民と宗教――グジャラーティー移民社会とスワーミーナーラーヤン教団」専修大学人文科学研究所編『移動と定住の文化誌――人はなぜ移動するのか』彩流社，125-65.
南後由和，2008，「有名性と『界』の形成――建築家の事例分析に向けて」『ソシオロゴス』32: 216-34.
Negus, Keith, 1996, *Popular Music in Theory: An Introduction*, London: Polity Press.（＝安田昌弘訳 , 2004,『ポピュラー音楽理論入門』水声社.）
――, 1998, "Cultural Production and the Corporation: Musical Genres and the Strategic Management of Creativity in the US Recording Industry," *Media, Culture and Society*, 20(3): 359-79.
――, 1999, *Music Genres and Corporate Cultures*, New York: Routledge.
Nesbitt, Eleanor, 1994, "Valmikis in Coventry: The Revival and Reconstruction of a Community," Roger Ballard ed., *Desh Pardesh: The South Asian Presence in Britain*,

London: Hurst & Company, 117-41.
奥村みさ，2009，『文化資本としてのエスニシティ――シンガポールにおける文化的アイデンティティの模索』国際書院.
大岡栄美, 2005,「トロントの中国系移民第二世代の文化変容とアイデンティティ」『移民研究年報』11: 43-60.
Parker, Martin, 1991, "Reading the Charts: Making Sense with the Hit Parade," *Popular Music*, 10(2): 205-17.
Parzer, Michael and Kim Kwok, 2013, "Commodifying Ethnicity: On Marketing Strategies in Immigrant Cultural Economies in Vienna," *Journal of Intercultural Studies*, 34(3): 262-79.
Peterson, Richard A., 1982, "Five Constraints on the Production of Culture: Law, Technology, Market, Organizational Structure and Occupational Careers," *Journal of Popular Culture*, 16(2): 143-53.
——, 1985, "Six Constraints on the Production of Literary Works," *Poetics*, 14(1-2): 45-67.
——, 2005, "Problems in Comparative Research: The Example of Omnivorousness," *Poetics*, 33(5-6): 257-82.
Peterson, Richard A. and Roger M. Kern, 1996, "Changing Highbrow Taste: From Snob to Omnivore," *American Sociologicl Review*, 61(5): 900-7.
Peterson, Richard A. and Andy Bennett, 2004, "Introducing Music Scenes," Richard A. Peterson and Andy Bennett eds., *Music Scenes: Local, Translocal, and Virtual*, Nashville: Vanderbilt University Press, 1-15.
Putnam, Robert D., 2000, *Bowling Alone: The Collapse and Revival of American Community*, New York: Simon & Schuster.（＝柴内康文訳，2006，『孤独なボウリング――米国コミュニティの崩壊と再生』柏書房.）
Qureshi, Irna, 2010, *Coming of Age: Celebrating 21 Years of Mela in the UK*, Bradford: City of Bradford.
Radia, Anuj, 2017, "Parle Patel Fuses Western & Gujarati Culture in 'Rangeeli Raat'," DESIblitz, (Retrieved June 3, 2021, https://www.desiblitz.com/content/parle-patel-fuses-western-gujarati-culture-in-rangeeli-raat).
Roy, Amit, 2018, "'Kaul was the Voice of Asians': Friends and Colleagues Pay Tribute to Broadcast Icon," Eastern Eye, July 20.
Royce, Anya Peterson, 1982, "Neither Christian nor Jewish," *Ethnic Identity: Strategy of Diversity*, Bloomington: Indiana University Press, 17-33.（＝森雅文訳，1996，「キリスト教徒でもユダヤ教徒でもなく」青柳まちこ編・監訳「『エスニック』とは何か――エスニシティ基本論文選」新泉社，189-215.）
Ryan, John and Richard A. Peterson, 1982, "The Product Image: The Fate of Creativity in Country Music Songwriting," James S. Ettema and D. Charles Whitney eds., *Individuals in Mass Media Organizations: Creativity and Constraint*, London: Sage, 101-24.

Sacks, Harvey, 1979, "Hotrodder: A Revolutionary Category," George Psathas ed., *Everyday language: Studies in Ethnomethodology,* New York: Irvington Publisher, 23-53.（＝山田富秋・好井裕明・山崎敬一訳, 1987,「ホットロッダー——革命的カテゴリー」『エスノメソドロジー——社会学的思考の解体』せりか書房，19-37.）
Saha, Anamik, 2009, *The Postcolonial Cultural Economy: The politics of British Asian cultural production*, Ph.D. thesis submitted to Goldsmiths, University of London.
——, 2011, "Negotiating the Third Space: British Asian Independent Record Labels and the Cultural Politics of Difference," *Poplar Music and Society*, 34(4): 437-54.
——, 2012, "Locating MIA: 'Race', Commodification and the Politics of Production," *European Journal of Cultural Studies*, 15(6): 736-52.
Sahim, Sarah, 2016, "Perpetuating Casteism," Nikesh Shukla ed., *The Good Immigrant*, London: Unbound, 169-80.（＝栢木清吾訳，2019,「カースト主義の永続」『よい移民——現代イギリスを生きる 21 人の物語』創元社，229-42.）
Sahota, Hardeep Singh, 2014, *Bhangra: Mystics, Music and Migration*, Huddersfield: University of Huddersfield Press.
Salaff, Janet W., 2005, "Cluster Introduction: Subethnicity in the Chinese Diaspora," *International Migration*, 43(3): 3-7.
Santoro, Marco, 2011, "From Bourdieu to Cultural Sociology," *Cultural Sociology*, 5(1): 3-23.
——, 2015, "Production Perspectives," John Shepherd and Kyle Devine eds., *The Routledge Reader on the Sociology of Music*, Abingdon, Oxon and New York: Routledge, 127-39.
佐藤郁哉，2002,『フィールドワークの技法——問いを育てる、仮説をきたえる』新曜社.
——，2008,『質的データ分析法——原理・方法・実践』新曜社.
佐藤清隆, 2005,「在英シク教徒の祭りと『記憶』——『バイサキ』と『カールサ』誕生の物語」佐藤清隆・中島俊克・安川隆司編『西洋史の新地平——エスニシティ・自然・社会運動』刀水書房，67-84.
——, 2007,「在英シク・コミュニティの分裂とカースト制——多民族都市レスターの四つのグルドワーラーを中心に」『駿台史学』132: 101-36.
——，2014,「多民族都市レスターのアフリカン・カリビアンたち」『明治大学人文科学研究所紀要』74: 73-110.
佐藤良明，2003,「アメリカン・ポップの終焉——百年のパターンに続くものは？」『大航海』47: 207-15.
Sayyid, S., 2006, "Introduction: BrAsians: Postolonial People, Ironic Citizens," N. Ali, V. S. Kalra and S. Sayyid eds., *A Postcolonial People: South Asians in Britain*, London: Hurst & Company, 1-10.
盛山和夫，2011,『社会学とは何か——意味世界への探究』ミネルヴァ書房.
Sharma, Ashwani, 1996, "Sounds Oriental: The (Im)possibility of Theorizing Asian Musical Cultures," Sanjay Sharma, John Hutnyk and Ashwani Sharma eds., *Dis-Orienting*

Rhythms: The Politics of the New Asian Dance Music, London: Zed Books, 15-31.

Sharma, Nitasha Tamar, 2010, *Hip Hop Desis: South Asian Americans, Blackness, and a Global Race Consciousness*, Durham: Duke University Press.

Sharma, Sanjay, John Hutnyk and Ashwani Sharma eds., 1996, *Dis-Orienting Rhythms: The Politics of the New Asian Dance Music*, London: Zed Books.

Sharma, Sanjay, 1996, "Noisy Asians or 'Asian Noise'?," Sanjay Sharma, John Hutnyk and Ashwani Sharma eds., *Dis-Orienting Rhythms: The Politics of the New Asian Dance Music*, London: Zed Books, 32-57.

——, 2006, "Asian Sounds," N. Ali, V. S. Kalra and S. Sayyid eds., *A Postcolonial People: South Asians in Britain*, London: Hurst & Company, 317-26.

塩原良和, 2005,『ネオ・リベラリズムの時代の多文化主義——オーストラリアン・マルチカルチュラリズムの変容』三元社.

——, 2014,「マルチカルチュラリズム（多文化主義）——他者との対話と協働の論理へ」大澤真幸・塩原良和・橋本努・和田伸一郎編『ナショナリズムとグローバリズム——越境と愛国のパラドックス』新曜社, 253-9.

Shukla, Sandhya, 2003, *India Abroad: Diasporic Cultures of Postwar America and England*, Princeton and Oxford: Princeton University Press.

Simmel, Georg, 1919, *Philosophische Kultur: Zweite um einige Zusätze vermehrte Auflage*, Leipzig: Kröner.（＝円子修平・大久保健治訳, 1976,『ジンメル著作集 7』白水社.）

Spivak, Gayatri Chakravorty, 1990, *The Post-Colonial Critic: Interviews, Strategies, Dialogues*, Sarah Harasym ed., New York: Routledge.（＝清水和子・崎谷若菜訳, 1992,『ポスト植民地主義の思想』彩流社.）

Sreberny, Annabelle, 2005, "'Not Only, But Also': Mixedness and Media," *Journal of Ethnic and Migration Studies*, 31(3): 443-59.

Straw, Will, 1991, "Systems of Articulation, Logics of Change: Communities and Scenes in Popular Music," *Cultural Studies*, 5(3): 368-88.

Swedenburg, Ted, 2010, "Fun^Da^Mental's 'Jihad Rap'," Linda Herrera and Asef Bayat eds., *Being Young and Muslim: New Cultural Politics in the Global South and North*, New York: Oxford University Press, 291-307.

Tagg, Philip, 1989, "Open Letter: 'Black Music', 'Afro-American Music' and 'European Music'," *Popular Music*, 8(3): 285-98.

戴エイカ, 2009,「ディアスポラ——拡散する用法と研究概念としての可能性」野口道彦・戴エイカ・島和博『批判的ディアスポラ論とマイノリティ』明石書店, 15-90.

竹沢泰子, 2005,「人種概念の包括的理解に向けて」竹沢泰子編『人種概念の普遍性を問う——西洋的パラダイムを超えて』人文書院, 9-109.

——, 2017,『日系アメリカ人のエスニシティ——強制収容と補償運動による変遷　新装版』東京大学出版会.

樽本英樹，2009，『よくわかる国際社会学』ミネルヴァ書房.
Thornton, Sarah, 1995, *Club Cultures: Music, Media and Subcultural Capital*, Cambridge: Polity Press.
Toynbee, Jason, 2000, *Making Popular Music: Musicians, Creativity and Institutions*, London: Arnold.（＝安田昌弘訳，2004，『ポピュラー音楽をつくる――ミュージシャン・創造性・制度』みすず書房.）
――, 2003, "Music, Culture, and Creativity," Martin Clayton, Trevor Herbert and Richard Middleton eds., *The Cultural Study of Music: A Critical Introduction*, London: Routledge, 102-12.（＝若尾裕訳，2011，「音楽・文化・創造性」卜田隆嗣・田中慎一郎・原真理子・三宅博子訳『音楽のカルチュラル・スタディーズ』アルテスパブリッシング，114-26.）
Turino, Thomas, 2008, *Music as Social Life: The Politics of Participation*, Chicago: University of Chicago Press.（＝野澤豊一・西島千尋訳，2015，『ミュージック・アズ・ソーシャルライフ――歌い踊ることをめぐる政治』水声社.）
上野千鶴子，2002，『差異の政治学』岩波書店.
上杉富之，2014，「グローバル研究を超えて――グローカル研究の構想と今日的意義について」『グローカル研究』1: 1-20.
Um, Hae-Kyung, 2012, "The Politics of Performance and the Creation of South Asian Music in Britain: Identities, Transnational Cosmopolitanism and the Public Sphere," *Performing Islam*, 1(1): 57-72.
Van der Heijden, Stan, 2010, *Electronic Dance Music in the British Asian Diaspora*, Master's thesis submitted to the University of Amsterdam.
Vertovec, Steven, 2000, *The Hindu Diaspora: Comparative Patterns*, Abingdon, Oxon and New York: Routledge.
Waldinger, Roger, Howard Aldrich, Robin Ward and Associates, 1990, "Opportunities, Group Characteristics, and Strategies," Roger Waldinger, Howard Aldrich and Robin Ward, *Ethnic Entrepreneurs: Immigrant Business in Industrial Societies*, Newbury Park, California: Sage, 13-48.
White, Joy, 2017, *Urban Music and Entrepreneurship: Beats, Rhymes and Young People's Enterprise*, Abingdon, Oxon and New York: Routledge.
Yahr, Emily, 2019, "Billboard Said Lil Nas X's 'Old Town Road' wasn't Country Enough. Then Billy Ray Cyrus Stepped in," Washington Post, (Retrieved June 3, 2021, https://www.washingtonpost.com/arts-entertainment/2019/03/29/billboard-pulled-lil-nas-xs-viral-old-town-road-country-chart-it-ignited-controversy/).
山田晴通，2003，「ポピュラー音楽の複雑性」東谷護編『ポピュラー音楽へのまなざし――売る・読む・楽しむ』勁草書房，3-26.
山田修爾，2008，『ザ・ベストテン』ソニー・マガジンズ.
山田富秋・好井裕明，1991，『排除と差別のエスノメソドロジー――〈いま・ここ〉

の権力作用を解読する』新曜社.
山室紘一，2012,『世界のポピュラー音楽史――アーティストでつづるポピュラー音楽の変遷』ヤマハミュージックメディア.
山下清海，2016,「移民エスニック集団の借り傘戦略」山下清海編『世界と日本の移民エスニック集団とホスト社会――日本社会の多文化化に向けたエスニック・コンフリクト研究』明石書店，33-40.
吉野耕作，1997,『文化ナショナリズムの社会学――現代日本のアイデンティティの行方』名古屋大学出版会.
――，2002,「エスニシズムとマルチエスニシティ――マレーシアにおけるナショナリズムの2つの方向性」小倉充夫・加納弘勝編『講座社会学16　国際社会』東京大学出版会，85-119.

著者　栗田知宏（くりた・ともひろ）

1978年栃木県生まれ。東京外国語大学外国語学部南・西アジア課程卒業。東京大学大学院人文社会系研究科博士課程単位取得退学。博士（社会学）。現在、専修大学兼任講師、武蔵大学非常勤講師、大阪経済法科大学アジア太平洋研究センター客員研究員。専門は文化社会学、南アジア系移民研究、ポピュラー音楽研究。訳書にギャレス・マローン『クラシック音楽のチカラ――ギャレス先生の特別授業』（青土社）がある。

ブリティッシュ・エイジアン音楽の社会学

交渉するエスニシティと文化実践

2021年6月25日　第1刷印刷

2021年6月30日　第1刷発行

著者――栗田知宏

発行人――清水一人

発行所――青土社

〒101-0051　東京都千代田区神田神保町1-29　市瀬ビル
［電話］03-3291-9831（編集）03-3294-7829（営業）

［振替］00190-7-192955

印刷・製本――双文社印刷

装幀――水戸部功

ISBN978-4-7917-7400-5 C0030